未名社科·媒介与社会丛书（翻译版）

主编　高丙中　杨伯溆

Canonic Texts in Media Research
Are there any? Should there be? How about these?

媒介研究
经典文本解读

〔美〕
伊莱休·卡茨（Elihu Katz）
约翰·杜伦·彼得斯（John Durham Peters）
泰玛·利比斯（Tamar Liebes）
艾薇儿·奥尔洛夫（Avril Orloff）
编

常江 译

著作权合同登记号　图字:01-2010-2478
图书在版编目(CIP)数据

媒介研究经典文本解读/(美)卡茨等编;常江译.—北京:北京大学出版社,2011.1
(未名社科·媒介与社会丛书·翻译版)
ISBN 978-7-301-18085-3

Ⅰ.①媒… Ⅱ.①卡… ②常… Ⅲ.①传播媒介-研究 Ⅳ.①G206.2

中国版本图书馆 CIP 数据核字(2010)第 225342 号

Canonic Texts in Media Research, edited by Elihu Katz et al.
Copyright © this collection Polity Press 2003
This edition is published by arrangement with Polity Press Ltd., Cambridge
All rights reserved. Except for the quotation of short passages for the purposes of criticism and review, no part of this publication may be reproduced, stored in a retrieval system, or transmitted, in any form or by any means, electronic, mechanical, photocopying, recording or otherwise, without the prior permission of the publisher.
Translated from Joshua Meyrowitz, "Canonic Anti-Text: Marshall McLuhan's Understanding Media"
© 2003 by Joshua Meyrowitz. All rights reserved. Translated and reprinted with the permission of the author.

书　　　名	媒介研究经典文本解读 MEIJIE YANJIU JINGDIAN WENBEN JIEDU
著作责任者	〔美〕伊莱休·卡茨等　编　常　江　译
责 任 编 辑	周丽锦
标 准 书 号	ISBN 978-7-301-18085-3
出 版 发 行	北京大学出版社
地　　　址	北京市海淀区成府路 205 号　100871
新 浪 微 博	@北京大学出版社　@未名社科-北大图书
微信公众号	北京大学出版社　北大出版社社科图书
电 子 邮 箱	编辑部 ss@pup.cn　总编室 zpup@pup.cn
电　　　话	邮购部 010-62752015　发行部 010-62750672 编辑部 010-62765016
印 刷 者	河北博文科技印务有限公司
经 销 者	新华书店
	965 毫米×1300 毫米　16 开本　17.5 印张　286 千字 2011 年 1 月第 1 版　2024 年 8 月第 7 次印刷
定　　　价	55.00 元

未经许可,不得以任何方式复制或抄袭本书之部分或全部内容。
版权所有,侵权必究
举报电话:010-62752024　电子邮箱:fd@pup.cn
图书如有印装质量问题,请与出版部联系,电话:010-62756370

作者简介

梅纳海姆·布朗德海姆(Menahem Blondheim),耶路撒冷希伯来大学传播与美国研究系,高级讲师。

丹尼尔·戴扬(Daniel Dayan),巴黎国家科学与政治研究中心,媒介社会学教授。

迈克尔·古列维奇(Michael Gurevitch),马里兰大学新闻学院,教授。

唐·韩德尔曼(Don Handelman),耶路撒冷希伯来大学社会学与人类学系,人类学教授。

伊娃·依鲁兹(Eva Illouz),耶路撒冷希伯来大学社会学与人类学系,高级讲师。

伊莱休·卡茨(Elihu Katz),宾夕法尼亚大学安能堡传播学院,教授;耶路撒冷希伯来大学社会学与传播学系,名誉教授。

泰玛·利比斯(Tarmar Liebes),耶路撒冷希伯来大学传播学系,教授。

尤瑟法·洛西茨基(Yosefa Loshitzky),耶路撒冷希伯来大学传播学系,副教授。

约书亚·梅洛维茨(Joshua Meyrowitz),新罕布什尔大学传播学系,教授。

艾薇儿·奥尔洛夫(Avril Orloff),宾夕法尼亚大学安能堡传播学院硕士,作家、学者。

约翰·杜伦·彼得斯(John Durham Peters),爱荷华大学传播学教授。

埃里克·罗森布勒(Eric W. Rothenbuhler),纽约新学院大学媒介研究研究生项目主任。

派迪·斯坎内尔(Paddy Scannell),威斯敏斯特大学哈罗校区传播与创意产业学院,教授、研究主任。

彼得·西蒙森(Peter Simonson),匹兹堡大学传播学系,助理教授。

加布里埃尔·韦曼(Gabriel Weimann),海法大学传播学系,教授、系主任。

目 录

前言　他山之石 ··· 1

第一部分　哥伦比亚学派

概述 ·· 11

第1章　哥伦比亚的批判研究:拉扎斯菲尔德与默顿的
　　　　《大众传播、流行品位与组织化社会行为》
　　　　·· 彼得·西蒙森(Peter Simonson)、
　　　　　　　　　　　　　加布里埃尔·韦曼(Gabriel Weimann) 13
　　历史的谬误:既有的常识 ··· 15
　　20世纪40年代的传播研究 ·· 17
　　默顿与拉扎斯菲尔德在哥伦比亚 ··· 19
　　论文的主题 ·· 23
　　拉扎斯菲尔德与默顿的后续影响力 ·· 29
　　结论 ··· 31

第2章　赫佐格《论借来的体验》在"主动受众"争鸣中
　　　　的地位 ······················· 泰玛·利比斯(Tamar Liebes) 40
　　赫佐格被误解了? ·· 40
　　缘何《论借来的体验》可被归入法兰克福学派 ·························· 42
　　程式化文本——控制抑或解放? ·· 43
　　替代性快感:表达攻击性抑或遁入"感情真实"幻想? ················ 47
　　解读受众动机的策略:精神分析、功利主义与文学 ····················· 49
　　哭泣:我们需要付出代价吗? ·· 50
　　肥皂剧迷:赫佐格的第二个研究项目 ·· 51

第二部分 法兰克福学派

概述 ··· 57

第3章 霍克海默与阿多诺的奥义:读《文化工业》有感
·················· 约翰·杜伦·彼得斯(John Durham Peters) 59
 理解的障碍 ··· 61
 关于本书的讨论 ··· 64
 《文化工业》的思想渊源 ·· 65
 一种补偿式解读 ··· 66
 评价:《文化工业》的利与弊 ·· 71

第4章 情境化的本雅明:论《机械复制时代的艺术作品》
···························· 派迪·斯坎内尔(Paddy Scannell) 76
 导言 ··· 76
 20世纪30年代的艺术与政治 ·· 77
 艺术、复制与灵韵的消失 ·· 79
 音乐拜物教 ··· 83
 自主艺术 ·· 86
 后续影响 ·· 88

第5章 拯救消费:论洛文塔尔的《大众偶像的胜利》
······································ 伊娃·依鲁兹(Eva Illouz) 92
 《大众偶像的胜利》 ··· 95
 一种批判文化视角 ··· 96

第三部分 芝加哥学派

概述 ·· 107

第6章 沃斯《共识与大众传播》中的共同体与多元主义
···················· 埃里克·罗森布勒(Eric W. Rothenbuhler) 110
 以传播为核心概念的社会学 ·· 111
 文化与日常生活 ·· 113
 大众 ·· 114

舆论与媒介控制 ··· 116
共识 ··· 117
种族与文化多元主义 ··· 119

第7章 受众即人群,人群即公众:对朗格夫妇《芝加哥的麦克阿瑟日》的再思考
############################### 伊莱休·卡茨、
丹尼尔·戴扬(Elihu Katz and Daniel Dayan) 125
作为集体行为的麦克阿瑟日 ······································· 126
朗格夫妇看见了什么 ··· 127
朗格夫妇没看见什么 ··· 129
"准经典"的命运 ·· 134
大众癫狂症? ··· 136
"受众即人群,人群即公众"假说 ··································· 138

第8章 通往虚拟偶遇之路:霍顿与沃尔的《大众传播与类社交互动》 ············· 唐·韩德尔曼(Don Handelman) 142
另一方面的情况 ··· 144
类社交互动:详述霍顿与沃尔的观点 ······························· 146
冷媒介、触觉凝视与自我的内在社交性 ····························· 147
心灵的社交:看电视的虚拟偶遇之路 ······························· 152

第四部分 多伦多学派

概述 ··· 159

第9章 哈罗德·英尼斯与传播的偏向
################### 梅纳海姆·布朗德海姆(Menahem Blondheim) 161
相关性:《传播的偏向》及其读者 ··································· 164
崇高性:被经典化的英尼斯 ·· 171
革命性:《传播的偏向》与传播决定论 ······························· 180
革命性:"偏向"的起源 ·· 183
拓展性:"偏向"、现在与未来 ······································ 187

第10章 经典反文本:马歇尔·麦克卢汉的《理解媒介》
######################## 约书亚·梅洛维茨(Joshua Meyrowitz) 197

麦克卢汉对文本分析的拒斥 ················· 197
　　麦克卢汉式的历史 ······················· 201
　　主要原理 ···························· 202
　　麦克卢汉的声望沉浮 ····················· 206
　　复兴 ······························ 211
　　结论:不可或缺的反文本 ··················· 215

第五部分　英国文化研究

概述 ································· 223

第11章　昔日之丰裕:雷蒙德·威廉斯的《文化与社会》
　　············· 约翰·杜伦·彼得斯(John Durham Peters) 226
　　作为社会理论的思想史 ···················· 227
　　20世纪50年代的大众传播理论化 ··············· 228
　　批判性与经验性之间 ····················· 230
　　国家的复杂性 ························· 237

第12章　赢得经典?斯图亚特·霍尔的《编码/释码》
　　············· 迈克尔·古列维奇(Michael Gurevitch)、
　　　　　　　　　　　派迪·斯坎内尔(Paddy Scannell) 242
　　为一篇文章立传 ························ 243
　　一个关于"立场"的模型 ··················· 246
　　转变中的文本 ························· 248
　　1980年版 ···························· 249
　　《〈举国上下〉的观众》:对理论的经验性应用 ········ 252
　　经典化的开端 ························· 254
　　经典化如何实现? ······················· 255
　　质疑与结语 ·························· 256

第13章　在文化研究时代回顾墨维的"视觉快感"
　　············· 尤瑟法·洛西茨基(Yosefa Loshitzky) 259

译名对照表 ····························· 271

前言

他山之石

即使没有那两个字母"n",经典(canon)*也是个极具爆发力的词。编辑一本题为"经典文本"的书,不啻令自己身陷战争的泥潭——自从在耶路撒冷的一次会议上产生了这个想法后,我们就走过了这样的历程。后来,在阿卡普尔科(Acapulco)**国际传播学会的一次会议上,一位同僚愤然指责我们:"你们不能那样做!"而朋友们则劝阻:"若你们真要编这本书,不妨换个标题,比如'基础'、'原创'或者'权威',但别贸然使用'经典'。""为什么不能呢?"我们反问道。结果,又一轮炮轰开始了。

"经典文本等于权威,"有人说,"那就意味着我们要对现有文本作出取舍,选择一些,忽视其他。""应当由谁来选择?"又有人问。"像通常那样,由那些资深和优秀的人来选。"答案出来了。"开列书单有碍创新,"有人告诉我们。"给我们创新成果,而不是纪念性作品。""这只是个研究领域,不是个学科;我们应该天马行空地漫游,就算偶尔迷路,也强过拾人牙慧。"有人说。另一个人说:"这甚至连一个研究领域都算不上。媒介研究仅有五十年历史,现在确定鼻祖为时过早。"他补充说,"另外,我们的任务是与变迁中的现实打交道,而不是挖掘陈年旧账"。简而言之,同僚对这本书的反对意见集中于诸多限制可能带来的危险,以及对摆脱权威、准则、方法与传统,实现回归自由的渴望。

我们不会屈服,甚至不会放弃"经典"的提法。这并不等于对批评的观点全盘否定,但在大方向上我们绝不会动摇。我们希望这项工作能对致力于传播学这一跨学科领域(是的,是领域)的学者们有所裨益。否认该领域的存在是不切实际的,尽管传播学的边界在哪里仍是个众说纷纭

---

* Cannon一词有"大炮"的意思。——译者注
** 墨西哥南部港口城市。——译者注

的话题。也许文化研究始终反对将自己界定为一个领域,但传播学则不然。就媒介研究而言,许多学术论文的研究证明:传播学正在努力将自己建设为一个学科。这一过程并非在某个单一层面上开展,而是于诸多理论、方法和"界限"间进行有益的对话。所谓"领域",就是不断筛选哪些应当摒弃、哪些值得保留的过程(McPhee,1963)。然而,尽管威望常常属于那些历史悠久的文本,时间的检验却并非基于威望,而是建立在持久的相关性的基础上。同时,教条主义和自以为是的态度也是不可取的,应当让论战各方的代言人均能发出自己的声音。具有讽刺意味的是,经典文本往往可以超越争论双方之间的鸿沟,只要他们的争论具有相关性——卡尔·马克思(Karl Marx)和马克斯·韦伯(Max Weber)就是很好的例子。而我们出版本书的目的,大抵也在于此。

至于我们所强调的"经典",指的是那些被研究者视作"耐用品"而留存至今的文本,包括著作和艺术作品等。对此,我们应当讨论后人如何对其加以扬弃的过程,而不能不假思索地"拿来就用"。有两个隐喻可以用来描述这个过程:一是"站在巨人的肩膀上",二是"他山之石,可以攻玉"。

罗伯特·默顿(Robert K. Merton)(1985)写过一篇导读性文章,异想天开地探讨了"肩膀"隐喻的起源与历史。他意图使我们明白:科学并非膜拜巨人及其作品;恰恰相反,科学踩在巨人的肩膀上是为了看得更远。然而,巨人并非俯仰皆是,而需要我们精心选择。这就涉及第二个隐喻了:我们在前人与同辈的启迪下展开阅读、写作和研究,在如此平凡的工作中找寻属于自己的"肩膀"。感知前辈存在的过程,也许一开始并不清晰,但他们始终在冥冥之中指引我们选择适合自己的方向。我们"创造出"自己的前辈与先人,并最终以之为母体开始了自己的探索。对母体的了解越深刻,我们从中获取的益处也越多。①

上述两个隐喻均与我们和学术前辈之间的互动密切相关。在学术研究中,积累先前的知识是非常必要的。这既是一个教育过程,又会在我们需要知识的时候实现温故知新。有时,积累知识似乎只是为了传承和延续,正如库恩(Thomas Kuhn)(1970)在其"规范科学"中所强调的那样;而

---

① 在《密西拿经》(Mishna)中,《先祖言论》一章包含了强制信徒"为自己指定拉比/教师"的内容;后世的阐释者亦认可共享式修习与尊师重道的重要功效,哪怕被指定的"教师"在某些方面尚不及学生渊博。

有些时候,修习过去的知识只是为了将其树为反抗的标靶。科学著作既融于传统又反对传统,而传统则会对知识进行精心选择,将其中一部分加以消化吸收。历史所包含的一切几乎都一样有趣,而传统则会进行淘洗,有些内容会受到重视,有些则变得无足轻重。举例来说,斯图亚特·霍尔(Stuart Hall)从葛兰西(Antonio Gramsci)的著作中发掘出媒介权力理论,这就是传统在发挥作用,对"先前的知识"作出了有意识的选择。

经典始终处于生产与再生产的循环中,最有趣之处在于其回溯性效应。经典能够重组过去,也能够发现(或创造)起源。一旦经典以艺术作品或伟人著作的形式被生产出来,它即开始通过特定方法来记录过去,同时对另外一些路径予以摒弃。经典仿若一本家谱,沟通父辈与子孙的心灵(用《圣经》上的话说),以契约和遗产的名义传承家族财富。

上述两种关于经典的观点揭示了我们作出的种种努力:无论借助他山之石,还是设法自力更生,都必须首先"感知巨人的存在"。这一观念与另外两个关于经典的观点相冲突:一是霸权观,即将经典视为操纵与垄断;一是传统观,即认定从"亦真亦幻"和"夸大之词"中找寻"真正的巨人"并非难事。

从深受福柯影响的关于"学科构成"的理论著作,到社会学早期著作,再到所有关于经典筛选标准的广泛讨论中,我们都可以清晰地看到:经典乃是最重要的一种制度性建构。例如,某些关于文学经典的研究即否定了下述观念:判断一部文学作品是否经典的标准在于其文本自身包蕴的品质,而非文本所能赋予读者的社会地位。我们可将经典视为一个时尚系统,或精英品位再生产的方式,或社会阶层的缩影。如此看来,经典文本仿若利益集团的"集会"(不朽人物的集会);那些包罗万象的文学经典,关涉所有人,或所有欧洲人,或所有白人,折射出现实社会的权力分配。例如,有关荷马在文学史上占据何种地位的争论,展示的就是男性白人精英的审美趣味(Herrnstein-Smith,1988,ch.3)。

若某一文本无法忝列经典,必是出于种种制度性原因,而与其自身的品质无关。爱丽丝·沃克尔(Alice Walker)的《紫色》(*The Color Purple*)之所以在20世纪80年代跻身经典之列,皆因其填补了彼时大学英语教育的空缺:其作者是黑人,小说亦记录了奴隶惨遭性虐待的历史。与之类似,加缪(Albert Camus)的《局外人》(*L'Étranger*)得以在二战之后获取经典地位,只因它短小精悍、可读性强,适合修习法语的高年级学生。另外,许多社会学研究也努力揭示,被视作经典的著作并非都是完美无缺的。

很多批评家认为,应当对经典的"优越感"持怀疑态度。不过,还有一类观点很值得我们深思。文学批评家哈罗德·布鲁姆(Harold Bloom)指出,经典并非阶级阴谋的产物,而是由有能力继承前辈的思想家和艺术家生产出来的。对持此类观点的人来说,与其强调"制度化",毋宁认定经典只是艺术灵感迸发的产物。在布鲁姆看来,只有无畏的想象或出类拔萃的艺术家——如柏拉图、莎士比亚、贝多芬或甲壳虫乐队——才能对后人有所激励,而社会网络的接近、附属和分配关系则毫无用处。批评者将布鲁姆视作被精英主义宏伟愿景所迷惑的极端个人主义者,而布鲁姆则将多元文化主义者视为"一群不明就里的社工",指责其无法体味文学的韵致。

姑且不论争论的细枝末节,有一点是显而易见的:经典既可成为社会权力的产物,也能成为艺术发明的档案。这是文化社会学的传统观点:文化作品不会因为自己成为社会学研究的对象而丧失原有的文化属性。人们可以按照研究生产汽车、纺织品和冷冻豌豆的方式来研究电影、报纸与流行音乐的生产,完全不必忽视后者所承载的象征意义。同理,我们可以从社会学的角度解释经典的生成,但是这种解释并不能穷尽经典(或非经典)作品启迪读者,或引起读者反感的方式。那些跻身经典之列的作品会同时从制度与想象力两方面发挥作用。当然,在社会学意义上,从彼此竞争的文本中选拔经典不可能做到完全中立;但我们也绝不能将这一过程简化为对政治倾向与审美趣味的人口统计归类。

经典是由知识界发明出来的。因此,将经典视为摒弃智力及兴趣因素的制度阴谋就大错特错了。经典的功效在课程教学大纲中体现得最为明显,人们用经典的标准来对文本作出筛选和剔除。有了经典,学生与学者的效率大大提高,不必漫无目的地挣扎在浩如烟海的文献之中。经典是赶超前人的关键,是处理海量文献的捷径。如今,文化生产愈益普及,学术研究的发展无论从深度还是广度上,都非任何人仅凭个体能力所能企及。因此,对文献门户(借用互联网用语)的渴求达到史无前例的强烈程度。出于教学目的,需在对海量印刷品作出筛选和组织时遵循一套标准;尽管这套标准无法做到社会学意义上的不偏不倚,但离开了标准,一切学术与艺术机构都无法正常运行。在知识编纂极为重要而又极度稀缺的情况下,经典就是编辑工具,就是搜索引擎。

经典需要保存和欣赏。它们理所当然是保守的,因其目标就在于保护遗产并建立谱系。但是,经典也为后世的创新提供了条件。毕竟,原创不等于蛮干;只有寓于传统或偏离传统的原创性才能够被人理解,一如瓦尔特·本雅明(Walter Benjamin)所言:伟大的艺术作品要么创立一种风格,要么破坏一种风格。这道理对科学领域同样适用。

经典提供捷径、建立标准并明确研究的起始点。若对经典一无所知,研究工作势必落伍于时代,或显得残缺不全。人文社会科学领域的研究无可避免地要和先人对话(尽管自然科学常常抑制或罔顾阐释因素,但后者的重要性却是不容抹杀的)。经典是边界模糊的动态分类,作者或文本可以来去自由。新作品的出现会改变旧作品的序列。

经典也有可能渐渐失效,这一风险存在于一切可知的文化类型中。既然一切创新都无法脱离传统,我们更需用经典去激发后人的反抗精神,这对于新作品的诞生至关重要。在绝大多数学术活动中,经典或许是促使反抗意识生发的必然因素。

作为一种创造性劳动,学术研究就如同与虚构的笔友进行远距离通信,而经典的使命则是帮我们挑选通信的笔友。困难之处在于,一旦你选定了他们(或他们选择了你),再想脱离关系就变得极为困难了,甚至需要付出昂贵的代价。此外,你还得设法应付诸位旁系"亲戚",以及继承序列上的其他觊觎者。血统和从属关系是学术政治中的战略性问题。选择太老的经典,不利于标榜学科的独特性;选择太新的经典,又会影响学术成果的丰富性。

即便是那些反对我们写作此书的最尖刻的批评者,也都在隐秘处各有自己的一套经典文本。他们或许不喜欢经典,却也如我们一般不可免俗地被那些伴随自己度过学术生涯的著作与文章所牵扰。经典或许极具启发性,或许令人心烦意乱,但经典一直存在,不会消匿。有些文本年复一年地出现在各色阅读书目上,有些作者也在我们的索引表中居显著地位——不是我们懒惰,而是他们的确实至名归。当然,在大多数情况下,每个人都有自己偏爱的经典。这真是件麻烦事——每个人的品位不同,心中的经典也不同,这仿佛是种隐私,拿出来公开讨论会令人尴尬。因此,当教授们在学术委员会上谈论是否该为博士生资格考试列一个核心阅读书目时,大多数人拒绝了。的确,尽管我们身在同一个学术领域,但每个人的研究兴趣却是各不相同的,把它们勉强罗列在一起实在毫无意义。事实上,我们每个人都应该做好自己的事,不必去关注其他人的"秘密经典",我们的学生自会将其整合为一体。

无论如何,我们还是打算通过这本书来对媒介研究领域的经典做一整理。我们精选了13个文本(都是文章而非著作)作为候选经典。为避免争议,不妨称其为"媒介研究基础文本"。本书收录的13篇原创文章是对13篇经典文本的批判性综述。事实上,有几篇文章的批判性是如此强烈,以至于我们需要重新考量它们所批判的"经典"到底有无资格跻身经典之列。除两个特例外,我们选择的经典文本均发表于40至60年前。

因本书旨在供传播和媒介研究领域的学者——哦,对,还包括文化研究的高年级学生及其导师——参考使用,故并未收录经典候选文本本身。那些文本大家都熟稔于胸,更可轻易在图书馆找到。不过,需要指出的是,有些文本的名气已大不如前。拉扎斯菲尔德(Paul Lazarsfeld)与默顿(Robert Merton)的《大众传播、流行品位与组织化社会行为》("Mass Communication, Popular Taste and Organized Social Action")以及霍克海默(Max Horkheimer)与阿多诺(Theodor Adorno)的《文化工业》("The Culture Industry")从未脱离人们的视野,借助布朗德海姆(Menahem Blondheim)的标准,没人能怀疑其"革命性与相关性";但其他一些文本,如马歇尔·麦克卢汉(Marshall McLuhan)的《理解媒介》("Understanding Media"),则会时不时地离开研究者的视线。另外,有些文章曾经名满天下,如洛文塔尔(Leo Lowenthal)的《流行杂志中的传记作品》("Biograhies in Popular Magazines")、库尔特·朗格(Kurt Lang)与格莱迪丝·朗格(Gladys Lang)的《电视的独特视角》("Unique Perspective of Television")、霍顿(Donald Horton)与沃尔(Richard Wohl)的《大众传播与类社交互动》("Mass Communication and Para-Social Interaction"),以及赫佐格(Herta Herzog)有关广播肥皂剧的文章。此外,还有一些文章,如沃斯(Louis Wirth)的《共识与大众传播》("Consensus and Mass Communication"),虽已被人们长久遗忘,却值得重温。

上述文本与传播研究的五大"学派"密切相关:芝加哥学派,亦即传播研究的发源地;哥伦比亚学派,以劝服和满足研究著称;法兰克福学派,批判媒介研究的重镇;多伦多学派,以技术决定论著称;以及英国文化研究学派——若非因其影响力业已遍及整个英国和世界的话,不妨以"伯明翰学派"代称。在本书中,每个学派都至少有一篇"基础性"文本,以及一篇或多篇卫星文本来描述该学派的研究。读者会发现本书没有涉及其他研究中心,比如以对电影和文化进行符号学研究而著称的巴黎学派,以及以实验方法研究大众说服的耶鲁学派。对于这般忽略,作为编者,我们只能致歉。

本书收录的文章亦可根据主题分类,并非仅仅以学派为轴。显然,批判学派和经验学派之间的辩论存在于法兰克福学派和哥伦比亚学派的意识形态之争中。芝加哥学派与哥伦比亚学派之间还就方法论问题展开关于民族志研究和调查研究的争论。同时,书中还会出现有关"主动"受众的论述,以斯图亚特·霍尔、霍顿和沃尔为一派,以朗格等人为另一派。有关技术影响力和文本影响力的争论在英尼斯(Harold Innis)、麦克卢汉,以及拉扎斯菲尔德和默顿或洛文塔尔的文章中有所体现。女性主义与媒介和电影研究的相关性是劳拉·墨维(Laura Mulvey)文章的主体,同时赫佐格的文章对其亦有涉猎。换言之,我们所选的经典文本涵括各种不同观点,它们彼此间的冲突不会平白消失,而研究领域的边界恰恰是在论辩与争鸣中确定的。

我们亦可以学派内部的差异为主题来组织这些文章——这或许是个更好的办法。事实上,本书甄选的文章暗含了一个意义:媒介研究领域的共同记忆倾向于依出处而非主题对经典文本作出分类,这是完全错误的。鉴于此,我们认为,赫佐格,乃至拉扎斯菲尔德和默顿,当然也包括朗格夫妇,均应在批判学派内享有一席之地,而本雅明则应被置于技术理论家之列,尽管他隶属于法兰克福学派。

希伯来大学斯马特传播研究中心于1996年5月在一次由泰玛·利比斯(Tamar Liebes)组织的会议上发起了这个研究项目。约翰·彼得斯(John Peters)和伊莱休·卡茨(Elihu Katz)旋即加盟。随着研究的深入,艾薇儿·奥尔洛夫(Avril Orloff)因提供大量帮助而被擢升为主编。编辑工作得到宾夕法尼亚大学安能堡传播学院(Annenberg School)的资助,在此特向系主任凯瑟琳·杰米逊(Kathleen Jamieson)致谢。同时,还要感谢华盛顿安能堡公共政策研究中心及其主任罗里斯·斯拉斯(Lorie Slass),感谢他们为编辑团队组织了一次编辑会议。最后,特别感谢出版社编辑约翰·汤普森(John Thompson)给我们的建议和鼓励,以及那些令人愉快的通信。

参考文献

Herrnstein-Smith, B. (1988) *Contingencies of Value: Alternative Perspectives for Critical Theory*. Cambridge, MA: Harvard University Press.

Kuhn, T. (1970) *The Structure of Scientific Revolution*, 2nd edn. Chicago: University of Chicago Press.

McPhee, W. N. (1963) *Formal Theories of Mass Behavior*. New York: Free Press.

Merton, R. K. (1985) *On the Shoulders of Giants: A Shandean Postscript*. New York: Harcourt Brace Jovanovich.

第一部分

哥伦比亚学派

概　　述

　　经典文本拒绝停滞不前,这句话尤其适用于哥伦比亚"学派"的经典著作。保罗·拉扎斯菲尔德(Paul Lazarsfeld)及其助手在20世纪四五十年代所做的开创性工作建立了所谓的"传播研究",却也同时遭到强烈诟病。芝加哥学派抨击哥伦比亚学派的"心理学和实证主义偏见",谴责其提出的"有限效果论";法兰克福学派拒绝承认受众的好恶会影响人们对文化工业的理解;英国文化研究则指出,通过询问受众如何"使用"媒介来界定媒介的功能是无稽之谈。托德·吉特林(Todd Gitlin)更是对拉扎斯菲尔德的"主导范式"大加挞伐,认定该范式刻意贬低媒介的说服效果,无异于为媒介所有者及其代理人开脱责任。

　　可以确定的是:第一,哥伦比亚学派并不满足于通过内容来推断效果,而是开创性地建立起一整套考察受众态度与行为的方法论;第二,哥伦比亚学派的大部分研究采用了抽样调查法,自然也就冷落了民族志研究等质化分析方法;第三,尽管大部分成果都具有学术价值,但有不少项目的确接受了商业资助;第四,无论他人能否接受,拉扎斯菲尔德的确提出了媒介在影响受众观念、态度和行为方面的效果是非常有限的。但同时,也必须承认,不少对哥伦比亚学派口诛笔伐的批评家自己也或多或少地转向了"接受"研究。换言之,这些人最终还是继承了拉扎斯菲尔德学派的观念,开始强调受众释码过程的自主性。

　　哥伦比亚学派的媒介效果地图范围广大,从反种族仇视广告到电视引入中东地区后产生的效应,几乎包罗万象;其研究与思想亦远远超出"即时效果"的范畴。另外,该学派的受众研究也绝不仅止于观察受众"用"媒介做了什么,而更多如批判理论那般强调媒介"对"受众做了什么。事实上,从海外移居至美国的批判学者阿多诺(Theodor Adorno)、洛文塔尔(Leo Lowenthal)以及克拉考尔(Sigfried Kracauer)在哥伦比亚均很受欢迎。泰玛·利比斯(Tamar Liebes)在重温赫佐格(Herta Herzog)对于肥皂剧听众的著名研究时即发现了哥伦比亚与法兰克福两大学派之间的互动关系;同样,西蒙森(Peter Simonson)和韦曼(Gabriel Weimann)在重读拉扎斯菲尔德与默顿的经典著述时也提出了类似的观点——在他们看来,拉扎斯菲尔德与默顿的文章着重讨论了媒介如何导致受众的"服从"、如何发挥"地位赋予"功能,以及如何通过营造"虚假的专注"来迫使受众从政治领域全线撤退(亦即媒介的"麻醉负功能")。

哥伦比亚学派从事过的课题种类繁多,从最早的广播研究,到20年后对医生如何采用新药的考察。若无一整套行之有效的组织框架,如此大规模的经验调查是决计无法完成的。在拉扎斯菲尔德的传记作者看来,这位伟大的社会科学家最重要的创新莫过于设计了一整套用于社会调查的实验室系统。早年身在维也纳时,他即开始了这一项目,后又将其带到美国,并渐次"输出"至欧洲及世界各地。他领导下的应用社会学研究所(Bureau of Applied Social Research)(1937—1977)广泛涉猎各类议题,使后人得以清晰见证"传播研究学科"与"观念及态度研究"如何在哥伦比亚茁壮成长。

第1章

哥伦比亚的批判研究：
拉扎斯菲尔德与默顿的《大众传播、流行品位与组织化社会行为》

彼得·西蒙森(Peter Simonson)、
加布里埃尔·韦曼(Gabriel Weimann)

要了解拉扎斯菲尔德(Paul Lazarsfeld)和默顿(Robert Merton)的《大众传播、流行品位与组织化社会行为》("Mass Communication, Popular Taste, and Organized Social Action")(下文简称《大众传播》[①])是什么，我们须首先澄清它不是什么：它不是媒介社会学"主导范式"的代表，不是"经验研究"的案例，而且绝不是认定媒介为疲软无谓的社会力量的论证。有时，人们将这篇论文视为媒介研究有限效果传统的经典，但这只是一知半解的说法。通观全文，其重点段落与"效果"可谓毫不相干，遑论"有限效果"，尽管各类批评者早已对该模式作出阐释。

今日，距保罗·拉扎斯菲尔德和罗伯特·默顿发表他们的经典论文已有半个世纪。在传播研究领域，该文是被引用和编入文集频率最高的文献之一。不过，只有暂时抛开那些对拉扎斯菲尔德、对哥伦比亚大学应用社会学研究所，以及对上世纪中叶美国传播研究的固有偏见，这篇文章的全部特性与贡献才能充分体现。事实上，人们对哥伦比亚大学应用社会学研究所的流行印象是有偏差的：基本上，《大众传播》是一篇关于大众传播的批判性文献；它极富历史意涵，对大众传媒在现代社会中具有何

[①] 不要与威尔伯·施拉姆(Wilbur Schramm)的《大众传播学》(*Mass Communications*)(1949)相混淆。

第一部分 哥伦比亚学派

种社会—政治功能的问题进行了独树一帜的论述,尤其强调了商业媒体在维持资本主义霸权方面扮演的角色。尽管社会传播问题只是拉扎斯菲尔德20世纪40年代学术研究的次要题目,但经默顿加工润色,这篇文章终于跻身美国媒介研究的经典之列。

无论从历史研究的角度看,还是从理论研究的角度看,这篇论文都产生了深远的影响。从历史角度看,该文仿若一扇窗户,供人观察40年代媒介研究领域的纷繁与躁动。彼时的传播观念激发了许多学科的学术想象。若我们认定美国传播研究存在一个以社会科学方法研究媒介效果的主导范式,那也是50年代之后的事。在1948年,整个传播学界仍充斥着形形色色的学术可能性。即使在哥伦比亚,研究模式也是五花八门的。对此,无论批评者还是拥护者均置若罔闻。拉扎斯菲尔德已然成为研究所的代表人物,而默顿则是重要的参与者。两人的学术观点存在重大分歧,这在《大众传播》一文中有所体现。诚如前文所述,该文在关涉社会角色的概念语汇与媒介效果之间徘徊,将实证研究的谨小慎微与历史观念的宏大气势相融合,对上世纪中叶美国媒介研究中的许多谬误作出了修正。

重读《大众传播》并非只为撬动业已僵化的媒介研究史。该文的理论贡献是多方面的,从不同角度惠及当今的学术研究和学科建设。其中蕴含的真知灼见至今仍熠熠生辉:媒介的霸权与麻醉功能、媒介维持社会秩序与塑造流行品位的能力、媒介赋予地位及引导公众注意力的作用,以及认定大众传播作为其他传播模式的补充并传递既有信念和价值时最有效的观点。种种理论,如今成了来自不同理论派别的媒介学者的研究主题和学术假设,哪怕这些学者所处的技术与社会环境与拉扎斯菲尔德和默顿的时代已有天壤之别。借由深刻的思想洞察力,两位作者敏锐地发掘出媒介发挥强效果的具体条件;他们高度重视商业媒介系统的意识形态力量,对每日新闻和调查性报道的文化政治功效作出总结,并讨论了最大限度扩大受众规模的动力及其与媒介娱乐形式之间的关系。尤其值得一提的是,他们的论述文字优美雅致,如同散文。所以说,这篇文章之所以成为经典,正是因其对思考有所裨益,又同时带来阅读的快乐。

● **历史的谬误:既有的常识**

保罗·拉扎斯菲尔德于1976年8月逝世后,立刻成为媒介研究领域一座具有象征意义的灯塔。人们因其确立了有限媒介效果的"主导范式"而视其为传播学的"奠基人",这意味着后世学者只有两种选择:要么必须象征性地置他于死地,要么将其理论奉为圭臬。至少从20世纪40年代到60年代,有限效果范式始终占据着稳固的统治地位,这已经成为所有人的共识,无论批评者还是拥护者。其实,这是一种误读,必须对此进行纠正,方能更为深刻地理解拉扎斯菲尔德和默顿的文章。

自从托德·吉特林(Todd Gitlin)于1978年发表那篇影响深远的文章,拉扎斯菲尔德、"经验研究"以及社会科学客观性便成了批判学派和文化研究拥护者攻击的标靶——这些人试图通过反抗"主导范式"在媒介研究领域为自己争得一席之地。吉特林宣称:"自第二次世界大战以来,传播学领域的主导范式显然就是保罗·拉扎斯菲尔德及其学派所倡导的一系列观点、方法和学术观念:研究媒介内容所导致的具体的、可测量的、短期的、个人化的、观念与行为上的'效果',以及由此得出的媒介在形成公共舆论方面无足轻重的结论。"(p. 207)他还声称:该主导范式"低估了媒介在界定社会政治活动正常与否,以及判断政治真实合法与否等问题上的力量"(p. 205),同时罔顾"公司所有权的结构和控制……(以及)媒介内容需要遵循的商业标准"(p. 225)。最后,吉特林总结道:拉扎斯菲尔德和"美国主流媒介社会学巩固了美国上世纪中叶的资本主义繁荣,竭尽全力为其提供合法性依据"(p. 245)。

在80年代早期,其他学者亦开始对传播学领域根深蒂固的"主导范式"进行分析,而拉扎斯菲尔德自然成为无法绕开的重要人物。例如,斯图亚特·霍尔(Stuart Hall)(1982)发表了关于"主流"和"批判范式"的综述(几乎没有引用原文),声称"社会与政治权力的问题,以及社会结构和经济关系的问题,完全没有出现在"上世纪中叶美国社会科学的主流传统中(p.59)。① 深受詹姆斯·凯瑞(James Carey)影响的文化及思想史学家丹尼尔·齐特洛姆(Daniel Czitrom)也将"主导范式"定义为强调说服及短期行为效果，从而罔顾强调"社会组织如何操纵媒介信息传递过程"(p.132)以及"传播与宏观社会秩序之关系"(p.146)的研究传统。显然，拉扎斯菲尔德是这一范式的开创者。凯瑞(1982)换了套说辞，重新划定了主导范式中主流与边缘的界限，②但对于客观主义社会科学在美国媒介研究领域的盛行，他也持批判与悲观态度。终于，伊莱休·卡茨(Elihu Katz)(1987)对这些言论忍无可忍，挺身而出捍卫自己的老师拉扎斯菲尔德。他一方面承认拉扎斯菲尔德是"主导范式"的代表人物，并长期占据传播研究领域的核心位置，另一方面坚持认为媒介效果传统并不若批评者所描绘的那样夸张，而是拥有更加宏阔、丰富，以及生机盎然的意涵。

在主导范式的批评者和捍卫者之间存在一个奇怪的交集。尽管卡茨反对将媒介效果研究视为铁板一块的传统，并充分肯定拉扎斯菲尔德对媒介效果的理解宏大宽泛，远远不止短期行为变化那样简单(参见Lazarsfeld, 1942, 1948a)，但他也不可免俗地如吉特林一般将拉扎斯菲尔德视为某种"鼻祖"，认定"效果研究"为媒介研究的主要理论框架，从而将说服研究与有限效果理论置于20世纪40至60年代哥伦比亚学派研究的中心位置(Katz, 1987, pp. S34, S25—6, S37ff；另可参Katz 1980, 1989, 1996)。如此一来，卡茨纠正了自己与拉扎斯菲尔德合著的《个人影响》(*Personal Influence*)(1955)第一章中那番影响深远却极易引发误读的言论："基本上，效果研究是一切传播研究的最终目标。"此外，他们还写道："大众传播确有许多值得关注，但一直未被关注的效应"；可与之相对的是，"媒介研究最感兴趣的议题始终是大众媒介如何试图在短期内有效地影响，乃至改变人们的观念与态度"(pp. 18—19)。这与吉特林30

---

① 如下文所示，若应用这一特性来解释拉扎斯菲尔德和默顿的经典论文，就大错特错了。吉特林和霍尔所采用的主流行政研究与批判马克思主义的二分法其实是由拉扎斯菲尔德本人发明的(他借鉴了霍克海默关于传统与批判理论的观念)，而吉特林和霍尔则将拉扎斯菲尔德原初设想中的丰富内容简单化。在发表于1941年的论文《传播学的行政与批判研究》("Administrative and Critical Communications Research")中，拉扎斯菲尔德指出，令两种研究路径互相借鉴，我们才能从中获益。在20世纪40年代，这一想法成为事实，《大众传播》一文就是绝佳的示范，而洛文塔尔的《流行杂志中的传记作品》("Biographies in Popular Magazines")(1944)也是一例。

② 交战双方由经验研究和批判研究转变为客观主义与表达主义，各自的代表人物也从拉扎斯菲尔德和阿多诺变成了沃尔特·李普曼和约翰·杜威，但争论的结构始终未变，仍是社会科学研究的圈内人与批判文化研究的局外人之间的斗争。

年后关于战后传播学研究传统的观点完全一致。吉特林主要通过考察《个人影响》来阐释自己的观点:拉扎斯菲尔德等人从1944年的选举研究——《人民的选择》(The People's Choice)——开始,其研究范式便始终占主导地位。这实在是种谬误。

设若传播学领域真的存在主导范式,那也只能是50年代之后的事。在40年代,即使在相对本土化的哥伦比亚研究机构内部,"效果"也不过是诸多学术概念之一而已。短期说服研究在该机构的确重要,但其他各类研究亦欣欣向荣:内容与制度分析、广播与印刷品比较研究,以及宏大社会系统里的媒介功能分析,不胜枚举。如果非要说出40年代该研究机构中存在的"大众传播研究的最大兴趣",答案绝不会是效果或说服研究,而是受众分析,即应用调查研究和焦点小组访谈的方法考察受众规模及相关人口统计特征,揭示听众与读者的个性特点,以及研究受众通过使用大众传媒满足了何种需求(参见 J. S. Barton, 1984, pp. 7—20, 155—64; Lazarsfeld, 1948a, pp. 218—48)。所以说,卡茨与吉特林认定所有的研究都瞄准效果是以偏概全,极易误导后人;而吉特林与霍尔过分强调经验研究与批判研究之间的矛盾对立,则是一个历史错误。认定拉扎斯菲尔德团队否认"媒介在舆论形成中的重要性"(Gitlin, 1978, p. 207),或认定哥伦比亚学派的理论体系"全然罔顾社会结构与经济关系的问题",极易让我们忽视该学术机构在40年代生产的那些最重要的论著,尤其是《大众传播》。①

● 20世纪40年代的传播研究

20世纪40年代应被视作媒介研究划时代的起点。彼时,"传播"是一个为整个知识阶层津津乐道的概念,从文学评论家兼语言学者理查兹(I. A. Richards),到大陆哲学家如玛格丽特·米德(Margaret Mead)与爱德华·萨丕尔(Edward Sapir)(参见 Cmiel, 1996; Peters, 1993; 1999, pp. 22—29),莫不对传播产生浓厚兴趣。另外,美国在40年代尚未深陷冷战的泥潭,故美国高校的传播学研究还未充分感受意识形态和经济的影响,而这些影响在下一个十年将会变得愈发明显(参见 Simpson,

---

① 吉特林只从拉扎斯菲尔德和默顿的文章中引用了一处,而且还是出自不具代表性的导言部分(Gitlin, 1978, p. 222)。

1994)。即使在应用社会学研究所这类制度化的媒介社会科学研究机构内部,也不存在一个显著的范式,且有限效果论也未"霸占"主导地位。

《大众传播》最早收录于莱曼·布莱森(Lyman Bryson)所编文集《观念的传播》(*The Communication of Ideas*),该书呈现了 40 年代传播学研究在理论与方法上的多样性。布莱森系 1939 至 1940 年间颇具影响的洛克菲勒(Rockefeller)传播集团的成员,该集团对媒介研究领域的崛起给予了许多制度及学术上的帮助。得益于洛克菲勒基金在 20 世纪三四十年代对媒介与传播研究的广泛支持,该集团撰写了一批享誉美国学界的著述,尤其创造了传播学的 5W 理论模型(转引自 Gary, 1996, p. 138)。随着量化社会科学家,尤其是拉扎斯菲尔德与哈罗德·拉斯韦尔(Harold Lasswell)的加盟,该集团渐渐居于主导地位,尽管成员中亦有人文学者与质化研究学者,如理查兹、罗伯特·林德(Robert Lynd),以及成人教育专家、哥伦比亚教育学院教授布莱森。(关于洛克菲勒集团的学者成员情况,可参见 Gary, 1996; Glander, 2000; pp. 41—47; Converse, 1987; Morrison, 1978, 1988, 1998; Rogers, 1994, pp. 142—145)

1946 与 1947 年之交的冬天,布莱森在纽约犹太神学院主持了一门关于"观念传播问题"的课程,该课程包括一系列来自各领域学者的讲座,并于 1948 年将演讲稿结集出版。这是宗教与社会研究所从事的"知行合一"事业。该研究所乃是"与天主教、犹太教和基督教合作办学"的研究生院(Bryson, 1948, p. xii),这反映了"传播学"跨越诸多学术领域的能力。参与专题研讨课程的学者涵盖人类学(玛格丽特·米德贡献了两篇关于跨文化传播的论文)、古典音乐学、心理学、文学、政治科学、社会学、教育学以及法学等领域,一如布莱森在文集导论中所言:"如今,对于所有从事人类行为研究的人而言,无论来自哪个领域,只要细心,都有可能在自己的学科中找到一些可被称为'传播'的内容。"(pp. 1—2)

《观念的传播》是对新兴的传播学研究产生重要影响的几部文集之一。威尔伯·施拉姆(Wilbur Schramm)的《现代社会的传播》(*Communications in Modern Society*)(1948)在学术贡献上远逊于前者,却也为他在伊利诺依大学新创的传播研究所赢得了一席之地。该书试图通过附录,即"关于现代社会与传播的百本拓展阅读书目"来确立自己在学科内的典范地位。[①] 次年,施拉姆出版了一卷体系更为宏阔的文集,题为

[①] 另一份早期媒介研究推荐阅读书目,参见 Waples, 1942, pp. 185—189。

《大众传播学》(*Mass Communications*)，于其中重印了拉扎斯菲尔德和默顿的《大众传播》一文，此举对于该文在后辈学人中的传承发挥了至关重要的作用。① 拉扎斯菲尔德和斯坦顿(Frank Stanton)在40年代早期亦继续从事关于广播的系列研究，主要成果收录在《传播研究》(*Communications Research*)一书中。他们自信满满地宣称："没必要去证明传播学作为一个具体学科的合法性，也没必要为其勾勒势力范围。"(1949，p. xiii)这个学科的地位已然牢不可破。

《大众传播》原是拉扎斯菲尔德在布莱森专题研讨班上的演讲题目。据拉扎斯菲尔德后来回忆："按照惯例"，演讲的内容"是不适宜刊印发表的"，因其至少由两篇先前的讲稿拼凑而成。

> 我请默顿修改演讲稿，以使其符合发表要求。当我从他处取回文本时，竟发现他不但用无比流畅的英文重述了我的观点，还间或引用了不少我闻所未闻的经典作家来丰富原文的思想意涵。最后，他还增补了长达四页的章节，题为"大众传媒的社会功能"，其内包含了默顿自己的理性思考。因此，我认为，这篇文章应该署上我们两人的名字……默顿续写的那一章的每个观点在当时看来都很新颖。(Lazarsfeld，1975，pp. 52—53)

默顿的贡献独具特色，而这次合作正是这两位作者持续且成果丰硕的工作关系的象征。

● 默顿与拉扎斯菲尔德在哥伦比亚

默顿和拉扎斯菲尔德于1941年同年来到哥伦比亚，在此后的30年里，成为学生心目中的"双子星"，整个社会学系都围绕着他们旋转(Selvin，1975，p. 339)。二人联合受聘的故事如今已是学术史上的小小传奇：社会学系内部矛盾频仍，大家无法达成共识聘请一位高级人才，最

---

① 拉扎斯菲尔德和默顿的论文亦被收入罗森伯格(Bernard Rosenberg)和怀特(David White)合编的《大众文化：美国流行艺术》(*Mass Culture: The Popular Arts in America*)(1957)中。该书发行量很大。在整个20世纪60年代，这两本文集的新版都收录了这篇文章。

后干脆请来两个年轻人,那就是理论家默顿与方法学家拉扎斯菲尔德。①拉扎斯菲尔德之于媒介研究的重要性众所周知,他几乎成为哥伦比亚大众传播研究的代言人;不过这一共识也带来了弊端,那就是它在一定程度上轻视了默顿在学派中的重要地位,以及二人对彼此产生的深入而广泛的影响。

尽管默顿是一位能言善辩的语言大师,却也曾坦言:"我曾试图阐明自己与保罗·拉扎斯菲尔德对彼此产生了何种影响,但哪怕只是轻描淡写的叙述,也均归于惨痛失败。"(1996,p.355)多年来,他们合作了五篇文章并共同撰写了一部著作,但这也只是二人交情的冰山一角罢了。据默顿估计,在1942至1965年间,他与拉扎斯菲尔德每周平均交谈时间达10—15小时(Converse,1987,p.503)。在《社会理论与社会结构》(*Social Theory and Social Structure*)的前言中,默顿写了长长的致谢,肯定自己与"完美搭档"在哥伦比亚合作的重要意义,并坦言拉扎斯菲尔德对功能分析的"质疑与好奇"令自己获益良多(1949,p.xiv)。这种裨益是相互的。默顿是编辑的行家里手,面对他人的著作,总能给予翔实的建议。在30余载的相交岁月里,拉扎斯菲尔德每一部专著的编辑工作均是由默顿完成的(Merton,1998,p.163;另可参见Caplovitz,1977)。于默顿而言,编辑是从事学术研究的一种重要方式,其编辑工作对《大众传播》作出的贡献就是佐证。

20世纪40年代是默顿与拉扎斯菲尔德对大众传播产生兴趣并广出成果的重要时期。二人于1941年同来哥伦比亚,彼时的拉扎斯菲尔德介入该领域并持续高产已有四载,而及至1950年,他的视线渐渐转向别处。从拉扎斯菲尔德在普林斯顿创建广播研究所的1937年到1949年,他总计出版了超过35部有关广播与印刷媒体的著述。1950年之后,尽管拉扎斯菲尔德仍不时推出专著并与卡茨合著《个人影响》(参见Neurath,1979;A.H.Barton,1982;J.S.Barton;1984),但其研究兴趣早已转向其他领域。默顿在1941年之前从未听说过传播研究这一领域,但他此前在

---

① 这个故事最早源自《纽约客》(*New Yorker*)杂志上的一篇人物报道(Hunt,1961,esp. pp.59—61),后来在多个场合被反复提及(e.g. Rogers,1994,pp.244ff)。若要了解默顿和拉扎斯菲尔德在哥伦比亚的情况,可参见Merton,1994,1998;Lazarsfeld,1975,pp.35—37;Sills,1996,pp.111—14;Bierstedt,1980,pp.88ff;Coleman,1972,pp.400—401;Converse,1987,pp.267ff.二人受聘期间,罗伯特·林德(Robert S. Lynd)支持拉扎斯菲尔德,而罗伯特·麦基弗(Robert M. MacIver)则力挺默顿。

科学社会学方面极具历史开创意义的成果却一直与"传播"息息相关。另外,早在天普大学(Temple University)读本科时,默顿即从事过一项针对报纸的内容分析课题,尽管只是尝试而尚未上升至理论高度(Merton,1994)。拉扎斯菲尔德喜欢与人合作,他很快便将默顿引领到大众传播的地界内。1942年,默顿开始担任研究所的副主任(直到1971年方卸任);尽管他的主要学术兴趣不在于此,却仍完成了40年代最重要的两本大众传播学研究著作:研究凯特·史密斯(Kate Smith)战争债券运动的《大众说服》(*Mass Persuasion*)(1946),以及考察新泽西州罗维雷(Rovere)名人现象的《影响力的类型》("Patterns of Influence")(1943年形成研究所内部刊行的报告,1949年正式出版)。此外,默顿在这十年间还与拉扎斯菲尔德合作了三篇媒介研究论文,包括本文介绍的这篇经典文本。不过,如拉扎斯菲尔德一般,默顿在1950年之后也离开了大众传播研究领域。

在某种意义上,拉扎斯菲尔德与默顿并不适合共事;用后者的话说,两人仿若"社会科学领域内一对从一开始便同床异梦的夫妻"。尽管两人均系基督教徒占据主导地位的美国高等教育界内的异类——犹太人,但他们出身于迥异的文化环境:拉扎斯菲尔德出身于维也纳的资产阶级家庭,默顿则在费城南端的贫民窟长大。观察家认为他们"命中注定是对头",但实际上两人却是友情甚笃的朋友,曾经互赠里尔克(Rainer Maria Rilke)*的诗歌给对方(Merton, 1998, pp. 171, 200—201)。① 默顿曾说,自己和拉扎斯菲尔德均为"研究机构内的工作狂"、"喜欢在图书馆和自己家中孤军作战"、"实事求是却对方法论要求极高的实证主义者"、"怀疑一切……胆敢在1934年首次发表的论文中讽刺'富有启发意义的实证主义怪兽'",深受比利时统计学家、天文学家阿道夫·凯特勒(Adolphe Quetelet)影响的"拥有数学头脑的方法论专家",以及继承了涂尔干

---

* 奥地利著名象征派诗人。——译者注

① 引用里尔克诗歌的拉扎斯菲尔德形象始终未曾出现于吉特林等人的叙述中,他们的描述侧重强调拉扎斯菲尔德是方法论专家、数学家、"体制人"与"抽象经验主义者",并声称他早已转变为只对营销问题感兴趣的行政研究者,是堕落的社会学家。若想了解拉扎斯菲尔德的另一面,了解他如何充满魅力、侃侃而谈、充满好奇心,如何热衷于深奥的历史杂志和侦探小说,如何热爱巴黎胜过其他城市,不妨翻阅他的女婿、历史学家伯纳德·贝林(Bernard Bailyn)撰写的回忆录(1979)。拉扎斯菲尔德绝不是一意孤行的方法论专家,可正是他那复杂的学术兴趣导致了其自身学术身份的危机。1939年,罗伯特·林德如是写道:"每位研究者都有阿喀琉斯之踵,拉扎斯菲尔德也不例外;他的致命弱点就是对一切有趣的东西都充满学术好奇。"(转引自Morrison, 1978, p.356; 另可参见 Jahoda, 1979; Merton, 1979; 以及 DiRenzo, 1981)

(Émile Durkheim)思想遗产的"坚定的社会学理论家"(Merton,1996[1994],p.494;1998,pp.169—178;另可参见Hunt,1961,pp.56—57)。拉扎斯菲尔德则表示,默顿"从来不是一个'温顺的成员'",从一开始就对研究所内相对新颖的"组织化研究项目"抱有疑虑。不过,很快,两人便求同存异,拟定了"明晰的劳动分工"。"我总结出一系列研究方法方面的文献,而他则从每份实验报告中提取新颖的理论观点。"拉扎斯菲尔德如是写道(1975,p.38)。尽管二人配合默契,但默顿始终与研究所的实证主义风潮保持距离。他曾将大众传播研究者描述为一群"绕着箴言转圈的人":"我们的话或许无足轻重,但至少是正确的。"(Merton,1968[1949],p.200)

在合作从事传播研究的过程中,拉扎斯菲尔德与默顿分别丰富了该学术领域的差异性和亲和力。作为实证主义者,拉扎斯菲尔德十年如一日坚持对大众传播进行追踪考察,提醒人们切勿沉迷于丰富而无法确证的知识。默顿则是"概念创作者的杰出典范"(Hunt,1961,p.60),"他与那些善于用概念为自己的发现贴标签的经验主义者联系紧密"(Collins,1977,p.152);在漫长的学术生涯中,他展现了创立概念的天赋:"非预期后果"、"自验预言"、"角色模范",以及"显性与隐性功能"等概念均源自默顿,或经默顿之笔而获新生。拉扎斯菲尔德倾向于用调查的方法考察媒介及其他相关因素加诸群体行为的影响(参见Coleman,1980,pp.163—165;Merton,1998,pp.173—175)。同时,默顿通过社会史和学术史的研究发展了功能主义(functionalist)范式,并在涂尔干"集体生活"(collective life)概念的启发下提出了"中层理论"(theories of the middle range)。与拉扎斯菲尔德相比,默顿更善于使用优雅流利的散文化语言和简明扼要的分析性概念,将媒介置于更广阔的社会系统和历史背景中加以研究。

拉扎斯菲尔德与默顿均对马克思主义的批判理论和社会理论深表赞赏,这一点时常为批评哥伦比亚学派的人所忽视。拉扎斯菲尔德的"经验与批判传播学研究"试图将用德文写成的批判社会理论呈现给讲英语的受众,且认定只有涉足"有关控制的问题"及批判研究关注的其他问题,经验主义导向的美国研究传统方能重获新生。(1941a,pp.165—167;另可参见1969,p.325;Morrison,1988)拉扎斯菲尔德在一篇发表于1942年的重要文章中探讨了批判理论的问题,他在文中如是写道:"总体上,到目前为止,广播始终是美国人生活中的保守势力。"此外,他还在一篇极富阿多诺（Theodor Adorno）或洛文塔尔（Leo Lowenthal）色彩的论文中声称肥皂剧营造了假象，仿佛"一切问题都可归结于个人，推动情节发展的并非社会力量，而是主人公的美德或邪恶；造成失业的也不是经济问题，而是同伴的谎言或嫉妒"（Lazarsfeld，1942，p. 66；另可参见 1948b，1948c）。这一思路尽管在 40 年代并未占据拉扎斯菲尔德理论体系的主要地位，却也是不容忽视的重要问题。同时，默顿在 40 年代对马克思主义的研究享誉世界。1942 年，法兰克福学派的弗朗兹·纽曼（Franz Neumann）推荐他到牛津大学出版社，"作为最合适的人选去审阅一部关于卡尔·马克思经济学的手稿"——那部手稿就是保罗·斯威齐（Paul M. Sweezy）的经典著作《资本主义发展理论》（The Theory of Capitalist Development）。默顿称："据我所知，这是一部精心雕琢、堪称卓越的阐述马克思主义经济学的著作，在现有文献中无出其右者。"此外，他还为此书写过一篇长达九页的评论（Caplovitz，1977，pp. 146—147）。

正因有了默顿这位"审稿编辑"，《大众传播》才成为杰作。作为编辑，他"天生就能通过更富表现力的语汇来为文章增色"（Caplovitz，1997，p. 145），而拉扎斯菲尔德那篇"不宜刊印"的演讲稿也是在默顿手中变成了"流畅的英文"，并且因注释的扩充和新概念的引入而使论述变得更为充分。默顿阅读手稿时，"作者的观点及论述的问题会引发他的思考，他更能无偿对文章进行精彩的重构，既补充作者的观点，又丝毫不会减损原著的韵味"（Caplovitz，1977，p. 145）。当他阅读拉扎斯菲尔德的演讲稿时，这位"概念创作者的杰出典范"创作了一个全新的章节，成为整篇文章中最富理论意义的部分。最终，是默顿这位马克思研究领域的顶级专家，强化并放大了长期在拉扎斯菲尔德理论体系中居次要地位的批判—历史主题。两人合作撰写了一篇文笔优美、概念明晰，且极富历史洞见的论文，对 20 世纪中叶大众传媒的社会角色与社会效果作出了整体性概述。

● 论文的主题

如布莱森编纂的文集一般，拉扎斯菲尔德与默顿的文章视野极宏阔，并非只是针对有限效果的单线条理论。今日重读此文，正是要打破世人对哥伦比亚学派的成见，发掘关于大众传媒与社会关系的更具深度的观念。文章开篇即概括了现代社会的公众对大众传媒的忧虑，继而着手论述了三方面问题:大众传播的社会功能,尤其是在美国的商业媒体环境中的功能;大众传媒对流行品位的影响;以及"出于社会目的的宣传"在何种情况下才能发挥作用。其中,只有最后一个问题,亦即关于竞选中劝服类型的讨论,才与媒介有限效果密切相关,而这部分仅占全文篇幅的四分之一。文章集中论述了一系列批判性制度问题,如商业化大众传媒及其霸权地位,并从历史视角出发,阐述了流行品位的社会学问题。此外,关于媒介有限效果产生的条件,该文亦提出了别具一格的观点——对此,批评者常常有意无意地忽视。

拉扎斯菲尔德和默顿开宗明义地确认了传播研究的历史真实性。他们的开场白极富历史唯物主义色彩,如是写道:"人的注意力是在不断变化的,但这种变化并非随心所欲,而是深受社会与经济需求变迁的影响。"上一代人,例如参加布莱森研讨班的人,聚在一起时会探讨诸如童工、妇女投票权和养老金等问题;可及至当下,公众的兴趣已转移到"大众传播媒介的问题"上(p.95)。随后,两位作者又提出了关于当代大众传媒的"三个有机相连的因素",这三个因素与文章题目中的三个术语大抵相符:(1)对大众传播媒介"无所不在的潜在威力"的恐惧,亦即所谓"近乎神奇的观念";(2)对"社会中强大的利益集团"通过广告与公共关系改变社会控制的类型,从而可能导致"批判学术机构的无条件投降以及全社会不假思索的服从"的"更为现实"的恐惧;(3)对"拥有先进技术的大众传播工具成为破坏美学品位和文化标准的元凶"的担忧(pp.96,97)。这篇论文的其余部分是"对大众传媒的社会功能及其对当代美国社会影响力的既有知识的综述"——两位作者很清楚,这是一桩"费力不讨好的差事",原因在于"这一领域内经过验证的知识贫乏得可怜"。不过,上述实证主义的自省激励后世展开了许多更敏锐、影响更深远、更富批判精神的考察,这使得此文至今仍不失为一处"活理论资源"。

论文的导言部分反复三次强调文章所要解答的问题,既是一份哥伦比亚学派的概念辨析索引表,又是对全文驳杂风格的反思(文章由拉扎斯菲尔德的两篇演讲稿和默顿的理论贡献组成)。第一次(pp.95—96),是两位作者通过社会控制、社会角色和社会结构等术语表达了自己对大众传媒的"三个最重要关切";而第二次(p.97)和第三次(p.98)则将上述关切归结为"大众媒介加诸社会的'效果'"。"社会角色"(social roles)是默顿在初版《社会理论与社会结构》(1949)中提出的一个不甚重要的特色概念,而"效果"则是拉扎斯菲尔德偏爱使用的词汇。尽管"效果"二字俯仰皆是,但默顿关于社会结构/社会功能的术语在随后的论述中占据主导地位。两套术语的差别既体现了默顿与拉扎斯菲尔德学术兴趣的迥异,又折射出40年代传播研究在概念问题上"悬而未决"的特色。①

接下来,他们对大众传媒的讨论从两个不同方向推进。一方面,他们反对如下毫无根据的"猜测":广播拥有巨大威力,可以与原子弹媲美;或传媒拥有无比巨大的影响力,只因它面向海量受众,等等。鉴于此,两位作者提醒道:"我们无法通过实验来比较有大众传媒的当代美国社会和没有大众传媒的当代美国社会",所以若要判断媒介究竟有何种影响力,必须谨慎行事。"仅凭人们播放收音机的时间并不足以判断他们听到的内容产生了何种影响。"(pp.98,99)这一观点,拉扎斯菲尔德颇坚持了一段时间,默顿对此亦赞同。这是对技术决定论和无端猜测的拒斥,后来则演变为有限效果范式的一部分。

另一方面,是默顿增补的章节,即"大众媒介的社会功能"。他强调:这些功能是"暂时从媒介根植于其中的社会结构中提炼出来"。此处,默顿并未采用"效果论"的术语,而代之以申明"大众媒介毫无疑问承担着多种社会功能,对此,后人学者可以展开更加深入细致的研究"(p.101)。他总共列举并讨论了三种功能:地位赋予、社会规范强制,以及麻醉的负功能。地位赋予功能是指媒介能够提高其报道的政治事件、人物及群体的社会地位,无论报道取向正面与否。社会规范强制功能是指媒介有能力填补"'个人态度'与'公共道德'之间的罅隙",从而避免人们偏离社会规范,实现维护主流道德标准的目的;具体做法就是通过公开宣传向公众施压,使其服从(p.103)。麻醉负功能是指媒介通过提供大量"仅对社会问题作出肤浅关注"的产品以使"大众在政治上变得冷漠而迟钝"(p.105)。读者或听众"会产生误解,以为自己做了某事就等同于了解了症结所在"。此外,默顿的另一番言论或许很令马克思主义理论前辈欣慰:

---

① 或许有人反对我们对社会角色与社会效果作出的区分。卡茨(1987,1989)继承了拉扎斯菲尔德本人对这一问题的宽泛理解(1948a),努力通过"效果"的话语来实现整个媒介研究领域的概念化。若我们循着这个思路探索,便不难发现拉扎斯菲尔德和默顿所界定的"社会角色"不过是探讨媒介效果本质的另一种方式罢了。这样看来,选择不同的话语会对整个研究领域的建构产生不同影响。从历史角度看,为避免时代错误,我们必须小心翼翼地选择自己使用的话语;从理论角度看,为维持学术的繁荣,我们必须保护特色语言而不宜将其强行统一。"效果"与"角色"的不同体现为前者凸显媒介引发的因果关系问题,而后者则将媒介视为广泛社会进程的一部分。尽管两者内涵不同,却也并非相互排斥,只是各有侧重罢了。

"在某种程度上,大众传播或可被视为效果最为显著的社会麻醉品,甚至会让成瘾者完全意识不到自己是个瘾君子。"(p.106)

如此看来,这篇论文对美国传媒商业所有制、对所谓的资本主义霸权,以及对反抗体制的批评如何被"结构性消音"的过程进行了全面的反思。诚如前文所述,拉扎斯菲尔德早在1942年那篇虽重要却常被忽视的文章《广播加诸公共舆论的效果》("The Effects of Radio on Public Opinion")中,便已对这些问题进行了讨论。他在文中援引阿多诺和赫佐格(Herta Herzog)的观点,指出美国商业媒体倾向于维系社会现状,从而在社会变迁过程中发挥了消极作用,并从自由主义和社会民主主义的角度对广播的商业化模式进行了适度批判。① 然而,在拉扎斯菲尔德和默顿的论文中,类似的观点却遭遇猛烈的抨击。他们的观点在哥伦比亚研究所中算是异类,对此我们不妨引用一段文字来说明:

> 既然大众传媒由根植于当下社会及经济体制的巨大商业利益支配,那么它必然要竭尽全力维护这一体制……大众传媒对受众的影响程度并不仅取决于"说了什么",更重要的是"没说什么"。媒体不但勉力维持现状,更时刻避免触及针对社会结构的实质性问题……当然,媒体上偶尔也会出现针砭时弊的报刊专栏或广播节目,但这实在只是杯水车薪,不可避免地要被巨大的顺从性内容淹没……既然大众传媒倚赖商业赞助,促使人们不假思索地认同既存社会结构,那么在如此结构下我们绝不能指望传媒去促进社会变迁,哪怕只是微小的变化。(Lazarsfeld, 1942, pp.107—108)

这才是大众传播批判理论和社会政治霸权理论的精华所在,它告诫我们切不可将"批判"与"经验"的二元对立具体化。

对资本主义及其他社会体制的传媒状况作出广泛考察后,拉扎斯菲尔德与默顿扼要论述了媒介与流行品位的关系。在彼时的应用社会学研究所,这是一个相对稀罕的议题,而二战结束后不久拉扎斯菲尔德等人便

---

① 拉扎斯菲尔德认为,美国商业媒体"强调……并使工业社会的某些趋势变得非常明显"(1942, p.71)。此外,他还审慎地写道:商业模式"仅对娱乐节目有好处",它会限制"广播以更加开放的姿态参与公共讨论,以及……更为系统地传播公众为直接利益所迫切需求的社会新观念"(pp.77, 76)。拉扎斯菲尔德至少在学术著作中明确阐发政治声明,但我们可将这番略显暧昧的言论视为其在40年代对政治愿景作出的积极阐述。

已对此产生浓厚的兴趣。① 今天看来,这是这篇论文最不合时宜的一部分,其对大众娱乐所呈现的"看似走下坡路的流行品位"进行了温和的、带有精英主义与男权色彩的反思,同时亦探讨了提高审美品位的可能性。他们声称:"毫无疑问,那些每天花三四个小时痴迷于12集连播肥皂剧的妇女,都可归入缺乏美学判断力的一类……至于爱看低俗且华而不实的杂志的人,或程式化电影的爱好者,情况也大抵如此。"(pp. 108—109)对此,以阿多诺为代表的许多上世纪中叶的理论家都持赞同态度,但拉扎斯菲尔德和默顿却不愿对大众文化进行简单粗暴的批判。他们拒斥"历史衰退论",反对"美学品位江河日下"的说法,而坚持认为这是一个非常复杂的问题。他们指出:"若将审美品位置于社会语境中加以考察,便不得不承认艺术的有效受众早已发生了历史性变迁……芸芸众生中可能包含着不少拥有美学鉴赏力的人,但欣赏艺术的主体早已变成未经专门培训的普通人。"(pp. 109, 110)同时,两位作者亦指出:大众传媒可能会影响艺术品的生产标准:"帮闲文人哪个时代都有,但弄清楚艺术的'媒介化'在文化之光日趋黯淡的今日能够发挥多大的积极作用才是最重要的。"(pp. 110—111)

仅在论文的最后部分,拉扎斯菲尔德和默顿才展开对说服活动的论述;或用他们自己的话来说,"出于社会目的的宣传"。人们时常认为这一议题的出现源于拉扎斯菲尔德对市场营销的浓厚兴趣,这是一种误解。事实上,拉扎斯菲尔德领导的研究所从事的传播效果研究几乎与商业毫无关系,而大多是关于教育类广播的受众(Lazarsfeld, 1941b)、战时宣传(Lazarsfeld and Merton, 1943; Merton, 1946, esp. pp. 171—172)、选举活动(Lazarsfeld et al., 1944)以及种族宽容情况(Lazarsfeld, 1947)。论文的这一部分融合了上述所有研究的结论,尤其修正了拉扎斯菲尔德在《广

---

① 1946年,约瑟夫·克拉珀(Joseph Klapper)正在应用社会学研究所从事一项不寻常的课题,名为"文学批判分析"("Literary Criticism Analysis")。该项目的成果于1947年形成一份并未公开出版的报告,题为《美学标准与大众传媒批判》("Aesthetic Standards and the Criticism of Mass Media")(J. S. Barton; 1984, pp. 16, 160)。拉扎斯菲尔德在1947年的另外两篇演讲稿中亦论及批判与品位的问题,其中包含了一些拉扎斯菲尔德和默顿其他文章的摘录内容(Lazarsfeld, 1948b, 1948c)。后来,拉扎斯菲尔德相继在若干篇文章中反复强调了这一主题(Lazarsfeld, 1961)。1948年,应社会科学研究咨询委员会公立图书馆的要求,应用社会学研究所在40年代中期出产的一部分关于媒介与大众品位的著述以备忘录形式结集,冠以《大众传媒效果》(*The Effects of Mass Media*)的标题以油印本方式印刷流通(Klapper, 1949, esp. memorandum 1, "The Impact of Mass Media upon Public Taste," and Introduction, pp. 8—9)。

播加诸公众舆论的效果》(1942, pp. 70—75)中提出的三个"有效条件";或许由于"概念创造者"默顿的加入,这三大条件在1948年被"改造"为下述简明扼要的新概念:**垄断**(monopolization)、**渠道**(canalization)和**补充**(supplementation)。

有限效果范式的批评者时常认为,在拉扎斯菲尔德和默顿看来,媒介对公众舆论的形成毫无影响力。这其实是一种谬误。事实上,他们只是界定了媒介得以产生强大影响力的特定条件。在**垄断**的情况下,"几乎没有任何力量可以阻止大众传媒中价值观、政策或公共形象的扩散";换言之,即"反宣传的缺失"(p.113;另可参见 Lazarsfeld, 1942, pp.74—76; Merton, 1946, pp.171—172)。**渠道**意味着宣传只有为既存态度与价值观提供传播路径,才能取得最佳效果;宣传很难催生"全新的行为模式"或引发彻底的改变(p.114; cf. Lazarsfeld, 1942, pp.70—73; 1947, pp.18ff)。**补充**是一种简略说法,该观点认为"媒介只有与面对面交流相辅相成、互为补充",才能取得最佳效果(p.117;另可参见 Lazarsfeld, 1942, pp.73—74; 1947, pp.21—23)。①

如此一来,该文的结尾或许会令有限效果论的批评者大吃一惊。一方面,由于"这三个条件很少能在出于社会目的的宣传中同时满足",所以拉扎斯菲尔德和默顿得出结论:"媒介无法充分展现社会权力常常归咎于此。"而另一方面,批评者读到这里往往止步,却不知论文的最后两段尤其值得详细引述:

> 出于同样的原因,兼虑及当下的商业所有权现状及社会控制因素,大众传媒无疑维护着既存的社会结构。商业组织试图通过传媒来对受众进行虚拟"心理垄断"……尤其是,比起从根本上颠覆人的态度来,商业世界更青睐为现有的观念提供渠道。与我们的文化中那些已经完成社会化的人进行面对面沟通,主要是为了强化既存的文化类型。由是,创造出最强媒介效果的那些条件无一例外地反对

---

① 在此期间,默顿以不同方式对补充的观念加以应用。拉扎斯菲尔德(1947)曾引述过一项默顿主持的关于匹兹堡人种混居社区的研究。在研究报告中,默顿写道:"单一的制度,如社区住房制度,对于种族互谅产生的效果是极为有限的。只有进一步获得其他制度的支持,该制度才能充分发挥作用。"(Lazarsfeld, 1947, p.21)从拉扎斯菲尔德与默顿致力于种族互谅及相关社会制度的研究来看,二人持有自由主义/社会民主主义的政治观点,其中当然也包含了批判成分。

变革,而一心一意为维护现行的社会及文化结构服务。(pp. 117—118)

商业力量对大众传媒进行虚拟垄断,支持品牌选择的消费主义实践。这一力量在面对面的日常生活中得以补充和强化,而有组织的反抗行为则不见踪影。媒介维持现状并维系资本主义与消费主义的宰制性地位——而这,才是整篇文章的真正结论。①

● 拉扎斯菲尔德与默顿的后续影响力

一篇理论文章的影响力可以由其观点的现实生命力来判断,默顿与拉扎斯菲尔德的论文就是一例。如今,不同媒介理论与思想学派的学者均可将该文视作概念原型,并从中汲取养料。"三条件"假说——垄断、渠道、补充——始终与不同社会技术背景下的媒介效果研究密切相关。我们完全可以将默顿的媒介社会功能理论视为议程设置理论、第三人效果理论、传播的仪式观,以及媒介霸权理论的先行者。

三条件说

三条件假说对后世的影响力在现代选举活动中体现得淋漓尽致。垄断以各种方式持续不断地发生,不仅体现为所有权的集中,就连那些精于世故、组织严密的新闻精英,亦从根本上漠视观点及态度的多样性(Hart,1994)。政客常常认为,新闻媒体先是导致观念垄断,继而组成反对自己的坚固阵线;不过,政客自己也不知不觉加入了观念垄断的队伍,通过一系列行之有效的修辞手段打击异己,令反对者无法涉足对具体问题的讨论。例如,罗纳德·里根(Ronald Reagan)打击犯罪行为的方式,在很大程度上就是将"犯罪"这一话题从其对手的公共议程中删除了。在以色列,政治右派长期鼓吹民族主义论调,而左派则垄断和平的基调。对此,诺尔—纽曼(Elisabeth Noelle-Neumann)的"沉默的螺旋"(spiral of silence)(1984)假说为我们提供了一个基于现代社会的成熟的理论模型,用以解释垄断如何导致传媒掩盖舆论,以及反宣传严重缺失的现象。

---

① 不妨与卡茨的观点做一比较。卡茨(1981)写道:"拉扎斯菲尔德和默顿认为媒介垄断确实产生了更强大的效果,但是他们并未将媒介垄断与西方民主联系起来。"(p.30)

拉扎斯菲尔德和默顿关于成功宣传的第三个条件关涉人际传播与大众传播的综合影响力。针对听完广播之后的面对面讨论,他们指出:"大众媒介和人际关系之间存在复杂的交互作用,两者互相强化,取得极好的传播效果。"(p.115)半个世纪后,尽管计算机中介、电视、卫星以及有线光缆的出现大大丰富了媒介环境,但关于"补充"的假说仍然具有解释力。面对面交流的积极作用在许多现代选举活动中的效果尤其明显,具体形式包括小型聚会,如在党派积极人士和支持者家乡举办的"候选人见面"活动、请愿书签字活动,以及组织投书运动(group letter-writing campaign)等。许多现代政党还雇用霸权机构,即拉扎斯菲尔德与默顿所谓之"本地教化的组织中心",如宗教机构、社区中心和大学。新手段层出不穷,动机却始终未变。

媒介的社会功能

早在1948年,默顿即如是写道:麻醉负功能意指媒介令"群众在政治上冷漠而迟钝",这是"大众传媒甚少被人察觉的社会效果"(Lazarsfeld and Merton,1948,p.105)。时至今日,这一负功能已经成为所有人的共识。包括著名的罗伯特·帕特南(Robert Putnam)(1995a,1995b,2000)在内的诸多学者都曾力证美国选民事实上早已被麻醉;就算尚未被麻醉,至少也被大众传媒,尤其是电视阻滞了思想,无法积极投身政治。对帕特南而言,电视中的娱乐节目是症结所在。他自信地声称:"看电视新闻不会危损公民权的健康。"(2000,p.221)然而,默顿却对此提出异议:具有讽刺意味的是,有意识地关注新闻媒介本身就很成问题,因为公众会将"获取信息"等同于"积极参与"。新闻媒介通过为人们提供海量资讯而令公众在政治上变得迟钝。相较如今人们对政治参与问题的忧虑,麻醉负功能的观念似乎更加微妙,这一颇具反讽意味的现象并未逃过默顿的眼睛。

"地位赋予"和"社会规范强制"是默顿在论文中提出的两个更具启发意义的概念。通过创立概念,兼对拉扎斯菲尔德原始手稿进行补充修订,默顿推进了媒介社会文化理论的发展;尽管尚未确立一个完备的理论体系,默顿却仍指出:所谓媒介社会文化理论,主要考察媒介对社会思想政治生活的贡献,以及媒介在维持或改变规范、惯例和社会政治制度——或黑格尔所言之伦理(*Sittlichkeit*)——等方面发挥的作用(参见Simonson,1996,pp.325ff)。从诞生之日起,这番言论就引发了后世的诸多理论争鸣。例如,从理论角度看,"议程设置"就是媒介"地位赋予"功能的一个注脚。麦库姆斯(Maxwell McCombs)和肖(Donald Shaw)(1972)用"议程设置"这个比喻令默顿的观点更加形象生动,从而激发了社会科学家的丰富想象力(参见 McCombs and Shaw, 1993);然而,作为一种观点,"议程设置"几乎毫无新意,它所强调的内容默顿早在1948年便已揭示得一清二楚。此外,"地位赋予"功能还为我们提供了一种思考媒介与公众信心之间关系的方式(Simonson, 1999)。很多人认为媒介极易导致犬儒主义的盛行,这是一种谬误,我们完全可以将"地位赋予"功能理解为一个传递积极社会价值的、极富魅力的过程。

与此同时,我们还应将默顿的"社会规范强制"功能置于调查新闻学、第三人效果论、"多数无知"(pluralistic ignorance)以及传播仪式观的理论谱系中。这一观点对媒介在惩恶扬善问题上的强力效果作出了细致入微的考察(媒介惩恶的方式多种多样,包括提出警告、直接影响公众、强化目标组织中改革者的力量,以及提升大众传媒自身的威信,等等);而这一思路,恰是普罗泰斯(David Protess)等人(1991)以及埃特玛(James Ettema)与格拉瑟(Theodore Glasser)(1998)近年来关注的核心问题。默顿声称,"贪腐之徒之所以惧怕传媒的讨伐,是因为他们明白传媒可对选民产生影响"(p.104)——这简直就是第三人效果假说的原版(参见 Davison, 1983)。另外,如卡茨所言(1981):默顿的社会规范强制说还能帮我们理解"多数无知"和诺尔—纽曼的"沉默的螺旋"。最后,默顿还曾写道:媒介能"增进公共身份的再认同"并普及社会规范(p.103),这已隐隐透露出凯瑞"传播仪式观"的影子(1988, pp.18ff)。事实上,我们完全可以将默顿视为北美从文化视角考察传播问题的鼻祖之一,与约翰·杜威(John Dewey)、乔治·赫伯特·米德(George Herbert Mead)以及卡内斯·伯克(Kenneth Burke)相提并论(Carey, 1988, pp.23, 96—97;另可参见 Simonson, 2000)。若从更广义上看,则应将默顿在这篇论文中简短的原创理论置于一个更长的思想序列中,这一思想序列可以从涂尔干与查尔斯·霍顿·库利(Charles Horton Cooley)一直延续到凯瑞以及戴扬(Daniel Dayan)与卡茨(1992),其主旨即在于探索传播在建构与维系群体道德—政治生活中扮演了何种角色。

● 结　　论

以新鲜的目光来阅读陈旧的文献确是一个挑战。诚如沃尔特·李普曼(Walter Lippmann)多年前所言:"在大多数时候,我们都有先入为主的习惯,甚少在充分理解的基础上发表结论。"(1922, p.54)撰写本文之时,我们的思路时刻为20世纪70年代以来流传在批评者与拥护者之间、关于拉扎斯菲尔德与媒介效果范式的种种论调所扰。尽管已多次阅读并教授《大众传播》一文,我们仍不由自主地将其视为有限效果范式的代表,而该范式则早已与拉扎斯菲尔德、卡茨、约瑟夫·克拉珀(Joseph Klapper)以及上世纪中叶哥伦比亚学派的传播研究紧密联系在一起,不可分割。我们坚信,人们对该范式的批评基本建立在误读的基础上,并时常歪曲"有限效果"的真实意义,但我们仍坚持将《大众传播》视为有限效果范式的经典之作。虑及我们对拉扎斯菲尔德及其研究的偏爱,不妨说本文乃是一篇赞赏性的评析,其中自然有不甚精确之处。

其实,该论文的最后六页就是对有限效果范式的经典表述,但是我们必须准确理解其含义。有限效果并不意味着"没有效果",也不等于"弱效果"。经过细心阅读,我们会发现:有限效果意指"出于社会目的的宣传"只有在有限的条件下方能获得强大的说服效果。在大部分情况下,既有的社会及心理机制会保护受众免受大众传媒的直接影响,从而将媒介产生的迅即性与整体性效果降至最弱。在拉扎斯菲尔德和默顿看来,只有当媒介信息与其他沟通模式互为补充,只有当媒介没有被另一种流通范围更为广泛的媒介挑战,只有当媒介吸纳并传播既有价值、信念和感知结构时,其影响力才最大。上述条件有时可以得到满足,例如在某些威权政体中,或在某些媒介事件(Dayan and Katz, 1992)中,以及如拉扎斯菲尔德和默顿明确指出的,在以商业为主导的传媒体制中;在这种情况下,大众传播的资本主义可以肆无忌惮地干涉面对面交流的日常生活而不会遭遇任何抵抗。

这篇论文的主要内容在于讨论大众传播的社会功能与负功能,以及不同社会结构所可能导致的迥异后果。"媒介效果"并非论文的主旨,正因如此,这篇论文方得以与"行政的"、强调媒介外显行为及其导致的短期行为变化的所谓的"有限效果论"划清了界限。事实上,在整个20世纪40年代,拉扎斯菲尔德对媒介效果的理解是非常宽泛的——无论短期效果还是长期效果,无论因讯息引起的效果还是由制度结构导致的效果,都能影响到人的思维及行为方式,进而起到对现状或维持,或改变的作用。(参见 Lazarsfeld, 1942, 1948a; Katz, 1987, pp. S35—7)。他赞同批判理论关于媒介控制的观点,始终在"一个国家的整体环境中"广泛论述媒介问题（Lazarsfeld, 1949, p. 3）。此外，他还饶有兴致地对集体决策（aggregated decision making）展开实证分析，并对可知原因导致的可测变迁有浓厚兴趣——这是他在从事选举与营销研究中最常论及的课题。拉扎斯菲尔德既是刺猬又是狐狸（Merton, 1998, pp. 173ff）；他视野开阔，横跨诸多学科，并时常在广义上界定媒介效果。不过，尽管如此，对短期行为变化的考察仍在其研究工作中占据核心地位。

就在此时，默顿登场了；他是文风雅致的作家，善于改善他人作品的优秀编辑，"概念创作者的杰出典范"。他将拉扎斯菲尔德那篇混乱的演讲稿改造为经典论文，被各类文集频繁收录。他在文章结尾部分广泛讨论了媒介在社会历史中扮演的角色以及媒介的正负功能，而并未纠缠于传播效果，从而为这篇"经验"性论著平添了"批判"色彩。当拉扎斯菲尔德执迷于群体行为研究时，默顿以不那么"原子论"的方式探讨了社会秩序的问题，从而为我们在社会语境中观察大众传媒拓展了新的视野。拉扎斯菲尔德固然博学多才，却缺乏默顿那般宏阔的理论观与历史观；是默顿，在科学的历史社会学成果与涂尔干、韦伯和马克思以降一脉相承的社会理论之间搭建了桥梁。尽管从很多方面看，默顿都是一个自由主义者，但他同时也是 40 年代独树一帜的马克思研究专家，是他将批判理论的观念引入了"大众传播"领域。如前文所述，只有克服关于应用社会学研究所的种种刻板成见，我们方能看清这篇论文的真实面目：它深入探讨了大众媒介在现代社会中扮演了何种社会—政治角色，并考察了商业媒体如何维系资本主义霸权。

另外，我们还认为，拉扎斯菲尔德与默顿的论文是观察战后初期日新月异的媒介研究的窗口。彼时，主导概念范式与主流研究方法尚未确立，整个领域充满机遇和挑战，而《大众传播》一文为后来的许多研究设立了起始点，并在过去的半个世纪里，在形形色色的媒介及社会环境的研究中，催生了丰硕的成果。从媒介效果的"三条件"到媒介在现代社会中承担的"三角色"，拉扎斯菲尔德与默顿的理论经历了时代的考验，即使在迥异于 1948 年美国的社会条件下，同样具有强大的解释力。尤其是，在当下的各类研究模式中，从媒介效果研究到传播的批判与文化研究，二人的论点同样可以得到意想不到的共鸣。

当然，有优点就有缺憾，没什么是十全十美的。最大的遗憾就是：布莱森文集中所呈现的学术深度在 1948 年之后的美国媒介研究中几乎毫无体现。最近二十年间，情况似有所改善，但随着狭隘的、以研究领域细分为标志的亚学科日渐崛起,媒介研究又走上了回头路。此外,另一问题浮出水面,那就是有哪些研究是拉扎斯菲尔德和默顿在40年代之后本可以从事但实际上却并未从事的。整个20世纪五六十年代,拉扎斯菲尔德甚少发表关于媒介的著述,尽管卡茨等人继承了他的思想遗产和学术衣钵。另一方面,默顿在1949年之后亦迅速转型,离开了媒介研究领域。其实,确切地说,尽管默顿从未如拉扎斯菲尔德一般深度涉入传播研究,但其相关著述却是40年代屈指可数的媒介研究佳作。鉴于《大众传播》一文内容如此翔实、论证如此清晰,人们不禁产生疑问:若他们二人继续在媒介理论研究方面展开合作,将会产生怎样的成果?毫无疑问,真若这样,这一学术领域必将更加繁荣多产。

参考文献

Bailyn, B. (1979) Recollections of PFL. In R. K. Merton, J. S. Coleman, and P. H. Rossi (eds), *Qualitative and Quantitative Research: Papers in Honor of Paul F. Lazarsfeld*, New York: Free Press, 16—18.

Barton, A. H. (1982) Paul Lazarsfeld and the Invention of the University Institute for Applied Social Research. In B. Holzner and J. Nehnevajsa (eds), *Organizing for Social Research*, Cambridge, MA: Schenkman Publishing, 17—83.

Barton, J. S. (ed.) (1984) *Guide to the Bureau of Applied Social Research*. New York: Clearwater Publishing.

Bierstedt, R. (1980) Robert M. MacIver: Political Philosopher and Sociologist. In R. K. Merton and M. W. Riley (eds), *Sociological Traditions from Generation to Generation: Glimpses of the American Experience*, Norwood, NJ: Ablex, 81—92.

Bryson, L. (ed.) (1948) *The Communication of Ideas: A Series of Addresses*. New York: Harper & Brothers.

Caplovitz, D. (1977) Review of "The Idea of Social Structure." *Contemporary Sociology*, 6 (2), 142—50.

Carey, J. W. (1982) Mass Media: The Critical View. In *Communications Yearbook V*, Beverly Hills, CA: Sage. Repr. as "Reconceiving 'Mass' and 'Media'," in Carey, 1988, 69—88.

Carey, J. W. (1988) *Communication as Culture*. Boston: Unwin Hyman.

Cmiel, K. (1996) On Cynicism, Evil, and the Discovery of Communication in the 1940s. *Journal of Communication*, 46(3), 88—107.

Coleman, J. (1972) Paul Lazarsfeld's Work in Survey Research and Mathematical Sociology. In P. F. Lazarsfeld, *Qualitative Analysis: Historical and Critical Essays*,

Boston: Allyn and Bacon, 395—409.

Coleman, J. (1980) Paul F. Lazarsfeld: The Substance and Style of His Work. In R. K. Merton and M. W. Riley (eds), *Sociological Traditions from Generation to Generation: Glimpses of the American Experience*, Norwood, NJ: Ablex, 153—74.

Collins, R. (1977) Review of "The Idea of Social Structure." *Contemporary Sociology*, 6(2), 150—4.

Converse, J. (1987) *Survey Research in the United States: Roots and Emergence 1890—1960*. Berkeley: University of California Press.

Czitrom, D. (1982) *Media and the American Mind*. Chapel Hill: University of North Carolina Press.

Davison, W. P. (1983) The Third-Person Effect in Communication. *Public Opinion Quarterly*, 47(1), 1—15.

Dayan, D. and Katz, E. (1992) Media Events: *The Live Broadcasting of History*. Cambridge, MA: Harvard University Press.

DiRenzo, G. (1981) Meta-Sociology and Academic Identities. *Cotemporary Sociology*, 10(3), 355—7.

Ettema, J. S. and Glasser, T. L. (1998) *Custodians of Conscience: Investigative Journalism and Public Virtue*. New York: Columbia University Press.

Gary, B. (1996) Communications Research, the Rockefeller Foundation, and Mobilization for the War on Words, 1938—1944. *Journal of Communication*, 46 (3), 124—48.

Gitlin, T. (1978) Media Sociology: The Dominant Paradigm. *Theory and Society*, 6, 205—53.

Glander, T. (2000) *Origins of Mass Communications Research during the American Cold War*. Mahwah, NJ: Lawrence Erlbaum.

Hall, S. (1982) The Rediscovery of "Ideology": Return of the Repressed in Media Studies. In M. Gurevitch et al. (eds), *Culture, Society, and the Media*, London: Methuen, 56—90.

Hart, R. P. (1994) *Seducing America: How Television Charms the Modern Voter*. New York: Oxford University Press.

Hunt, M. (1961) How Does it Come to Be So? *New Yorker*, Jan. 28, 39—63.

Jahoda, M. (1979) PFL: Hedgehog or Fox? In R. K. Merton, J. S. Coleman, and P. H. Rossi (eds), *Qualitative and Quantitative Research: Papers in Honor of Paul F. Lazarsfeld*, New York: Free Press, 3—9.

Katz, E. (1980) On Conceptualizing Media Effects. *Studies in Communication*, 1, 119—41.

Katz, E. (1981) Publicity and Pluralistic Ignorance: Notes on "The Spiral of Silence." In H. Baier, H. M. Kepplinger, and K. Reumann (eds), *Public Opinion and Social Change: For Elisabeth Noelle-Neumann*, Wiesbaden: Westdeutscher, Verlag, 28—38.

Katz, E. (1987) Communications Research Since Lazarsfeld. *Public Opinion Quarterly*, 51, S25—45.

Katz, E. (1989) Mass Media Effects. In E. Barnouw (ed.), *The International Encyclopedia of Communications*, vol. 2, New York: Oxford University Press, 492—7.

Katz, E. (1996) Diffusion Research at Columbia. In E. Dennis and E. Wartella (eds), *American Communication Research: The Remembered History*, Mahwah, NJ: Lawrence Erlbaum, 61—70.

Katz, E. and Lazarsfeld, P. F. (1955) *Personal Influence: The Part Played by People in the Flow of Mass Communications*. New York: Free Press.

Klapper, J. (1949) *The Effects of Mass Media*. New York: Bureau of Applied Social Research.

Lazarsfeld, P. F. (1941a) Administrative and Critical Communications Research. Repr. in Lazarsfeld, 1972, pp. 155—67.

Lazarsfeld, P. F. (1941b) Audience Building in Educational Broadcasting. *Journal of Educational Sociology*, 14(9), 533—41.

Lazarsfeld, P. F. (1942) The Effects of Radio on Public Opinion. In D. Waples (ed.), *Print, Radio, and Film in a Democracy*, Chicago: University of Chicago Press, 66—78.

Lazarsfeld, P. F. (1947) Some Remarks on the Role of Mass Media in So-called Tolerance Propaganda. *Journal of Social Issues*, 3(3), 17—25.

Lazarsfeld, P. F. (1948a) Communication Research and the Social Psychologist. In W. Dennis (ed.), *Current Trends in Social Psychology*, Pittsburgh: University of Pittsburgh Press, 218—73.

Lazarsfeld, P. F. (1948b) Role of Criticism in the Management of Mass Communications. In W. Schramm (ed.), *Communications in Modern Society*, Urbana: University of Illinois Press, 186—203.

Lazarsfeld, P. F. (1948c) The Role of Criticism in the Management of Mass Media. *Journalism Quarterly*, 25, 115—26.

Lazarsfeld, P. F. (1949) Foreword to Joseph T. Klapper, *The Effects of Mass Media*, New York: Bureau of Applied Social Research, 1—9.

Lazarsfeld, P. F. (1961) Mass Culture Today. In N. Jacobs (ed.), *Culture for the Millions?*, Princeton: Van Nostrand, pp. ix—xxiii. Repr. in Lazarsfeld, 1972, pp. 139—

154.

Lazarsfeld, P. F. (1969) An Episode in the History of Social Research: A Memior. In D. Fleming and B. Bailyn (eds), *The Intellectual Migration: Europe and America, 1930—1960*, Cambridge, MA: Harvard University Press, 270—337.

Lazarsfeld, P. F. (1972) *Qualitative Analysis: Historical and Critical Essays*. Boston: Allyn and Bacon.

Lazarsfeld, P. F. (1975) Working with Merton. In L. A. Coser (ed.), *The Idea of Social Structure: Papers in Honor of Robert K. Merton*, New York: Harcourt Brace, 35—66.

Lazarsfeld, P. F. and Merton, R. K. (1943) Studies in Radio and Film Propaganda. *Transactions of the New York Academy of Sciences*, 6(2), 58—79. Repr. in Merton, 1968, 563—82.

Lazarsfeld, P. F. and Merton, R. K. (1948) Mass Communication, Popular Taste, and Organized Social Action. In L. Bryson (ed.), *The Communication of Ideas*, New York: Harper, 95—118.

Lazarsfeld, P. F. and Stanton, F. N. (eds) (1949) *Communications Research, 1948—1949*. New York: Harper and Brothers.

Lazarsfeld, P. F., Berelson, B., and Gaudet, H. (1944) *The People's Choice: How the Voter Makes up His Mind in a Presidential Campaign*. New York: Columbia University Press.

Lippmann, W. (1922) *Public Opinion*. New York: Free Press.

Lowenthal, L. (1944) Biographies in Popular Magazines. In P. F. Lazarsfeld and F. N. Stanton (eds.), *Radio Research 1942—1943*, New York: Duell, Sloan, 507—48.

McCombs, M. and Shaw, D. (1972) The Agenda-Setting Function of Mass Media. *Public Opinion Quarterly*, 36, 176—85.

McCombs, M. and Shaw, D. (1993) The Evolution of Agenda-Setting Research: Twenty-Five Years in the Marketplace of Ideas. *Journal of Communication*, 43(2), 58—67.

Merton, R. K. (1946) *Mass Persuasion: The Social Psychology of a War Bond Drive*. New York: Harper.

Merton, R. K. (1968[1949]) *Social Theory and Social Structure*. Glencoe, IL: Free Press.

Merton, R. K. (1979) Remembering Paul Lazarsfeld. In R. K. Merton, J. S. Coleman, and P. H. Rossi (eds), *Qualitative and Quantitative Research: Papers in Honor of Paul F. Lazarsfeld*, New York: Free Press, 19—22.

Merton, R. K. (1996[1994]) A Life of Learning. American Council of Learned

Societies Occasional Papers, 25. Repr. in R. K. Merton, *On Social Structure and Science*, ed. P. Stompka, Chicago: University of Chicago Press, 1996,339—59.

Merton, R. K. (1998) Working with Lazarsfeld: Notes and Contexts. In J. Lautman and B-P. Lecuyer (eds), *Paul Lazarsfeld (1901—1976): La sociologie de Vienne à New York*, Paris: L'Harmattan, 163—211.

Morrison, D. E. (1978) The Beginning of Modern Mass Communication Research. *European Journal of Sociology*, 29, 327—59.

Morrison, D. E. (1988) The Transference of Experience and the Impact of Ideas: Paul Lazarsfeld and Mass Communication Research. *Communication*, 10 (2), 185—210.

Morrison, D. E. (1998) *The Search for a Method: Focus Groups and the Development of Mass Communication Research*. Luton: University of Luton Press.

Neurath, P. M. (1979) The Writings of Paul F. Lazarsfeld: A Topical Bibliography. In R. K. Merton, J. S. Coleman, and P. H. Rossi (eds), *Qualitative and Quantitative Social Research: Papers in Honor of Paul F. Lazarsfeld*, New York: Free Press, 365—87.

Noelle-Neumann, E. (1984) *The Spiral of Silence: Public Opinion—Our Social Skin*. Chicago: University of Chicago Press.

Peters, J. D. (1993) Genealogical Notes on "the Field." *Journal of Communication*, 43 (4), 132—9.

Peters, J. D. (1999) *Speaking into the Air: A History of the Idea of Communication*. Chicago: University of Chicago Press.

Protess, D., et al. (1991) *The Journalism of Outrage: Investigative Reporting and Agenda Building in America*. New York: Guilford.

Putnam, R. D. (1995a) Bowling Alone: America's Declining Social Capital. *Journal of Democracy*, 6, 65—78.

Putnam, R. D. (1995b) Turning In, Turning Out: The Strange Disappearance of Social Capital in America. *PS: Political Science and Politics*, 28, 664—83.

Putnam, R. D. (2000) *Bowling Alone: The Collapse and Revival of American Community*. New York: Simon & Schuster.

Rogers, E. (1994) *A History of Communication Study: A Biographical Approach*. New York: Free Press.

Rosenberg, B. and White, D. M. (eds) (1957) *Mass Culture: The Popular Arts in America*. Glencoe, IL: Free Press.

Schramm, W. (ed.) (1948) *Communications in Modern Society*. Urbana: University of Illinois Press.

Schramm, W. (ed.) (1949) *Mass Communications*. Urbana: University of Illinois Press.

Selvin, H. (1975) On Formalising Theory. In L. Coser (ed.), *The Idea of Social Structure: Papers in Honor of Robert K. Merton*, New York: Harcourt Brace, 339—54.

Sills, D. (1996) Stanton, Lazarsfeld, and Merton—Pioneers in Communication Research. In E. Dennis and E. Wartella (eds), *American Communication Research: The Remembered History*, Mahwah, NJ: Lawrence Erlbaum, 105—16.

Simonson, P. (1996) Dreams of Democratic Togetherness: Communication Hope from Cooley to Katz. *Critical Studies in Mass Communication*, 13, 324—42.

Simonson, P. (1999) Mediated Sources of Public Confidence: Lazarsfeld and Merton Revisited. *Journal of Communication*, 49 (2), 109—22.

Simonson, P. (2000) Varieties of Pragmatism and Communication: Visions and Revisions from Peirce to Peters. In D. K. Perry (ed.), *Pragmatism and American Communication Research*, Mahwah, NJ: Lawrence Erlbaum, 1—26.

Simpson, C. (1994) *The Science of Coercion: Communication Research and Psychological Warfare, 1945—1960*. Oxford: Oxford University Press.

Waples, D. (ed.) (1942) *Print, Radio, and Film in a Democracy*. Chicago: University of Chicago Press.

第2章

赫佐格《论借来的体验》在"主动受众"争鸣中的地位

泰玛·利比斯(Tamar Liebes)

● 赫佐格被误解了?

赫佐格(Herta Herzog)对日间广播肥皂剧听众的研究被视为"使用与满足"传统的先驱。《论借来的体验》("On Borrowed Experience")(1941)是早期"倾听听众"研究的典范,即询问听众、让他们汇报自己从媒介中获取了什么。与先前的研究相比,这类研究赋予受众更大的权力。问题在于,人们对赫佐格理论的理解是否准确:是否应将其视为"使用与满足"传统中的经典案例?该案例是否有助于树立受众作为知晓自身需求、洞悉周遭环境、积极作出选择的主动消费者的形象(McQuail and Gurevitch, 1974)?我认为,情况的复杂超出我们的想象。

"使用与满足"研究用"主动"受众取代了大众社会中如原子一般相互疏离的受众:前者的思想、信念和行为不会为媒体所控制(Katz, 1989),而后者则极易被传媒洗脑。如今,受众不再是传媒的受害者,他们能够掌控自己的命运,并根据自身需求将媒介作为社会公器、自由选择的工具箱以及思想的资源库加以利用(Swidler, 1986)。如此看来,媒介受众是一群有自我意识的消费者,他们对媒介的使用莫不出于特定的目的;他们的行为是高度选择性的,"不但坚持自己的固有观点与生活习性,更着重满足自身的需求、兴趣和奋斗目标"(McQuail and Gurevitch, 1974)。

即使在今天,重读赫佐格的经典论文,仍可感觉到她采访过的那些肥皂剧迷栩栩如生、充满活力。赫佐格并未对其受访者的观点言听计从,而是扮演了一位远距离观察者的角色,依照某些预设的假想对受访者的无意识层面进行弗洛伊德式的精神分析。在她笔下,听众呈现出羸弱、受无意识动机驱使,兼沉醉于虚假有害"满足感"的形象。这与使用与满足理论所强调的"主动受众"大相径庭。主动受众本应有能力控制广播、电视和自己的生活,且对自己的行为及理性了然于胸。既然如此,缘何赫佐格在媒介研究史中通常被视为"主动受众"观念的先驱呢?《论借来的体验》一文又是如何成为使用与满足研究的经典之作?

之所以将赫佐格归入使用与满足理论研究者之列,或许因为她的观点在一定程度上跳出了强调短期效果的传播研究传统。过去,研究者目光狭隘,仅关注宣传与广告中存在的具体、直接的"说服"内容;而如今,学界的兴趣渐渐转向信息、意识形态和娱乐的问题,拉扎斯菲尔德摒弃"皮下注射"(hypodermic)效果研究、转向对媒介与受众微妙关系的分析就是一例。第二个可能的原因是,原本以中下层家庭妇女为目标受众的日间肥皂剧,经赫佐格的考察与分析,俨然从不入流的位置跻身电视节目类型之列,不但从此成为有价值的研究课题,单就被研究的频率来说,也是仅次于电视新闻节目的热门课题。第三,也可能是最重要的一个原因,在于赫佐格对肥皂剧迷采取了焦点小组访谈(focus interview)的研究方式,而并未对肥皂剧本身进行内容分析,这体现了研究者对受众的尊重,从受众的视角出发分析媒介内容,从而将接受视作"自由且有意义的行为"(McQuail and Gurevitch, 1974)。

然而,赫佐格笔下的"解读者"形象却并不那么美好;她眼中的广播听众绝非主动受众,而时刻给人疏离、自闭、无助的印象,是大众社会、家长制和大众传媒的受害者;尤其是大众传媒,早已成为服务于社会和制度的有效工具。女性受众沉浸在自己钟爱的肥皂剧世界里,沦为厨房里的奴隶;她们倚赖着文本所营造的替代性幻想,对现实生活中的一切虚假及有害之物视而不见(Livingstone and Liebes, 1995)。因此,与其说赫佐格是使用与满足研究的女性鼻祖(McGuire, 1974; Katz et al., 1974; Livingstone, 1988)(尤其是她对女性节目类型的强调),不如将她的著作置于法兰克福学派的范式内,认定其谴责了消费主义文化为大众社会的羸弱个体提供虚假满足的"恶行",这样或许更有助于我们的理解。

我们之所以会将赫佐格的观点误解为使用与满足研究,是因为学界流行着这样的刻板成见:焦点小组访谈必然强调"主动消费者",而文本分析则执迷于"强大"效果。依此逻辑,若受众只是受技术或意识形态效果所控的受害者,则对他们进行访谈毫无意义。就算勉强访谈,研究者得到的答案也只会反映出受众的思维与感知现实的方式是如何被传媒操纵的。换言之,通过访谈仅能获得传媒强加给受众的虚假意识。然而,将内容分析归为批判研究而将受众访谈归为使用与满足研究的做法实在过于草率。的确,从事受众深度访谈或焦点小组访谈的研究者通常认定霸权主义者与民意调查者对受众形象的描绘有偏差,真实的受众不但具有批判性,而且极难被同质化。如此一来,通过访谈,研究者便可听到人们发出的异彩纷呈的"原生态"声音;而这一切,均源自真实可触的经验与民间智慧。简而言之,受众绝不仅仅是"愚蠢的沙发土豆"。尽管如此,很多问题,如选择哪些受访者、问题开放到何种程度、问题的焦点何在、采用什么方法以及强调哪些具体例子,还是需要由研究者的态度(或假设)来决定。

此外,正如我们不必将文本视为同质化的与封闭的事物,从而通过分析来揭示其中蕴含的歧义与多元声音一般,与受众打交道也不必然意味着将其视为自由的行动者,更无须对其观点表示支持或赞赏。受众分析与文本分析之间并不存在什么天壤之别,最关键的问题始终是理论视角的选择——只有确定了理论视角,才能相应地决定选择哪些受众或文本,以及如何对其展开分析。

● 缘何《论借来的体验》可被归入法兰克福学派

阅读赫佐格的论文时,我们会清晰地发现,她倾向于将分析者置于"俯瞰"的位置;具体来说,就是应用法兰克福学派的宏观文化分析方法来考察个体微观世界。尽管她带有量化色彩的听众访谈技术属于阿多诺毕生反对的经验主义受众调查,但其研究成果有力地验证了后者对大众文化及其加诸消费者影响的批评。在讨论流行音乐的问题时,阿多诺之所以反对将消费者视为社会学知识的主要来源,是因为在他看来大众的观点是不足信的(Morrison, 1998, p.42)。之所以出现这一状况,在阿多诺看来,是由于消费者无法克服自身对文化规范的顺从,更加无法逆转心理判断能力的衰退。消费主义文化导致人们退化回被动依赖的婴儿状态,使他们变得温顺并惧怕新鲜事物。由是,阿多诺将受众比作儿童,声称他们只喜欢吃以前爱吃的东西(Jay, 1973, p.190)。社会科学家不应指望如此去政治化且消极被动的受众能对自己接收的内容作出积极回应,遑论对流行文化进行自主的反思了。

鉴于消费者无法成为可靠的信息来源,法兰克福学者只好自行分析资本主义文化的各种形式与内容颠覆个体心智的方式。通过将流行文化视为"逆向精神分析"(psychoanalysis in reverse)(Lowenthal, in Jay, 1973, p.173),法兰克福学者揭示出种种通过操纵潜意识来不知不觉地控制个体的机制。他们还采用精神分析的方法来考察流行文化的表现形式,如爵士乐、广播剧、杂志人物传记等,指出它们如何创立拜物教并营造移情式的满足感,从而达到控制消费者心灵的目的。既然消费主义文化只会在潜意识层面影响人的需求,使受众遭受空洞、重复、虚假经验的折磨,褫夺本真的民间文化与艺术类型,所以法兰克福学者才对其大加挞伐。

赫佐格的观点完全符合法兰克福学派的传统。通过对真实读者进行案例研究,她完善了法兰克福学派关于消费主义文化如何折磨、欺骗受众的观念。同时,重新回归受众之后,赫佐格得以重新发掘无意识机制是如何在个人心智的原初语境中运行的,从而也就为循环往复的精神分析画上了休止符。赫佐格提出的问题及其对答案作出的分析均以一系列假设为前提,那就是人性、消费主义文化,以及两者之间的关系。她将肥皂剧迷视为沙发土豆,对其进行精神分析(不幸的是他们无法从中获益)。及至20世纪80年代,她在对《豪门恩怨》(Dallas)和《王朝》(Dynasty)两部肥皂剧的德国观众的研究中再次应用了上述方法(Herzog-Massing, 1986)。在她看来,访谈对象是缺乏自我意识的人群,他们的言谈往往是不理性的。通过对访谈数据的分析,她将肥皂剧观众描绘为一群高度异化的女性,孤独、自怜,时刻被无意识的情感力量操纵而不自知;她们对自我的呈现一方面极富道德色彩与虔诚精神,另一方面也成了转嫁自身苦痛、将压抑的侵略性发泄到他人身上的机制。这种侵犯情绪可被移情至剧中人物身上,使其成为"侵略性的替罪羊";或通过与剧中人物(有时表现了根深蒂固的种族偏见)结成"受害者联盟"的方式发泄到周遭环境中的其他人身上。无论哪种方式,对受访者而言都是一种快感。

● 程式化文本——控制抑或解放?

赫佐格的主要理论贡献是发掘出肥皂剧快感的主要来源:"听众对自己喜爱的肥皂剧内容的描述几乎无一例外地归结为一个程式化主题:先

受困,后解脱。"(p.66)接着,她举出三个例子来强调这一主题:一位居住在小镇上的哲学家经常陷入"先受困后解脱"的状况;一对新婚夫妇"将陷入某种困境……但他们找到了解决的办法";一位单身母亲"把一切安排妥当,有些事将会发生"。

这种程式化属性既是法兰克福学派大众文化批判的核心,又是解释肥皂剧如何控制消费者心灵的关键所在。在阿多诺看来,这套程式是自给自足的,并不能作为评估智力的手段。而且,"一旦成功,文化工业就会无休止地生产这一程式,通过分散注意力、满足感移情以及强化被动性的方式来发挥社会黏合剂的作用"(Jay, 1973)。文章的一开始,赫佐格即坚定地指出,肥皂剧迷无意中证实了下述观点:只要抱定程式化模板,自己就会始终安全。随后,她以阿多诺的思想来指导自己的分析,试图考察程式化叙事如何影响如儿童一般依赖他人的听众的潜意识。相应地,她断定,程式化导致人们惧怕一切新事物的诞生,削弱了听众冒险的能力,使之处于某种畏缩的顺从状态,一面"放松"地"抽着雪茄",一面幻想自己过着"激动人心的生活"(p.76)。(埃利希·弗洛姆[Erich Fromm]写于1937的文章《疲弱感》["The Feeling of Impotency"]描述了类似的过程,转引自 Jay, 1973, p.190)

尽管使用与满足范式为那些或多或少强调受众控制力、目的性与主动性的研究路径提供了保护伞,但赫佐格关于受众的观点却与人们期待她应当呈现的研究类型大相径庭。一个显著的例子就是,在麦奎尔(W. J. McGuire)(1974)那个探讨心理动机与媒介满足之间关系的野心勃勃的宏大理论规划中,赫佐格占据了特殊地位;她的研究思路被视为典型的功利主义理论,倾向于将人视为认知型生物,不但有能力解决问题,更可通过媒介文本来获取有用信息或全新技能,从而迎接生活中的种种挑战。

赫佐格、莱德威、洪美恩:一条母系线?

在半个多世纪以后的今天,再来评价赫佐格的理论贡献,不妨将其视为整整一代女性学者的先驱。这些学者从女性主义视角出发考察女性叙事类型,并从中发掘社会变迁的潜质。然而,通过评估情节剧及言情剧消费的潜能来改善女性的处境取决于研究者在多大程度上采纳"读者的"视角。换言之,必须弄清楚受访者声音与研究者声音的交界在哪里。一切基于受众访谈的解释性研究中都存在一个隐匿的阶段:受众言说的内容、研究者记录下来的内容以及研究者主观评论之间的"台阶"时常被忽视。这是一个很难厘清的问题。对于受众讲的话,是应依照字面意思理解还是通过对其释码以触及受众的无意识意图?访谈者应当对自己所说的每一句话的潜台词都了然于胸吗?抑或,研究者可否倚赖直觉来揭示言谈背后潜在的认知与情感力量?换言之,先前假设与受众访谈之间的互动是如何在评价接收者是否"主动"的过程中结束的?

无论研究者是否意识到自己所做决定的问题域(problematics)何在,一旦确定了作出决定的方式,我们便有可能对不同的理论方法进行区分。在此,我也想"事后诸葛亮"一把,将赫佐格的阐释策略与另外两位著名学者——珍妮丝·莱德威(Janice Radway)与洪美恩(Ien Ang)——的研究方法做一比较。这两人是赫佐格的晚辈,她们的研究是循着赫佐格的足迹进行的。之所以选择这两人,一方面是因为她们的研究延续了赫佐格对流行女性节目类型的考察(从而赋予这些"低级节目"以"类型节目"的地位),另一方面亦因为她们的研究方法都是"让受众为自己说话";尤其是,这两人的成就最终超越了赫佐格,展现了女性如何在沉迷于言情小说和肥皂剧的同时潜在地(如莱德威所言)或者实际地(洪美恩)为自身争得更多的权力。

作为庇护所的程式:珍妮丝·莱德威

如前文所言,至少就我们讨论的这篇文章来看,赫佐格不能算是一位"使用与满足"学者。还要强调的是,尽管人们亦时常为莱德威贴上"使用与满足"的标签,其实她也并不属于这一阵营。赫佐格之所以强调肥皂剧的"程式"(先受困、后解脱)而忽略剧情的复杂变化,皆因其认为程式必将陷受众于被动及依赖状态,与文本内容毫无关系。莱德威(1985)在从事了四十年言情小说读者研究之后,亦表达了类似的观点,即读者习惯于事先确定自己意图购买的小说会有一个皆大欢喜的结局。在莱德威看来,这意味着读者无法接受"在一无所知的状态下阅读",她们必须"始终确信自己期望的情节能够发生"(Radway, 1985, p.106)。

令莱德威大惑不解的另一个问题是,言情小说爱好者均宣称自己无法对小说中的"典型"人物作出描述,因为这些人物各不相同。具有讽刺意味的是,一方面,莱德威对于读者无法识别故事情节中蕴含的一般模式深感失望,可另一方面,她也承认,发挥关键作用的是个体间的差异而非小说叙事的程式。顺便提一下,听众对程式的认知与赞同以及听众对虚构人物的强烈兴趣之间的断裂,与苏珊·道格拉斯(Susan Douglas)

(2001)对赫佐格一项智力竞赛节目研究的分析不谋而合;在她看来,赫佐格"热衷于揭露听众与广播之间的矛盾关系",并认定其"划时代地预测到后结构主义和女性主义将会极大丰富媒介批评的内涵"。

尽管莱德威承认言情小说的潜在益处,却也如赫佐格一般,强烈坚持着自己的意识形态立场。毕竟,无论是赫佐格法兰克福式的大众社会批判,还是莱德威的女性主义,均将女性类型叙事的程式视为奴役女性的工具。它们所带来的快感实则是消费者日常生活中的基础病症;若女性能使自己的(真实)生活步入正轨,这些快感简直是一无是处的。

作为解放性手段的程式:洪美恩

并非所有文学分析者都将程式视为受众快感的邪恶来源。诚如艾柯(Umberto Eco)(1985)所言:程式化剧情与大众文化并非水火不容。另外,受众对剧情的沉迷并不必然意味着消极被动;之所以沉迷,毋宁说是源自程式化产生的轻松愉悦之感,及其带来的"关注情节如何发展"的享受(Thorburn, 1982)。受众只有知晓故事主线中不存在任何"惊喜",以及明白期待大团圆结局是毫无意义的,方能将自身从沉迷状态中解脱出来,专心享受"解读"过程中的种种微妙之处。如此一来,他们可以将注意力集中在剧中人物的表情和样貌上,对其行为产生各种各样的期望,并留意熟悉的人物的不寻常举动中隐藏的"离经叛道"(Eco, 1985)。

洪美恩(1985)对快感的解读,较赫佐格与莱德威的"先受困、后解脱"程式远为积极。尽管洪美恩始终与使用与满足传统保持距离,但实际上她比赫佐格和莱德威都更倾向于将研究对象——肥皂剧观众——视为"同道中人"。她宣称,莱德威之所以对言情小说女性读者感到失望,皆因她始终未得要领;对受众而言,特定情节的构造和语境远比千篇一律的程式重要。通过批评莱德威,洪美恩指出:事实上,读者坚持提前获知故事的结局也许体现了一种更富智慧的阅读策略,因为只有如此,她们才能确保自己从小说的**剧情**中获取最大的乐趣——说白了,就是专心享受沉迷的**过程**。

此外,洪美恩还对"先受困、后解脱"所带来的快感作出了另一番解释。她曾对受访者的一句表述作出分析(赫佐格也曾从受访者处获得类似的表述):"被他们的问题搞得晕头转向是件好事,因为你心里清楚一切困难都会过去,结局将是皆大欢喜。"(p.67)于洪美恩而言,这段来自肥皂剧观众的话表明:程式只是让人逃避到虚幻世界中,却并不会否定真实世界;程式如同"一个游戏,人们于其中对虚构和现实的种种限制展开讨论,并在两个世界之间搭建桥梁。在这个游戏中,以丰富的想象力投身于虚幻世界是一种极富快感的经历"(Ang,1985,p.45)。由是,洪美恩努力站在受众的立场上理解其收视(也包括收听及阅读)经验;在她看来,女性受众对收视快感的享受并不会对"真实"生活产生影响。

简而言之,将一般程式凌驾于读者个体差异之上的做法体现了学者在研究中的意识形态抉择。赫佐格与莱德威在自己的著述中展示的受众说过的每一句话,均可被视为独立的、"浓墨重彩"的小故事,不但拥有自己的叙事结构与情节设置,更包含了讨人喜爱的人物。没人会将"乐于助人,哪怕是敌人也不例外的小镇哲学家"与"娶了老板女儿并与其搬入长岛豪宅的男青年"混为一谈。"先受困、后解脱"固然是种程式,但人性因素的复杂纷繁使其变得极为丰富,其中折射出人类生活的方方面面。

● 替代性快感:表达攻击性抑或遁入"感情真实"幻想?

既然选择了精神分析的框架,就意味着必须按弗洛伊德理论对一切答案释码。如此一来,在赫佐格看来,听众的快感即可被解读为"通过对他人的侵犯来补偿自身的痛苦"。例如,面对"为何看?"这个问题,一位受访者的答案是:"若我很郁闷,当得知其他人也在经历痛苦时,就会感觉好些。他们比我聪明,却也一样倒霉。"不过,这一例子凸显了研究者在解读受众言语时存在的一个主要问题:在受访者说过或写过的话,与研究者对这些话的阐释之间,不可避免地存在着罅隙。更严谨地说,每种解释背后都存在着理论预设;在最理想的状态下,这些理论预设会在研究者与"真实"受众的交流中得以修正与强化,而受访者说的话只能"激发"(evoke)而不能"证明"(prove)。在赫佐格看来,上面那位听众的论述表明"听众常常将他人的麻烦视为一种享受,以此来补偿自己所遭受的苦痛";若"那些人看上去比听众'聪明'的话",效果会更明显(p.73)。不过,"侵犯移情"并非解读受众言语的唯一方式,更不一定能准确反映受众的清醒意识。

尽管洪美恩研究的"肥皂剧观众"与赫佐格研究的"肥皂剧听众"具有高度相似性(尤其体现为"总会有惊喜出现,无论快乐还是悲伤——太好了"),但两人对于受众如何从肥皂剧中汲取快感却持截然不同的观点。虽然洪美恩的研究也从"程式"切入,但她却独树一帜地提出,生活本来就是"跌倒再爬起的过程",因此肥皂剧根本就是"忠于生活"的(p.72);而无论谁的人生,都必然会在成功与失败之间往复徘徊,这便唤醒了受众的"感觉的悲剧结构"(tragic structure of feeling)——这一结构与受众对安定感与脆弱感的认知如影随形,同时亦决定了安定感与脆弱感必然是人生悲欢起落过程的重要特征,而快乐并不是永恒的。请注意,洪美恩是通过直接摘录《豪门恩怨》观众来信的方式来支持自己关于肥皂剧快感来源的理论的:

> 现在让我来告诉你我为什么爱看《豪门恩怨》。开始!(1)有悬念;(2)可以当言情剧来看;(3)透露着淡淡的忧伤;(4)有时令人恐惧;(5)有时令人快乐。简而言之,这部电视剧几乎包罗万象。(Letter 16, p.16)

现在看来,洪美恩的理论如一股清新的微风,远胜于弗洛伊德那套"移情"的陈词滥调;但是她的理论真的根植于受众自己的话吗?从赫佐格和洪美恩的案例中不难看出,研究者必须从肥皂剧迷的言语中提取意义,并竭力揭示隐藏的意义。洪美恩的解读策略试图在"戏剧性情感身份"的牢固保护伞下创立某种"元概述"(meta-generalization)以统摄观众来信中包含的各种元素,从而建构起一套新的"观众/作者"研究视角(Ang, 1996)。她只停留于受访者言语的**表层**,并努力将其中流露出的"天真"感觉规范化;而赫佐格则对受访者的言语作出**阐释**,从反面(或以内外颠倒的方式)理解其外显意涵,进而揭示出无意识对人的驱使。在赫佐格看来,因看肥皂剧产生的快感乃是一种疾病,却并非不可治愈,只要能将这种快感引领到意识层面上;可于洪美恩而言,快感源自幻想,其基础是真实可触的情感体悟,纵然在真实生活中永不可能得到满足,却也不应就此将其从消费者手中夺走。另外,洪美恩认为,受众之所以获取快感,并非为了弥补受创的心灵,而毋宁说源于一种认知,即密不透风、无休无止的肥皂剧情节其实表达了现实生活的某些真实情感。因此,洪美恩的解读策略与赫佐格有本质上的不同;在她看来,受访者对于自己言语中蕴含的意义并非一无所知,他们只是无法用适当(或抽象)的语言来表达。

● 解读受众动机的策略：精神分析、功利主义与文学

使用与满足理论强调媒介使用是一种理性的、目的明确的活动，精神分析范式则拒绝对受众的目的作出解释，而想方设法证明其虚假性。面对"为何收听广播剧"这个普普通通的问题，受众往往在回答中表明自己渴望得到某种建议："因为剧中的人物身陷困境时表现得非常勇敢……他们劝你行善"或"通过学习来获取帮助"。这样的答案是使用与满足研究所青睐的，它显示受众如何通过肥皂剧的叙事类型来汲取经验、指导生活。然而，赫佐格却对这一结论并不满意，她声称此类回答毋宁说只是受众为满足社会期望而下意识作出的规范性反应。她将上述回答与受众对另一个更具体的问题——"你最喜欢哪一集"——的回答结合起来考察，最终证明：只有使受众的言语不为社会期望所束缚，并消弭其中的自我防卫意识，真相才会浮出水面："丈夫尚未遇害时，他们如此幸福，我非常喜欢；丈夫遇害之后，我就开始伤感了。"(p.75)两个问题的答案，即听众对"如何行善"的期许及其对"描述女主角吃苦受罪片段"的偏爱，是互相抵触的，而赫佐格显然更青睐后者。在她看来，受众面对剧中人物悲惨命运时的"幸灾乐祸"远比其通过肥皂剧获取"建议"更重要。当然，精神分析的理论框架还是过于严苛了。若换个角度看，或许会发现两个答案同样重要，至少也能就第二个答案给出不同的解释。

不妨再举一个例子。赫佐格曾采访过一位独自抚养孩子的寡妇，并分析道："（她）痛恨命运的不公，并希望通过看到最喜欢的肥皂剧角色比自己更倒霉，以此来平衡心态。"下面这段话透露了这位寡妇的心声：

> 我爱看《山顶》(*Hilltop*)，剧中那个女人经常关怀孤儿院的孩子……我想知道她究竟会不会结婚。或许她根本不该结婚，因为结了婚就没时间再去孤儿院了。我由衷地赞叹她的所作所为，但我认为她真的不应该结婚。(p.73)

赫佐格解释道："因为自己死了丈夫，所以她期望剧中的女主角也没有丈夫。"(p.73)不过，对此，我们可以作出各式各样的解读。在心理学层面上，这位寡妇可能会将自己认同为剧中的女主角，或担心若自己有什么三长两短孩子会变成孤儿，或生怕自己改嫁给一个不喜欢孩子的男人从而影响孩子的生活。从文艺理论角度看，受众之所以会说出上面那番

话,皆因其关心剧中人物命运并从中获取了快感;这一状况的形成与肥皂剧的叙事结构紧密相关——肥皂剧一播几十年,从来没有结尾,永远是"正在进行中"的状态;如此一来,也就没人能确切预知结局是否皆大欢喜,只能在无休止的"延迟"状态中感受剧情里的悲欢离合(Ang,1996)。

● 哭泣:我们需要付出代价吗?

在赫佐格看来,肥皂剧带来的轻松愉悦之感不过是快感的移情,而受众会在以后为此付出昂贵的代价。莱德威认为,长远来看,快感发挥着意识形态功能。而洪美恩则指出,肥皂剧的快感存在于对剧情的幻想之中,这种幻想是自洽的,不但远离现实,而且永不可能在现实经历中出现(参见 Liebes and Katz,1992 对交互型社会游戏中的幻想快感的研究)。由是,尽管赫佐格与洪美恩均以肥皂剧为切入点展开分析,但两人对概念的表述却是截然不同的。赫佐格采访过的一位肥皂剧迷如是说:"坐在那里一动不动地思考就能把人逼疯。有时我会跟着情节掉眼泪。我知道这很傻,但哭过之后我感觉好些了。"(p.70)

在赫佐格看来,这样的情感释放仅能暂时缓解焦虑感。它赋予听众"哭的权利"却并未要求其给出哭的理由。但是,虚幻的体验无法完全弥补"真实"体验的缺失,更不会满足真实需求,而毋宁说只是真实体验的蹩脚替代品。赫佐格认为,肥皂剧带来的情感宣泄将令受众付出沉重代价;长远地看,它会不断强化受众的挫败感,降低其跳出剧情、体味真实情感的能力。与赫佐格相反,洪美恩将受众的哭泣视作情节认同的两个关键要素之一。于她而言,通过哭泣,受众宣泄了自己的受虐感与无力感,进而也便揭示了外部权力对女性的奴役,以及女性无法控制自己生活的现状。哭泣之后,她们意识到:"身份"这个东西,既不真实,亦非自主的选择;与其说它是形成的,不如将其视为环境的产物。

再次重申本文的观点:我承认,自己一直努力将赫佐格置于批判学派而非经验学派、实证主义或行政研究的范式内,也许不太妥当。更准确地说,不妨采纳彼得斯(John Durham Peters)(1993)考察拉扎斯菲尔德和阿多诺 20 世纪 40 年代传播研究的视角——他认为两人的思想本拥有相同的发源地,却在后来的发展中分道扬镳。

与之类似,西蒙森(Peter Simonson)与韦曼(Gabriel Weimann)对拉扎斯菲尔德与默顿的经典文章《大众传播、流行品位与组织化社会行为》的分析(见本书第1章)指出,若将所谓"主导范式"简化为某种二维图像,我们就会对拉扎斯菲尔德研究中更重要的东西视而不见。事实上,拉扎斯菲尔德和默顿认为媒介最主要的功能在于维系和强化社会文化结构,绝不仅仅是"有限效果"那样简单。不过,值得指出的是,无论拉扎斯菲尔德还是阿多诺均未对肥皂剧产生任何兴趣。尽管在媒介效果问题上,拉扎斯菲尔德和默顿远比阿多诺小心翼翼,但两人仍然批评"大众品味的衰退",并直指肥皂剧观众为罪魁祸首;他们宣称:"毫无疑问,那些每天花三四个小时痴迷于12集连播肥皂剧的妇女,都可归入缺乏美学判断力的一类。"(Lazarsfeld and Merton,1957,p.27)

● **肥皂剧迷:赫佐格的第二个研究项目**

其实,在发表《论借来的体验》之后,赫佐格还展开了一项针对广播肥皂剧听众的后续研究。后续研究与先前的研究风格迥异,且甚少有人留意到,不过若对其视而不见,我们对赫佐格思想的理解就是不完整的。后续研究形成的论文题为《我们对日间肥皂剧听众究竟了解些什么?》("What Do We Really Know about Daytime Serial Listeners?")(1944)。赫佐格提出了五个假设,设计了一系列封闭式问题,并就此展开全国范围的问卷调查。她将样本中的"听众"与"非听众"做了对比分析,试图证明前者比后者更自闭、受教育程度更低、对私人问题更感兴趣,且更易产生挫败感与焦虑感。奇怪的是,尽管赫佐格对结果的预期显然来自先前的研究,却直到论文结尾处方提及《论借来的体验》。

之所以出现这样的"疏忽",一个可能的原因是:赫佐格在《论借来的体验》中得出的一系列理论与观点,经全国范围抽样调查分析后,竟统统被证明为不正确。调查结果显示,肥皂剧听众并不比他人更疏离社会,或心理更不健全(更加焦虑)。就算受教育程度偏低,但他们的阅读量、他们对新闻的兴趣,以及他们投票的意愿,均与不听肥皂剧的人无甚分别,两者只在实际投票行为上略有差异。最后,在论文的结尾处,赫佐格附上了《论借来的体验》的简短摘要,旨在将其视为"其他理论来源"以期望读者"全面"理解"女性从日间肥皂剧中获取的满足"(1944,p.23)。不过,她并未明确指出两项研究之间的矛盾。

显然,先前的研究成果理应成为后续研究的基础,但后续研究采用了实证主义量化方法,收集来的数据经分析居然与先前研究的结论大相径庭——这或可解释两项研究之间的断裂。不知赫佐格是否了解卡茨与拉扎斯菲尔德若干年后对迪凯特(Decatur)地区进行的研究——该研究有力地支持了《论借来的体验》所表达的观点。卡茨与拉扎斯菲尔德(1955, pp. 377—380)发现,女性社会经济地位越低、社交范围越窄、焦虑程度越高,便越有可能沉迷于流行的虚构文本,包括日间肥皂剧。

具有讽刺意味的是,赫佐格采用的研究方法与她对被访者的印象是相互抵触的。先前的访谈属于质化研究,适合后来的女性主义视角,容易得出"封闭的"、决定论式的结论,并可剥夺受访者的(虚假)地位。而在后续研究中,赫佐格改用量化方法,其结果就是令肥皂剧听众重新获得已失去的地位。她预想中的肥皂剧迷的弱势地位无法得到证实。但是,既然数据分析的结果无法支持研究者的假设,我们只能认定研究的发现就是"无发现",而不能就此得出结论,认定新的成果乃是一种更"积极"的受众观。

通过比较赫佐格的两篇文章,我们不禁提出这样的问题:哪些文本类型能够驻留在集体记忆里?答案是:那些引人深思、令读者产生共鸣的文本。以赫佐格的情况为例:对于后世的读者而言,其著述的激动人心之处在于其考察的主题令人产生共鸣,与她对主题的具体阐释无关。一旦有了表达自己的机会,赫佐格笔下的肥皂剧迷的声音立刻响彻云霄,甚至压过了赫佐格自己的声音。长远来看,赫佐格对方法的选择远比其具体的分析过程意义深远。这也解释了缘何在该领域的集体记忆中,两篇论文的结论时常被人颠倒过来,以及为什么一篇默默无闻,另一篇则得以跻身经典之列。鉴于后来那篇论文只是个调查报告,因此,我们完全可以将《论借来的体验》视为批判民族志研究的先驱。

参考文献

Adorno, T. W. (1941) On Popular Music. *Studies in Philosophy and Social Science*, 11 (1), 17—48.

Adorno, T. W. (1969) Scientific Experiences of a European Scholar in America. Quoted in D. Morrison (1998): *The Search for a Method: Focus Groups and the Development of Mass Communication Research.* Luton: University of Luton Press, 42.

Ang, I. (1985) *Watching Dallas.* London and New York: Methuen.

Ang, I. (1996) Melodramatic Identification: Television Fiction and Women's Fantasy. In *Livingroom Wars: Rethinking Media Audiences for a Postmodern World*,

London: Routledge, 85—97.

Douglas, S. J. (2001) The Birth of Audience Research in the 1930s: A Reconsideration. Lecture given at the annual meeting of the International Communication Association, Washington, June.

Eco, U. (1985) Innovation and Repetition: Between Modern and Post Modern Aesthetics. *Daedalus*, 74 (4), 161—84.

Elliot, P. (1974) Uses and Gratifications Research: A Critique and a Sociological Alternative. In J. G. Blumler and E. Katz (eds), *The Uses of Mass Communication*, Beverley Hills and London: Sage, 249—68.

Fromm, E. (1937) Zum Gefuhl der Ohnmacht, Z/S VI. Quoted in M. Jay (1973): *The Dialectical Imagination*. London: Heinemann, 190.

Herzog, H. (1941) On Borrowed Experience. *Studies in Philosophy and Social Science*, 11 (1), 65—95.

Herzog, Herta (1944) What do we Really Know about Daytime Serial Listeners? In P. F. Lazarsfeld and F. N. Stanton (eds), *Radio Research 1942—42*, New York: Duell, Pearce and Sloan, 3—33.

Herzog-Massing, H. (1986) Decoding Dallas. *Society*, 24 (1), 74—7.

Jay, M. (1973) *The Dialectical Imagination: A History of the Frankfurt School and the Institute of Social Research 1923—1950*. London: Heinemann.

Katz, E. (1989) Mass Media Effects. In G. Gerbner (ed.), *International Encyclopedia of Communication*, vol. 2, New York: Oxford University Press, 492—7.

Katz, E. and Lazarsfeld, P. (1955) *Personal Influence: The Part Played by People in the Flow of Mass Communication*. Glencoe, IL: Free Press.

Katz, E., Blumler, J. G. and Gurevitch, M. (1974) Utilization of Mass Communication by the Individual. In J. G. Blumler and E. Katz (eds), *The Uses of Mass Communication*, Beverly Hills and London: Sage, 1—16.

Lazarsfeld, P. and Merton, R. K. (1957) Mass Communication, Popular Taste and Organized Social Action. In D. Rosenberg and D. M. White (eds), *Mass Culture: The Popular Art in America*, New York: Free Press, 24—42.

Liebes, T. and Katz, E. (1992) *The Export of Meaning: Cross-Cultural Reading of "Dallas."* Cambridge: Polity.

Livingstone, S. M. (1998) *Making Sense of Television: The Psychology of Audience Interpretation*. London: Routledge.

Livingstone, S. and Liebes, T. (1995) Where have all the Mothers Gone? Soap Opera's Replaying of the Oedipal Story. *Critical Studies in Mass Communication*, 12 (2), 155—75.

Lowenthal, L. Quoted in M. Jay (1973): *The Dialectical Imagination: A History of the Frankfurt School and the Institute of Social Research 1923—1950*. London: Heinemann.

McGuire, W. J. (1974) Psychological Motives and Communication Gratifications. In J. Blumler and E. Katz (eds), *The Uses of Mass Communication*, Beverly Hills, CA, and London: Sage, 167—98.

McQuail, D. and Gurevitch, M. (1974) Explaining Audience Behavior: Three Approaches Considered. In J. Blumler and E. Katz (eds), *The Uses of Mass Communication*, Beverly Hills, CA, and London: Sage, 287—302.

Morrison, D. E. (1998) *The Search for a Method: Focus Groups and the Development of Mass Communication Research*. Luton: University of Luton Press.

Peters, J. D. (1993) Genealogical Notes on "The Field." *Journal of Communication*, 43 (4), 132—9. Repr. in M. Levy and M. Gurevitch (eds), *Defining Media Studies*, New York: Oxford University Press, 1994, 374—81.

Radway, J. (1985) *Reading the Romance: Women, Patriarchy and Popular Culture*. Chapel Hill: University of North Carolina Press.

Swidler, A. (1986) Culture in Action: Symbols and Strategies. *American Sociological Review*, 51 (14), 273—86.

Thorburn, D. (1982) Television Melodrama. In H. Newcomb (ed.), *Television: The Critical View*, New York: Oxford University Press, 529—46.

第二部分

法兰克福学派

概　　述

　　法兰克福学派,第二次世界大战期间流亡美国的著名学者群体,其中包括哲学家、社会学家、精神分析学家以及文学理论家。该学派关于大众传媒的种种著述使马克思主义理论实现了转向。他们反对视大众文化为对社会经济基础的简单反映,同时指出,美国文化乃是一个通过流水线作业批量生产虚假意识的工业。

　　霍克海默与阿多诺是该学派的领袖人物。在他们看来,大众文化鼓励人们逃避现实,借传播微不足道的快感使受众误以为自己生活的世界完美无瑕,从而也就丧失了批判力,沦为霸权的奴隶。他们对传媒持深刻的怀疑态度。例如,在二人眼中,将流行音乐和古典音乐混编(如《班尼·古德曼与布达佩斯弦乐四重奏》["Benny Goodman and the Budapest String Quartet"])的做法旨在诱使工人阶级放弃文化与身份(那是他们团结一致的基础),目的仅在于维护国家的整体性。

　　法兰克福学派的批判理论家创立了一套学术体系,其目标在于揭露剥削和压迫的存在。他们对哥伦比亚学派大加挞伐,称其为文化工业的奴仆。对此,拉扎斯菲尔德回应道:他所领导的"行政研究者"团队始终致力于帮助媒介从业者改进广播质量以维护公众利益。但同时,他亦指出法兰克福学派的批判理论也有可取之处,尽管其将媒介从业者,主要是媒介的所有者和经营者,视为"问题的一部分",而从不允许其发出自己的声音。

　　尽管学派的所有成员都将高雅艺术的真实性与大众文化的政治欺骗性对立起来,瓦尔特·本雅明(Walter Benjamin)却独辟蹊径。他全面考察了大众化进程的正功能与负功能,并指出机械复制破坏了原本(the original)的"灵韵"(aura)。例如,随着艺术作品的大量复制与发行,卢浮宫"圣地"般的地位荡然无存。本来身处中心位置的事物如今被边缘化,在本雅明看来,这一状况有助于实现全人类的平等。而电影,则被视为没有原本的艺术,因而也就成为没有特权的艺术。

　　利奥·洛文塔尔(Leo Lowenthal)将《柯里尔》(Colliers)与《星期六晚邮报》(Saturday Evening Post)两份刊物每周登载的人物传记解读为传媒

妄图控制人力市场的讯号。当体制意图鼓励人们向上流阶层流动时,传记便大规模呈现"生产模范"进步的足迹;而当体制倾向于维持阶层现状,传记的主角又变成了体育明星和娱乐明星。霍克海默与阿多诺也曾指出:"消费模范"就如同彩票赢家一样,有运气的成分在里面;但体制却对其大加吹捧,利用其安慰受压迫的大多数。伊娃·依鲁兹(Eva Illouz)认为,比起消费的"更衣室"带来的后现代式快感,人们似乎更青睐以"生产"为阶梯向上流动,这是一件令人惋惜的事。此外,还应补充:洛文塔尔的研究考察了传媒如何扮演体制代言人的角色。

　　法兰克福学派活跃了整整四十年。他们对文化工业的怀疑态度,以及"大众启蒙无望"的悲观情绪,深深影响了一大批追随者。直到第三代殿军尤尔根·哈贝马斯(Jürgen Habermas)横空出世,传媒的功能才稍稍变得积极了些——在他看来,媒介拥有营造"公共领域"的潜能。

第3章

霍克海默与阿多诺的奥义：
读《文化工业》有感

约翰·杜伦·彼得斯（John Durham Peters）

《文化工业：欺骗大众的启蒙》（"The Culture Industry: Enlightenment as Mass Deception"）是马克斯·霍克海默（Max Horkheimer）与西奥多·阿多诺（Theodor W. Adorno）合著的《启蒙辩证法》（*Dialectic of Enlightenment*）中的一章。两位作者于其中提出的一系列观点获得许多人的支持，却也遭到不少毁谤与误解。今天，撰写一部文献来记载后人对这50多页内容的接受情况，基本相当于直接记录批判媒介研究的历史。我们可以创造性地将文化工业化的社会现实视为过去半个世纪里传媒领域最重要的特征。对此，就连那些与德国批判理论观念不合的人，如英国文化研究的学者，都无法否认（Liu, 1999）。两位作者在文章中提出的问题直至今日仍未过时：传媒及文化生产企业权力的集中将会产生何种文化及政治后果？高雅艺术经典的价值体现在何处（Cook, 1995）？甚少文本如本文一般激起强烈的争论，很多人读后立刻出离愤怒：正直的学者哪能如此恃才傲物、替精英阶层代言？在许多读者看来，霍克海默与阿多诺的观点所鼓吹的恰恰是一种学术界在发表公开言论时最令人惴惴不安的态度（尽管很多学者在私下谈论本科生时，态度比法兰克福学派的人更令人心寒）。

经典化并不总是意味着"赐福"。有些时候，经典化甚至等同于妖魔化。霍克海默与阿多诺的文章就是例子。在20世纪80年代，更具民粹主义色彩的文化研究学者批评法兰克福学派过于沮丧，对大众的能力持深切的怀疑态度，进而将其界定为一种悲观论调。约翰·费斯克（John

Fiske)便声称:"在法兰克福学派的词典里,根本没有'抵抗'和'规避'这样的字眼。"他还补充说,马克思主义理论罔顾"在大众快感中必可找到抵抗痕迹的观点"(1989, p. 183)。不过,这番批评并不很符合马克思主义的实际情况:暂且不提"新马克思主义"的葛兰西(Antonio Gramsci),就连那些"异端"色彩更淡的德国马克思主义者,从贝尔托特·布莱希特(Bertolt Brecht)和瓦尔特·本雅明(Walter Benjamin),到恩岑斯伯格(Ulrich Enzensberger)、耐格特(Oskar Negt)与克鲁格(Alexander Kluge),都无一例外地坚持强调大众艺术的解放性潜能、感觉的价值以及将受众转化为作者的努力。甚至霍克海默与阿多诺也不若费斯克说的那样。当然,费斯克指出了马克思主义理论体系中存在的一种清教般的倾向,这无可厚非;不过他忽略了一个事实,即法兰克福学派只是马克思主义阵营中最尖锐的一个分支。显然,民粹主义根本不在法兰克福学派批判理论的视野之内(相对于布莱希特的思想或英国文化研究传统)。霍克海默与阿多诺将媒介研究划分为三个层次——工业分析、文本分析与受众分析——并在前两个层次上作出了巨大且不朽的贡献。他们对经济和文化的理解远比对社会(受众)的理解高明。即便如此,他们的某些观点仍不免使人将其理解为某种厌世主义,这些人更期待读到关于受众的精妙分析。

《文化工业》是一个无比奇妙的文本,其内包孕的思想更是令人回味无穷。奇怪的是,人们总是将如此辩证、如此晦涩的文章视为简单粗暴或以偏概全。霍克海默与阿多诺的文风极富实验色彩,兼表意含蓄,往往给读者留下单色照片般的刻板印象,仿佛大众只是僵化的行尸走肉,除乖乖接受希特勒与好莱坞的联合统治外,一无是处。当然,读者的上述想法并非毫无道理,但具体的细节还有待进一步争鸣与商榷。总之,《文化工业》既为我们呈现了一个被工具理性操纵的反乌托邦图景,又同时辩证地证明了大众文化可以为人类带来源源不断的快感。所以说,《文化工业》将两种思路"打包"递送给读者:一边是对权力统治的批判,另一边则是对自由的向往与期冀。

正是上述两点,使得《文化工业》一文对今日的媒介研究极具启发性。霍克海默与阿多诺始终认为在受众抵抗与工业操纵之间并不存在什么非此即彼的对立关系。事实证明,他们将政治经济学(分析权力集中的工具)与文化研究(青睐隐藏在小幅度姿态中的抵抗)的优势结合起来,使《文化工业》一文在媒介分析的两种分析路径之间建立了对话,而其他人直至几十年后才意识到两者间关系的存在。具有讽刺意味的是,那些反对法兰克福学派的思想家为强调大众文化的解放性潜力而严厉指责霍克海默与阿多诺对人类的能力过分苛刻,其实极不明智地走上了他们所反对的道路:过分执迷于建设乌托邦而全然抛弃了必需的清醒头脑。快感原则与现实原则是不可分割的,霍克海默与阿多诺兼顾了两者,而他们的很多反对者却偏执于一面之词。

● 理解的障碍

有两个主要因素妨碍我们理解《文化工业》一文。首先,是行文风格的怪异。霍克海默与阿多诺写作《启蒙辩证法》一书原本是为了全面阐述法兰克福学派的批判理论立场。不过,书中很大一部分内容似乎来自阿多诺的夫人格蕾特·卡尔普鲁斯·阿多诺(Gretel Karplus Adorno)于40年代早期,即两位作者流亡美国加州圣莫妮卡(有时人们也将此地称为"太平洋上的魏玛",因二战期间这里聚集了大量来自德国的流亡知识分子)时对二人的讨论过程所做的记录。显然,这部著作结构不甚完善,作为批判理论的奠基石,仍显得过于青涩,对此两位作者亦不讳言。全书依次包括前言、开篇章、约两章长度的"附记"、两章正文,最后则是约50页的注释与草稿。这样奇怪的结构,无异于公开宣称自己的残缺。另外,最开始的题目也并非"启蒙辩证法"。1944年,该书以打印稿的形式由法兰克福大学社会研究所刊印了500份,标题是《哲学随笔》(Philosophische Fragmente)。直到1947年,才在阿姆斯特丹以《启蒙辩证法》为题正式出版。经历了漫长的盗版与翻印历程,该书在德国的正式问世已经是1969年。1972年,英文版面世;同年,阿多诺其他著作的英文版亦开始在伯明翰大学当代文化研究中心内部流通(Liu, 1999, p. 126)。精编版的《文化工业》一章最早是在1977年以媒介研究文献之名在英语学界出版的(Curran et al., 1977, pp. 312—313)。至于彼时学界对文化工业理论的看法,虽过于强调其精英主义特质,却也比较准确地把握了其多面性与复杂性。后来,这种相对公正的看法竟日渐式微,只因法兰克福学派在80年代已然成为反民粹主义的"恶人"(参见 Collins, 1989; Thompson, 1990)。总体上看,尽管《文化工业》诞生已有60余年,却只在后30年里影响到英语学界。

虽自称"随笔",《启蒙辩证法》却从不讳言自己的理论野心,而处处显示着奠基之著的风范。其实,随笔是德国哲学与文学传统中常见的体裁,其发端至少可以追溯至18世纪晚期。很多批判理论家都青睐这种文体,如马克思、尼采,以及本雅明。因此,不能因为霍克海默与阿多诺采用了随笔的写法,就认定其理论建构是失败的;相反,这恰恰体现了两位作者的实验精神。这样的著作避免提出铁板一块的世界观,而更兼容并蓄,会使读者不由自主地与作者共同思考,甚至提出反对意见。事实上,批判理论的第一要义就是:思想总是历史的,因此也便转瞬即逝(p. ix/9)。①《文化工业》是随笔中的随笔。作者亦承认,这一章甚至比书中其他章节"更断片化"(p. xvi/17)。考虑到书中包含的大量注释以及两人的几易其稿,这番言论的确令人震惊。用句俗不可耐的学界行话来说,这一章并非"未完待续之作",而更像"庞大工程的一部分"。

《启蒙辩证法》不仅是"断片的",更是"合成的"。两位作者声称:"辩证法的基本原则就是两种学术思想的冲突与共存。"(p. ix/9)美学家阿多诺与批判社会科学的哲学家霍克海默(尽管这两个称谓都不完全准确)将各自的思路融为一体、力透纸背,轻而易举地游走于爱欲与工业主义、禁忌与理性化,以及文化与结构之间,令人目不暇接。书中既包括给人以审美愉悦的个性体验,亦蕴含着全世界科学、技术与政治经济学的历史发展历程。微观感觉与宏大结构的融合恰是批判理论独有的特征。

第二个理解障碍是跨文化。《启蒙辩证法》天马行空、包罗万象,从庙堂之高的文学传统,到江湖之远的历史与当代现状,仿若一部涵括了整个欧洲文化与思想史的百科全书。诚如詹明信(Fredric Jameson)所言(1990, p.139):《文化工业》隶属于一种广为人知的文学类型,即文质彬彬的欧洲人亲睹美国的社会风尚后撰写的游记,如托克维尔(Alexis de Tocqueville)、狄更斯(Charles Dickens)、王尔德(Oscar Wilde)、高尔基(Maxim Gorky),以及离我们更近的马丁·瓦尔泽(Martin Walser)*与马丁·艾米斯(Martin Amis)**。20世纪40年代在洛杉矶的所见所闻令霍克海默与阿多诺惊骇万分。只要随便翻翻阿多诺写的散文,便不难发现美国人的生活方式在他眼中多么可笑——对某些批评家而言,关于爵士

---

① 本文会时常插入对《启蒙辩证法》一书的引用。分隔符前面的数字表示英译版中的页码(Horkheimer and Adorno, 1994),星号表示我对译文有所修改,分隔符后面的数字表示阿多诺自选集中的页码(Horkheimer and Adorno, 1981)。

* 德国当代作家。——译者注
** 英国当代小说家。——译者注

乐和吉特巴舞的某些论点是永远不可原谅的。相应地,对于那些不了解辩证法的英裔美国读者而言,霍克海默与阿多诺的观点也有些危言耸听:他们希望通过读书得到启发,却发现自己面对的是一套自以为是的、关于社会与历史的总体性概括,间或点缀着对唐老鸭与维克多·马楚尔(Victor Mature)*的无情嘲讽。《启蒙辩证法》最引人入胜,也最令人烦乱的一点,是我们永远搞不清哪些陈述表达了作者的观点、哪些陈述又只是为烘托观点而存在的辩证游戏。事实上,《启蒙辩证法》与《尤利西斯》(*Ulysses*)或《荒原》(*The Waste Land*)一般,是典型的现代主义文本,其内存在着多种声音,有些只是不言而喻的谬论,而有些则是残酷凌厉的事实。没人知道哪一句是被括在无形的引号中的,无论证明自身的荒诞还是昭示真理的痕迹,都不会超越自身所能承载的极限。阿多诺有句著名的格言,用来解释《启蒙辩证法》再合适不过:"在弗洛伊德看来,夸张是唯一的真理。"(Adorno, 1974, p. 49)

理解《文化工业》和《启蒙辩证法》的一个关键,在于厘清辩证思维的"运作机制"(*modus operandi*):两位作者一而再、再而三地将现实与理想"混为一体"。什么是近郊化?"就是普遍性与独特性的虚假身份。"(121/141)同理,风格、自发性和娱乐也都是虚假的、不成熟的和谐状态。霍克海默与阿多诺都是黑格尔式的马克思主义者,总是无情地揭示总体的虚假性,竭尽全力阻止人们去相信存在唯一真实的总体:一个公正的社会。他们尊重事实,将事实视为社会经验的凝缩,却拒绝将思想局限在就事论事的范围内。想象力的失败恰是《启蒙辩证法》所讥讽的"实证主义"。在他们看来,实证主义并非一种科学哲学,而毋宁说是一种更强大的涵括模式,标志着人类思想对社会现实的让步,进而也就扼杀了自由。想象与启蒙要求我们争取"不忠于"现实及其存在形式的权利。一如法兰克福理论家赫伯特·马尔库塞(Herbert Marcuse)援引黑格尔所言称的那样:"思想在本质上就是对近在眼前的事实的否定。"(1940, p. vii)需要澄清的是,并非霍克海默与阿多诺对现实漠不关心,而是我们在阅读其著作时需要调整自己的思维方式。辩证法告诉我们,任何观点都同时包含着正确和错误的方面,这对于明理的英语读者而言无异于一场头脑游戏。

---

* 美国著名演员。——译者注

● 关于本书的讨论

《启蒙辩证法》拒绝作出总体性概括。宽泛地看,书中呈现的是一部"统治"的历史,仿佛是对人类文明展开考古挖掘,条分缕析地阐释现代世界种种灾难的成因。在霍克海默与阿多诺看来,纳粹主义的出现并非偶然,在其他领域内早已出现相关的迹象。本书的中心问题是:通过启蒙运动解放人类的原初目标如何转变成"胜利的灾难"(3/19)。起初,启蒙运动只是想为世界祛魅,亦即,用因果关系主导的理性世界代替信奉神鬼、难以琢磨的自然世界。然而,种种驱除非人性神话的努力最终竟转变为压迫,而被压迫对象不仅体现出人性的很多方面,更包括人本身,比如自然形成的人(女人),以及被强行贴上"反自然"标签的人(犹太人)。自然的统治与自我及他人的被压迫地位是融为一体、难分彼此的(显示出两位作者将心理分析与社会分析有机结合的独特方法)。某些人或许会认为《启蒙辩证法》中的分析方法过于单薄,无法诠释谋杀或仇恨等具体现象,但毋庸置疑,霍克海默与阿多诺的观点足以跻身直面 20 世纪中叶大灾难的最杰出的思想体系之列。

书中有一著名章节,在总体上对文化工业分析作出了概括并提供了相应的批判性语境,那就是两位作者对荷马史诗的《奥德赛》(*Odyssey*),尤其"海妖"一章作出的独具特色的原创性解读。在霍克海默与阿多诺看来,奥德修斯(Odysseus)是典型的资产阶级男性,他将自己捆绑在帆船的桅杆上,期望在听到女妖歌声时不致被毁灭;而船舱内的划桨手则用蜡封住了自己的耳朵,坚持划桨。海妖的歌声是原始自然的危险诱惑,诱使人们重归母体。一切受其蛊惑的掌舵人都会触礁,人船尽毁。由是,《启蒙辩证法》以之作比,讲述了一个关于阶级统治与自我牺牲的寓言:主人压抑了自己的激情,而奴隶甚至连自我压抑的权利都没有,只能一声不吭地劳作。内部统治和外部统治是一个有机的整体。无论两位作者的观点与荷马史诗有何关联,这一章都揭示了全书的主旨。自我,如启蒙一样,是需要付出代价的,那就是竭力避免与自然融为一体的克制力。高雅艺术(由海妖的歌声变化而来)因此而产生了阶级分野:于奥德修斯而言,听海妖唱歌就如同衣冠楚楚的资产阶级"听音乐会"(34 */51),而一身臭汗的划桨手却没有踏入音乐厅大门的资格。艺术与实践,尤其是生存与死亡的实践,是彼此分离的;同时,艺术也被伪装成某种永恒的、虚幻的美。因此,大多数人对《启蒙辩证法》的解读都是错误的,两位作者无意把高雅艺术奉为救世主,而宁可将其视为一面光影扭曲的镜子,折射着不公正的社会,并隐隐寻找乌托邦的痕迹,试图建立一个更好的世界。与生活的分离既是艺术的伤疤,又是其在今天一切力量的源头。

《文化工业》一章在总体上呼应了全书的主题,强调大众文化其实是一种柔性的阶级统治。这是我们在探求人性解放如何反过来奴役了人性的问题时遇到的最新状况。尽管这一章着重讨论了电影、音乐、广播与广告,但两位作者的总体目标在于揭示启蒙运动如何发挥了适得其反的作用。为了个体的自由,革命销声匿迹;哲学家梦想着理性;科学家反抗僵化的意识形态。而我们打发时间的唯一办法,就是看电影。唉,这一切多么令人沮丧。

● 《文化工业》的思想渊源

若要厘清《文化工业》的思想渊源,须首先澄清三个问题。首先,尽管阿多诺始终从事美学与大众文化研究,直至1969年去世,霍克海默却并非如此。故而,很多学者将阿多诺视为《文化工业》的主要作者。例如,詹明信(1990)与库兰等人(1977)在介绍作者的时候总是把阿多诺的名字排在前面,表面上看似乎是按姓氏首字母排序,实则曲解了两位作者的本意。霍克海默的论文《艺术与大众文化》("Art and Mass Culture")(1941)显然与《文化工业》有诸多相似之处,因此我们应当将他视为《文化工业》的第一作者。

第二,《文化工业》的分析方法并不是纯粹的马克思主义。霍克海默、阿多诺以及本雅明等人是否马克思主义者,已经成了后世纠缠不清的问题。实验马克思主义,或非政治马克思主义,无论给贴什么标签都无所谓,我所关心的只是思想的来源,而非他们的实际政治倾向。两人对文化工业合理性的分析以及对劳动与专业性的考察,深受韦伯(Max Weber)的影响。准确地说,是深受融合了韦伯与马克思理论的卢卡奇(Georg Lukács)(1968)的影响。《启蒙辩证法》批判的对象是文化客体的标准化,而非简单意义上的商业文化——依另一位法兰克福学者利奥·洛文塔尔(Leo Lowenthal)(1961)所言,后者诞生已久,早已不是什么新鲜话题。在马克思看来,拜物教掩藏在**生产**过程中;而《启蒙辩证法》则指出,拜物教的目标是文化产品的**流通**与**消费**。正因拜物教的存在,文化产品才能光鲜示人,而劳动者的血汗则被藏匿在交换价值的面纱后。《启蒙辩证法》的分析逻辑既非经济主义,亦非意识形态批判。对霍克海默与阿多诺而言,犬儒理性(cynical reason)比虚假意识更值得关注(Sloterdijk,1987)。在文化工业面前,人并非一无是处的白痴——他们在上当受骗的同时亦是积极的行动者。"在文化工业里,广告的成功之处就在于它能'迫使'消费者去购买和使用商品,尽管消费者完全有能力识破广告的伎俩。"(167/191)此处,《启蒙辩证法》提出了一个更耐人寻味的观点:阶级统治与工业化的文化之间存在着活跃的合作关系。这样一来,霍克海默与阿多诺的观点就更接近葛兰西或文化研究,而不那么符合传统马克思主义的教条。

第三,正如派迪·斯坎内尔(Paddy Scannell)在第 4 章中指出的那样,尽管我们有充分的理由来比较阿多诺和本雅明在 20 世纪 30 年代中期的立场,但阿多诺绝不是一个对大众持轻视态度的人,本雅明也并非时时欢呼着日常生活中的抵抗现象。阿多诺终其一生深受本雅明影响,其最后一部著作《美学理论》(Aesthetic Theory)无论在主题、文风还是方法上都延续着本雅明的风格。表面上看,《启蒙辩证法》对大众文化的承诺几乎与本雅明的论调异曲同工:"我们的分析始终遵循着一个原则,那就是一切商品都自然而然地将自己视为美学图像,并相应地揭示出真理。"(p. xvi/17)因此,阿拉托(Andrew Arato)(Arato and Gebhardt, 1978, p. 215)一针见血地指出:"《启蒙辩证法》的两位作者既是卢卡奇的信徒,又是本雅明的拥趸。"

● 一种补偿式解读

也许《文化工业》最令人不快的一点,是其晦暗的基调。用汉娜·阿伦特(Hannah Arendt)(1968)的话来说,霍克海默与阿多诺是"生活在黑暗时代里的人",他们创作的文本势必在总体上呈现出"风雨如晦"的样貌。哈贝马斯(Jürgen Habermas)(1985, p. 130)曾指出,《启蒙辩证法》是"这二人最黑暗的作品"。无论从哪个角度出发来解读这部著作,都无法得到欢快、愉悦的感受。尽管如此,我们还是发现 1944 年内部刊行版本的前言中有两句话,正式出版时却被删去了:"我们早已完成更详尽的论述,请静候最终版本。另外,我们还将探讨大众文化有哪些积极方面。"(Horkheimer and Adorno, 1944, p. viii)很多人不相信霍克海默与阿多诺居然认为大众文化还有积极的方面,但事实证明二人的确有"本雅明"的一面。至于他们心中的真实想法,却无人可知。一位出版过阿多诺不少著作的编辑认为,人们之所以为他贴上"悲观"的标签,主要源于其另外两部著作,一是《大众文化纲要》("The Schema of Mass Culture"),二是1947年与汉斯·埃斯勒(Hans Eisler)合写的《电影的构成》(Composing for the Films)(1994)。在后者中,阿多诺对电影音乐的分析带有鲜明的本雅明,乃至布莱希特的特质,即全力发掘大众文化积极的一面。

阿多诺将文化视为抵抗的场域,这意味着他几乎是文化研究的先驱而非敌人。在1966年的文章《电影的透明度》("Transparencies on Film")中,他甚至对电影教育年轻人对抗"禁忌实践"表示热烈的"拥护"。

> 今天,在德国,在布拉格,甚至在保守的瑞士与天主教的罗马,随处可见青年男女手挽着手走街串巷、彼此拥吻。这一套,他们非常可能是从电影中学来的……文化工业意识形态始终试图操纵大众,已然变成它想要控制的社会的内部敌人。谎言的解毒剂就蕴藏在文化工业意识形态里。没有什么理由可以为其辩解。(Adorno, 1981—2, p.202)

类似地,在一篇写于1954年的关于电视的文章中,阿多诺提出"多义性"这个概念:"多义性原本专属于高雅文化传统,如今却被文化工业褫夺。无论电视传递多少种意义,都会先做自我规范,再来迷惑观众。这一过程,是在心理的各个层次上同时发生的。"(Adorno, 1991, p.141)尽管在阿多诺看来,大众文化的多层次意义结构与或潜在或隐现的心理需求密切相关,跟"符号游击战"则关系不大,他却仍对文化阐释的政治学持开放态度。他提出了两个观念,一是年轻人通过戏仿传媒来反抗社会权威,二是意义的多样性。借此,阿多诺呼唤民粹主义运动——他始终相信这类运动会产生相应的政治结果。

的确,《文化工业》中的很多内容都在暗示大众是愚蠢的,例如"资本主义生产严密控制着大众的身体和灵魂,而大众只是无助的受害者,别无选择"(133/155),或"大众的每一个反应都是由产品决定的"(137/159),等等。这样看来,人似乎全无思考或阐释的能力,遑论奋起反抗了,简直就是文化工业最终极的产品。不过,在后人看来,霍克海默与阿多诺是政治经济学批判的先驱,他们更多地将受众归入工业范畴(Meehan, 1993),

而不仅仅是标准化的愤世者,而整个文化经济是由供给而非需求驱动的。两人高瞻远瞩地将受众反馈纳入产品体系来分析,即便用来解释今日的青年流行音乐和互联网文化,也不过时。在工业中,消费者只是一个辅助性条件,一如《启蒙辩证法》所言,类型工业"更多倚赖对消费者的分类、组织和标示,而与产品的主题关系不大"(123/144)。因此,电影分类也并非简单的风格差异,而是对观众进行组织的手段。阿多诺后来发表了《文化工业再思考》("Culture Industry Reconsidered")一文,再次申明"大众不是初级的,而是次级的;他们是被算计的对象,是整个机制的附属品"(Adorno, 1991, p. 85)。显然,霍克海默与阿多诺不愿在"普通人"身上浪费一丁点感情(例如将小资产阶级男性的代表由荷马笔下的奥德修斯改为《辛普森一家》中的荷马·辛普森),他们早已放弃将无产阶级视为历史主人公的希望。他们最主要的兴趣都集中在生产与产品领域,对消费过程则不以为意。他们的目标是哲学批判,而非民族志研究。

不过,就算霍克海默与阿多诺对文化工业的描述有以偏概全之嫌,仍有必要指出,《启蒙辩证法》诞生的年代正是文化生产史无前例地集中之时:长期被垄断资本控制的好莱坞,直到1948年的派拉蒙判决,方被迫将制片与放映部门分离。在整个20世纪40年代,好莱坞为八大片厂操纵;在巅峰时期,这八家公司生产的影片占美国电影年产量的95%。两位作者写作《启蒙辩证法》的历史时刻,正值"经典好莱坞电影最为壮大,美国大众文化的流水线作业最具规模"之时(Hansen, 1992, p. 46)。因此,霍克海默与阿多诺关于文化工业的观点折射了生产模式发展的一个特殊历史时期,亦即垂直整合阶段。他们的分析直至今日仍具解释力(这也是令人扼腕的一点),因为大众化生产的集中、抵抗的伪装,以及受众喜好被产品收编的趋势仍旧存在。

《文化工业》最致命的弱点在于其将文化与社会强行捏合在一起。由于文本是被批量生产出来的,霍克海默与阿多诺便认定受众也不例外。在两人看来,"使用"源于客体。宽容的读者或许会将书中社会分析的缺失视为一种方法论选择,而不那么宽容的读者则会认定两位作者全然罔顾"受众"与"接受"之间的关系,原因在于他们坚信社会条件只是对文化与经济条件的模仿。的确,《启蒙辩证法》时常从文化同质化(产品)直接得出社会同质化(受众)的结论,这在斯图亚特·霍尔(Stuart Hall)等思想家看来,是一个难以弥补的缺陷——霍尔就曾声称,编码与释码之间并不存在任何必然的联系。此外,《启蒙辩证法》还习惯指手画脚,揭露别人想些什么、规定人们应该如何思考;至于人能从文化对象中获取何种意义,两位作者则漠不关心。

尽管如此,当霍克海默与阿多诺讨论受众时,我们却甚难从其论调中察觉消极之意。消费大众文化的过程需要受众从认知到身体的全面参与,而媒介释码过程的高参与度并非与文化工业对人的操纵水火不容,就算受众的想象力已然枯竭,仍有能力对接收的讯息保持"警醒"(127/148)。(拉扎斯菲尔德[Paul Lazarsfeld]与默顿[Robert Merton]曾指出传媒有使人麻醉的负功能,同样强调主动认知与被动行为是两个彼此分离的过程,参见 Simonson and Weimann, chapter 1)《启蒙辩证法》并不惋惜"主动性"在媒介使用中的缺失,却反而批评人们将太多力量耗费在娱乐中,从而忽视了对自身的解放(Adorno, 1941, p.48)。

此外,《启蒙辩证法》还提出了"抵抗的公众"(160/183)的说法,意指文化工业兜售产品的对象。但在两位作者看来,所谓"抵抗"不过是种阴郁的野蛮行为,而非对文本作出反抗性解读。书中还指出,如果人们的心灵对文化工业的抵制不够彻底,则身体上的抵抗足以实现目标。为什么去看电影?"因为大都会中的失业者发现电影院是一个冬暖夏凉的地方。"(139/161)至于电影传递的"讯息",则是无关宏旨的。同样,"尽管电影总是强调家庭主妇的职责,但家庭主妇却将电影院这个黑洞洞的地方视为避难所,可以安心坐上几小时而不会被任何人盯着看"(139＊/161)——这一"藏匿行为"理论后来为女性主义学者广泛应用(Modleski, 1982)。霍克海默曾给利奥·洛文塔尔写信讨论后者的《流行杂志中的传记》("Biographies in Popular Magazines")一文,他在信中说道:"对电影的抵抗并非只能在刻薄的影评中找到,还体现在人们跑到电影院里睡觉或做爱这类行为上。"(Jay, 1973, p.214)当然,霍克海默与阿多诺并不认为上述身体抵抗行为有什么革命性意义,但他们清醒地意识到受众对文化产品的需求和使用足以颠覆文本所呈现的内容。在这一点上,他们与哥伦比亚学派、使用与满足理论以及英国文化研究不谋而合,尽管大多数人都没能看清这一点。误认为法兰克福学派无限放大媒介效果的观念应该适可而止了。

很多人以为,霍克海默与阿多诺希望大众都去读康德,或听贝多芬,这一想法是荒谬的。《启蒙辩证法》认为,文化工业不仅腐蚀了高雅艺术,连低级艺术也未放过。文化工业的疯狂野心在于破坏严肃艺术与非严肃艺术的界限,将两者合并为某种简单易懂的事物。它同时摧毁了高级文化形式的崇高精神和低级文化形式带给人们的身心愉悦。无论是贝多芬的严峻曲风,还是狂欢节的沸腾喧嚣,都被文化工业消弭了。从此,人们所能消费的只剩下甜蜜的流行乐。情感刺激与严肃性辩证地纠结在一起,而工业文化打破了两者的平衡。"在文化工业眼中,马戏团、蜡像馆与妓院这种变态事物与勋伯格(Arnold Schönberg)以及卡尔·克劳斯(Karl Kraus)根本就是一丘之貉。"(136*/157)除他们外,还有哪个理论家胆敢将粗鄙的娱乐与维也纳现代主义相提并论?低级文化中蕴藏着"反抗性抵制"与表演(Adorno,1991,p.85),而高雅艺术则包孕着原创性与透明度。如许多德国知识分子(如亚历山大·克鲁格与文·温德斯[Wim Wenders])一般,霍克海默与阿多诺将"马戏团"浪漫化,视其为原始野性与社会真理的领土:他们对"嘉年华式狂欢"的关注远远早于"民粹主义"这个口号在社会历史与文化研究领域的诞生。他们支持戏仿,支持放肆,支持一切喧嚣;他们喜爱民间艺术,喜爱"闹剧与小丑",喜爱卓别林与马克斯兄弟(Marx Brothers)*(137/159),就连"旁若无人、荒唐可笑的骑马、杂技、扮小丑的技能",他们也宽容地看待(143/165)。在他们眼中,闹剧和喜剧能够揭示出转瞬即逝的批判瞬间(142/164)。

霍克海默与阿多诺既青睐情欲艺术,也对身体力行的性经验持欢迎态度,但好莱坞营造的窥视的世界却将两者置于疯癫混乱的境地。文化工业自己糟污不堪,却将原本的"情色"概念摧毁:"海斯办公室**只想让观众处于触手可及却永不能成功的状态里……艺术品不顾廉耻地鼓励人们禁欲,整个文化工业就是当了婊子还立牌坊。"(140/162)另外,洛文塔尔也在1942年写道:"大众文化简直就是一个扼杀爱情与性欲的阴谋。"(Jay,1973,p.214)在霍克海默与阿多诺看来,高雅的与低俗的都是本真的,折中主义才是人为操纵的结果。

霍克海默与阿多诺并不反对快感,他们所批判的是文化工业将快感转化成平庸,从而使之成为生活必需品而非自由的土壤。批判理论时常哀叹,在资本主义社会中,快感已与其他商品一样成为等级制的帮凶(Marcuse,1968,ch.5)。对快感的贬低亦是启蒙辩证法的一部分:"所以说,快感是自然的报复。深陷快感中的人类拒绝思考并逃避文明。"(105/126)在痛楚与快乐并发的层次上,潜伏着理性的痕迹。《启蒙辩证

---

* 活跃于20世纪上半叶的美国喜剧演员家族。——译者注
** 20世纪三四十年代很有权势的好莱坞电影审查机构。——译者注

法》并不认为逃避"文明"有什么不妥,他们对这一现象的看法是很复杂的。毋宁说,在两人看来,是文化工业生产的逃避现实的大众娱乐使人们逃避了**真实的逃避**。他们不是斯达克汉诺夫主义*者(Stakhanovites),而是坚守冷峻的工作伦理的马克思主义思想家。于他们而言,娱乐可能会中止压迫。在狂欢与酗酒行为中潜藏着社会中许多最具威力的期冀与危险。霍克海默与阿多诺不是清教徒,根本不会仇视快感;他们所厌恶的只是文化工业将对文明的不满伪装成快感兜售给人。普通人根本没有机会去感受真正的审美体验带来的愉悦,而这种愉悦始终与建立一个更美好的世界联系在一起。《启蒙辩证法》的核心观点,就是快感乃是一种与压迫针锋相对的反抗。否认好莱坞电影或 40 年代的爵士乐中存在真正的快感并不意味着更隐晦也更强大的文化生产模式足以抹杀快感与我们自身的关系。呼吁人们竭尽所能地获取艺术与文化经验并不是坏事。

● 评价:《文化工业》的利与弊

在阅读文献时,我们应当坚持既宽容又挑剔的态度。赞赏《启蒙辩证法》并不等于对其言听计从,我们甚至应该对其中的许多内容提出质疑。思想有可能超越其所处的历史语境,观念也不必完全忠于其作者的意图。

也许,《启蒙辩证法》一书的全部文化分析中最不可取的一点就是所谓的"希特勒—好莱坞轴心"。霍克海默与阿多诺认为,大众文化持续不断地维护着法西斯主义逻辑,"量化的、有组织的娱乐转变为质化的、有组织的残忍"(138/160)。华纳兄弟**卡通片里的笑料不过是压抑的暴虐,一旦爆发就会演变成骚乱和群氓。这些观点是两位作者在流亡时期的跨文化语境下提出的,他们希望电影能够扮演纽伦堡审判的角色。这一观点在 40 年代,在很大程度上,是一种无用的历史观。不过我们也别匆忙下结论,不要忘记在麦卡锡时代,美国可是与法西斯主义保持着不清不楚的关系,而美国的流行文化也倾向于维持社会现状。在这个有史以来最庞大的帝国(美国)里,媒介消费者在获取娱乐的时候多想想其中包孕的政治危险是有好处的。我们尽可宽容地幻想真理,但现实世界中始终弥漫着腐朽的气味。

---

* 指通过繁重劳动与高效管理超额完成任务的工作方式。——译者注
** 好莱坞著名制片厂。——译者注

今日的文化工业变得更加复杂,所有权的集中与决策权的分散并行不悖,生产机制更加灵活,利基营销大行其道。一味的同质化渐被摒弃,代之以对异见者和抵抗者的收编。大众文化仿若一家独大的集团,同时联结着工业与文本,而受众则行将就木(只会盯着微软的操作系统)。很多微妙的变化,如文化工业与其他工业(如银行业或电力行业)的联合、产品差异化(尽管只是不足道的微小差异),以及依照受众口味对产品进行微调(伪个体性)等,都是《启蒙辩证法》未曾预料到的。霍克海默与阿多诺从不认为文化工业只会生产垃圾,而认为很多文化产品都是悉心设计的精品,散发着理性的光辉,想方设法取悦并安抚受众的情绪。我们尽可以反对两人视生产为封闭系统的观点,但他们提出的受众反馈被生产过程所预设的思想,在强调群体与消费心理学的今天,远比在40年代更具解释力。

如今,坚信存在着伟大文化作品的观点就算尚未销声匿迹,至少也变得远为复杂。毋庸置疑,以霍克海默与阿多诺的审美观来看,他们都是天生的精英主义者;不过,如另一位深受黑格尔影响的晚辈约翰·杜威(John Dewey)一般,两人也认为问题与艺术作品本身无关,而在于精英主义传统使艺术成为大众难以触摸的禁脔(关于杜威与阿多诺的相似之处,参见Posnock,1992)。因此,不妨承认,无论在何种文化领域内,都存在凝缩了劳动与思想的作品;而这些作品对人们宝贵时间的占用,也是合情合理的。事实上,本书的编撰恰恰体现了霍克海默与阿多诺所倡导的文化政策:优秀作品需要人们时刻关注,而拙劣之作则不配享受这一待遇。是的,我们深知:文化社会学(这个学科本身就与法兰克福学派颇具渊源)认为文化产品并不具备什么与生俱来的品质,而毋宁说只是被人为的声望所主宰。也许有道理,但我们也须看到,正因"愉悦"的真实存在,某些作品才能获得历史影响力,一代接一代地传承下去。如今,我们完全可以问心无愧地承认贝多芬、勃拉姆斯与马勒的伟大,正如我们可以问心无愧地承认艾灵顿公爵(Duke Ellington)*、甲壳虫乐队以及涅槃乐队(Nirvana)的伟大一样。文化作品的经典性在一定程度上体现在其对历史的影响上,亦即旧文本如何为新文本开辟道路。在坚信卓越的作品无愧于身后荣誉的同时,须摒弃精英主义将功劳悉数归于作者的历史局限性。

---

* 美国作曲家,对爵士乐的发展作出巨大贡献。——译者注

《启蒙辩证法》是典型的欧洲中心主义的文本,但它与其他同类文本亦有不同:很大程度上,其目标在于涤除阶级、性别与种族统治。尽管两位作者的出发点是欧洲,但其关注的却是全人类。在《启蒙辩证法》中,性别是理解社会对冲突的需求的重要维度,女性可以通过反抗将自身从市场体系的束缚中解救出来。霍克海默在其30年代出版的关于权威与家庭的论著中也指出,女性在政治与经济上的无权地位,对其自身来说既是障碍也是机遇(Horkheimer, 1992)。《启蒙辩证法》的读者中最具创造力的通常就是女性主义者,尽管霍克海默与阿多诺的性别分析存在很多缺陷,但她们仍孜孜不倦地从中汲取养料。在两位作者看来,奥德修斯在航行中遭遇海妖的经历,决定了他与女性气质的彻底决裂。尽管批判理论发展初期基本是男性学者一统天下,但今日英语学界里最重要、最活跃的代表人物却基本都是女性,如塞拉·本哈比(Seyla Benhabib)、苏珊·巴克·莫尔斯(Susan Buck-Morss)、德鲁琪拉·康奈尔(Drucilla Cornell)、南茜·弗雷泽(Nancy Fraser)、米莉安·汉森(Miriam Hansen),以及希芮·韦伯·尼克森(Shierry Weber Nicholsen)。这并非偶然现象。此外,《启蒙辩证法》对反犹主义的批判也对如今盛行的"他者"文化产生了微妙的影响,为我们提供了一种非常新奇的视角来看待种族间的暴力行为,尽管甚少人察觉到这一点。毋庸置疑,霍克海默与阿多诺的思想已不再流行,他们的观点也基本上只是欧洲的与男性的,但自始至终两人都密切关注着性别与种族间的"恩怨",尽管他们的理论在现代人看来似乎有点不合时宜。

总而言之,《启蒙辩证法》是少数将媒介研究上升到世界历史高度的经典著作之一,其哲学深度与历史广度亦非其他著作轻易可及。关于现代世界的文化宿命,两位作者表现出强烈的精神紧迫感;其锐利的锋芒与细腻的情感为蒙昧世界注入了清新的活力。他们对美国历史上最特殊、最奇特的一个时代的文化与生活纹理的观察直指人心。尽管批判的枪口时常指错对象,但即便是不和谐的结论也能为读者提供新鲜的视角。时而英明、时而迂腐,《启蒙辩证法》呈现出一个令人惊叹的理论拼盘,其中既有高级人文主义立场,又包含着大众文化对象;而不同层次文化间的界限则在文本自身中变得模糊不清。(将经典文化与大众文化融于媒介批评的策略,是麦克卢汉[Marshall McLuhan]从高级现代主义者那里学来的,尽管麦克卢汉的观点与《启蒙辩证法》有很大不同)奇怪的是,甚少批评家发现《启蒙辩证法》的有趣之处——用我一个学生的话来说,没有人像莱尼·布鲁斯(Lenny Bruce)解读黑格尔一般解读霍克海默与阿多诺。其勃勃生机、其对荒唐事的持续关注、其在宏观世界与微观领域的跳跃往返,以及其笑中有泪的尖锐幽默,均体现出典型的黑色喜剧特质。相关的素材,简直是取之不尽、用之不竭的。《文化工业》和《启蒙辩证法》富有智慧、引人入胜,且能鼓舞人类的心灵;这一点,令所有其他左右摇摆的媒介理论经典著作无法企及。

参考文献

Adorno, T. W. (1941) On Popular Music. *Studies in Philosophy and Social Science*, 9, 17—48.

Adorno, T. W. (1974) *Minima Moralia: Reflections from Damaged Life*, tr. E. F. N. Jephcott. London: Verso. (Originally published in German in 1951.)

Adorno, T. W. (1981—2) Transparencies on Film, tr. Thomas Y. Levin. *New German Critique*, 24—5, 199—205. (Originally published in German in 1966.)

Adorno, T. W. (1991) *The Culture Industry*, ed. J. M. Bernstein. London: Routledge.

Adorno, T. and Eisler, H. (1994) *Composing for the Films*. London: Athlone Press. (First published in 1947, in English.)

Arato, A. and Gebhardt, E. (1978) *The Essential Frankfurt School Reader*. New York: Urizen.

Arendt, H. (1968) *Men in Dark Times*. New York: Harcourt, Brace & World.

Collins, J. (1989) *Uncommon Culture: Popular Culture and Post-Modernism*. New York: Routledge.

Cook, D. (1995) *The Culture Industry Revisited: Theodor W. Adorno on Mass Culture*. Lanham, MD: Rowman and Littlefield.

Curran, J., Gurevitch, M. and Woollacott, J. (eds) (1977) *Mass Communication and Society*. London: Edward Arnold.

Fiske, J. (1989) *Reading the Popular*. London: Routledge.

Habermas, J. (1985) *Der philosophische Diskurs der Moderne: Zwölf Vorlesungen*. Frankfurt: Suhrkamp.

Hansen, M. (1992) Mass Culture as Hieroglyphic Writing: Adorno, Derrida, Kracauer. *New German Critique*, 56, 43—74.

Horkheimer, M. (1941) Art and Mass Culture. *Studies in Philosophy and Social Science*, 9, 290—304.

Horkheimer, M. (1992) *Critical Theory*. New York: Continuum.

Horkheimer, M. and Adorno, T. W. (1944) *Philosophische Fragmente*. New York: Social Studies Association.

Horkheimer, M. and Adorno, T. W. (1981) *Dialektik der Aufklärung: Philosophische Fragmente*. In T. W. Adorno, *Gesammelte Schriften*, Vol. 3, Frankfurt: Suhrkamp.

Horkheimer, M. and Adorno, T. W. (1994) *Dialectic of Enlightenment*, tr. John Cumming. New York: Continuum.

Jameson, F. (1990) *Late Marxism: Adorno, or, the Persistence of the Dialectic*. London: Verso.

Jay, M. (1973) *The Dialectical Imagination*. Boston: Little, Brown.

Liu, H. (1999) *The Project of the Culture Industry*. Ph. D. dissertation, University of Iowa.

Lowenthal, L. (1961) *Literature, Popular Culture, and Society*. Palo Alto, CA: Pacific Books.

Lukács, G. (1968) *Geschichte und Klassenbewusstsein*. Neuwied: Luchterhand. (Originally published in 1923.)

Marcuse, H. (1940) *Reason and Revolution: Hegel and the Rise of Social Theory*. London and New York: Oxford University Press.

Marcuse, H. (1968) *Negations: Essays in Critical Theory*. Boston: Beacon Press.

Meehan, E. R. (1993) Heads of Households and Ladies of the House: Gender, Genre, and Broadcast Ratings, 1929—1990. In S. Solomon and R. W. McChesney (eds), *Ruthless Criticism: New Perspectives in U. S. Communication History*, Minneapolis: University of Minnesota Press, 204—21.

Modleski, T. (1982) *Loving with a Vengeance*. Hamden, CT: Archon.

Posnock, R. (1992) The Politics of Nonidentity: A Genealogy. *Boundary 2*, 19 (1), 34—68.

Sloterdijk, P. (1987) *Critique of Cynical Reason*, tr. Michael Eldred. Minneapolis: University of Minnesota Press.

Thompson, J. B. (1990) *Ideology and Modern Culture: Critical Social Theory in the Era of Mass Communication*. Stanford, CA: Stanford University Press.

第 4 章

情境化的本雅明：
论《机械复制时代的艺术作品》

派迪·斯坎内尔（Paddy Scannell）

● 导　　言

在一切学术领域，决定哪些作品有资格跻身典范之列，在一定程度上取决于该领域自身的历史。马克思曾指出，当人类决定发动革命时，往往先回溯历史，以期找寻可供参考的角色与模式。同样，对于正在崛起的学科而言，在明确关注的问题与研究的范围时，也往往求助于过去，以从中获取指导与灵感。瓦尔特·本雅明的《机械复制时代的艺术作品》（以下简称《机械复制》）就是一篇具有历史意义的文章，尽管诞生年代久远，却始终与一代又一代从事媒介与传播研究的学者进行着激动人心的对话。该文写于 1936 年。彼时，在知识分子小圈子中持续进行着一场关于艺术在"大众文化"新环境下的地位与功能问题的讨论；而本雅明写这篇文章，正是为了参与这场讨论。四年后，德裔犹太人本雅明入境西班牙遭拒，因惧怕自己落入纳粹手中，遂饮弹自尽。直至 20 世纪 50 年代中期，他的作品方得以在德国结集出版，并产生了迅速、直接的影响力。随后，他的一部论文集被译为英语，"本雅明"这个名字才开始为美国学界所知。他的好友兼崇拜者汉娜·阿伦特（Hannah Arendt）还专门撰写了一篇出色的导言。正因这本出版于 1968 年的文集《启迪》（*Illuminations*），本雅明方得以蜚声世界；而这篇关于机械复制的文章，就收录于其中。

《启迪》中的部分内容，源自此前出版的两卷本德文文集，该文集由西奥多·阿多诺（Theodor Adorno）编辑并引介，面世于 1955 年。阿伦特重新筛选文章的主要目的在于"体现本雅明作为文学批评家的重要性"（Benjamin, 1968, p.267）。文集收录的大部分文章不是涉及文学（如波德莱尔、普鲁斯特以及卡夫卡）就是与文学密切相关（如翻译和藏书）的话题，其中一个特例就是著名的《历史哲学论纲》（"Theses on the Philosophy of History"）(pp. 255—266)。这样看来，《机械复制》也是文集中的异类。除主题外，该文的另一标新立异之处体现在本雅明的研究兴趣与关注的问题上，尤其是他如何以（松散的）马克思主义视角从政治上介入艺术与商品生产的关系问题。正是马克思主义的视角，使本雅明的文本拥有了跨越时空的影响力，即使在物是人非的今天，仍然具有强大的解释力。因此，本文主要有两项任务：第一，阐述《机械复制》崛起的原始情境，以及该文为之作出主要贡献的那场争论；第二，扼要解释为何该文在诞生40年后进入英语世界时，会享有如此崇高的身后声望。

● 20世纪30年代的艺术与政治

两次世界大战之间，是欧洲与北美在经济、政治与文化领域发生巨大变迁的重要时期。随着一系列全新休闲消费品的诞生与大众市场的确立，我们如今所谓的"消费资本主义"以令人瞠目的速度诞生于西方世界。与之密切相关的是前所未有的电子传播方式（电话和广播）和"大众"娱乐（电影和唱片业）大范围向社会渗透。"大众社会"、"大众政治"、"大众生产"以及"大众文化"成了彼时一切政治、社会与文化争论的核心议题。总体上，欧洲知识分子对大众（城市产业工人阶级），以及迎合大众的新型大众文化充满敌意。艺术现代主义（artistic modernism）以"前卫"为美学评判标准，坚称艺术一定是"难于理解的"，超越了芸芸众生的接受能力，并强调大众的"低级趣味"会威胁破坏"高层次"的审美品位与生活方式——彼时，这是很多艺术家与知识分子的共识（Carey, 1992）。这就是关于艺术扮演的角色及其与大众关系问题的争论的一个侧面，而本雅明的文章对此作出了巨大贡献。另外，鉴于1929年的经济危机使政治危机随之恶化，并最终导致欧洲法西斯主义在30年代的崛起与第二次世界大战的爆发，本雅明的文章似乎又平添了更为尖锐的政治意涵。

问题的关键在于大众文化有哪些潜在作用。大众娱乐究竟是对"乌合之众"的另一种剥削，还是大众解放的潜在工具？经济危机与政治危机的后果，就是导致文化的政治化，从而也就带来了另一个问题：艺术能不能、该不该直接卷入现代生活与社会事务之中？彼时的欧洲与美国正在激烈讨论着艺术与艺术家的政治使命问题。在苏联，作家与知识分子被称作"灵魂的工程师"，其职责即是全心全意支持新生的共产政权，并使艺术创作服务于"新俄国"的普通劳动者。于是，在文艺领域，一种全新的"社会主义现实主义"创作类型诞生了，其任务就是歌颂社会主义革命取得的成就。在英国，知识分子旗帜鲜明地转向左派。他们非常关心经济危机引发的长期的社会后果，以及英国工业中心城市里相应而生的高失业率。他们还支持西班牙内战中大众广泛参与的追求和平与共和的社会运动(Hynes, 1966)。在美国，知识分子成为罗斯福新政的狂热支持者，他们用电影和照片来记录大萧条产生的社会后果，以及罗斯福政府为克服困难作出的种种英雄般的努力(Stott, 1986)。

在德国，对国家社会主义(National Socialism)持敌视态度的知识分子，以及生命安全受纳粹威胁的知识分子，在希特勒于1932年夺取政权后便纷纷逃离，其中就包括隶属于法兰克福大学却拥有独立资金支持的应用社会学研究所的学者——这就是后来饮誉全球的法兰克福学派。该学派的两位领袖分别是马克斯·霍克海默(Max Horkheimer)(在相当长的时间内始终担任研究所主任一职)和他的挚友西奥多·阿多诺。瓦尔特·本雅明曾在研究所内担任副研究员，薪水相当微薄。希特勒上台后不久，研究所的办公室即遭警方检查，后以"共产党财产"之名被查封充公。阿多诺与霍克海默在流亡美国期间曾于哥伦比亚大学麾下重建研究所。这些德裔犹太难民一直在美国待到战争结束，最后重返法兰克福时赢得了崇高的荣誉。本雅明虽然离开德国，却留在了欧洲。德军于1940年入侵法国时，他就在巴黎；后来，他又一路向南逃到西班牙边境以躲避盖世太保的追捕。

本雅明在《机械复制》中探讨的就是这样一幅景象：法西斯主义未遇任何抵抗而迅速崛起、大众化生产对艺术与文化构成强烈冲击，以及新艺术和娱乐形态(电影、摄影、广播和留声机唱片)的应运而生。在我看来，这篇文章并非自给自足，而是与其所处的情境密切相关，亦即，只有在特定的历史条件下，本雅明才能获得灵感，并及时对他眼中的社会作出回应。由是，不妨说，本雅明的文章强有力地证明了"大众文化"的新形态中包孕着解放性潜质。同时，我还要对阿多诺那篇颇有力道的评论《论音乐的拜物教特性与听觉的退化》("On the Fetish Character in Music and the

Regression in Listening")做一考察,因其诞生于两年后的1938年,是对本雅明理论的直接回应。当然,我不想对两人这场互动的结果横加评判,而只是展现艺术的社会与政治功能,及其产生的持久效应与复杂意义。原因很简单:四十年后,尽管时过境迁,但这仍然是个为大多数人关切的问题,本雅明的这篇论文也因此而迎来新生。此外,我还会指出一些同时令论辩双方受益的灵感来源,尤其要揭示贝托尔特·布莱希特(Bertolt Brecht)对其好友本雅明产生的重要影响——前者关于戏剧与政治关系的论点为后者对当代艺术状况的讨论奠定了基础。此外,还要强调卢卡奇(Georg Lukács)提出的一些概念为阿多诺一方作出的贡献。所有一切,唯愿表明艺术与政治的关系问题在当时如何重要、为何重要。我们必须弄清与本雅明、阿多诺、布莱希特以及卢卡奇相关的种种问题,这并非仅仅出于学术兴趣,而是因为这些问题从方方面面、以不同方式碰触着他们的生命。

● 艺术、复制与灵韵的消失

本雅明文章的中心议题是:在现代条件下,艺术的灵韵已然被机械复制与大众化生产破坏。"灵韵"一词的含义既是我们理解这篇文章的关键,从广义上说,也是理解本雅明思想的关键。拉丁语"aura"一词本意为"微风",本雅明以之为喻来描述事物为彰显自身独特性而散发的一种微妙的气质。例如,在欧洲绘画中,"神圣性"的灵韵往往通过圣人头部的光环,或围绕着圣母人像的微光来表现。在本雅明看来,艺术充满灵韵且为灵韵环绕,而灵韵则预示着"重要性",将艺术与非灵韵的俗物区别开来。在现代社会中,艺术之所以成为艺术,是因其一方面宣称自己是**独一无二**的,另一方面又与日常生活和普通事物保持一定的距离——这两方面,正是灵韵的两大关键标识。举例来说,世上只有一幅《蒙娜丽莎》,其作为艺术品的重要性在很大程度上取决于其独一无二的地位。此外,艺术还往往远离日常生活,通常仅置身于博物馆、画廊、剧院与音乐厅里。

前现代的情况并非如此。彼时,艺术存在于社会的每个角落,呈现并表达着社会最核心的价值和信念,记录着社会在历史与空间中占据的位置。正因如此,艺术在当时发挥着迥异的作用,人们常常将其与宗教、魔法以及仪式联系在一起。在一篇题为《讲故事的人》("The Storyteller")的美文中,本雅明(1978)考察了"讲故事"这种行为在现代社会中的衰落。在他看来,两样事物取代了"讲故事"的地位,一是小说,一是报纸。前者见证了传统的瓦解,后者则象征着经验为信息所取代的程度。本雅明认为,在传统社会中,"讲故事"是居于核心位置的;它呈现并表达着传统——事实上,它**本身就是**传统。传统的本真性(特质、活力与灵韵)通过"讲故事"而得以存留。然而,现代世俗理性破坏了人们对传统、仪式、魔法以及宗教的信仰。理性时代发明了一个新的事物,那就是艺术,而艺术又创造出一套强调创造力、天赋和美感的新传统,以之作为对人类精神的永久纪念。所谓"画廊艺术"(现代艺术)的灵韵具有世俗的神秘感,而人们对伟大艺术的"崇拜"则是一种世俗的仪式,其参与者主要是欧洲的资产阶级及其知识分子。

　　大众化生产同时破坏了艺术的独特性和距离感,从而也就导致了灵韵的消逝。摄影与电影的发明使图像可以无限度增殖。或许人间只有一幅《蒙娜丽莎》,但其摄影复制品却遍布世界各地,就连粗鄙、下三滥之徒也能随时看到。此外,大众化生产还破坏了艺术作品的**距离感**。由于独一无二的原本不复存在,人们也不必心怀虔敬地前往各类博物馆去欣赏了。复制技术令艺术"破茧而出",以各种各样的形态在全世界范围内流传。人们对艺术灵韵的敬畏感亦渐渐消解。在音乐厅内和画廊里,我们仍要聚精会神,以此表达对演出与陈列品的尊敬;但在大众文化领域,人们对新型艺术的态度则轻松了许多。他们无须全神贯注去感受艺术的灵韵,而可以心不在焉地"观看",甚至可以一边听广播和留声机放音乐,一边忙活其他事。

　　灵韵的崩溃产生了怎样的结果?在本雅明看来,即是艺术的民主化(democratization)。艺术一度是少数人的专利,如今则为大众所共享。基于视觉的现代复制技术(在本雅明看来,主要指摄影和电影)完全可以成为所有人的艺术形式。另外,我们感知现实的方式亦发生改变,得以以全新的视角观察世界。摄像机深深根植于现实网络,其"势力范围"几乎是无远弗届的。通过镜头运动,我们可以"加快"或"减缓"(如展现一滴水下落的瞬间)现实发生的速度,从而创造出普通感知方式无法体验的美。至于电影的特写镜头,则为公众带来了一种特殊的亲密感,使成千上万的人得以一睹过去只有恋人或至亲才能看到的面庞。在上述例子中,本雅明所谓之"艺术的神学",亦即艺术的仪式感与宗教性、艺术包孕的永恒美感和愉悦,以及艺术理论家(知识分子)对艺术的**膜拜**与推崇,统统变得非常可疑。大众化复制将"原本"独一无二的本真性破坏殆尽,人们对

"原本"的仰视也就不复存在了。"艺术的总体功能发生颠覆性变化；其基础不再是仪式，而变成了另一种实践——政治。"（Benjamin，1978，p.226）

如同时代的许多欧洲知识分子一般，本雅明仍坚信"大众"中蕴藏的革命性潜质。1934年，在巴黎法西斯主义研究所的一场演讲中，本雅明全面阐述了自己关于大众与新型生产方式之间关系的论点。三年后，演讲稿以《作为生产者的作者》（"The Author as Producer"）为题出版。在文中，本雅明指出：新技术的革命潜力取决于知识分子（作家与作者）在生产过程中扮演的角色——知识分子必须与大众紧密团结在一起，切不可指望诗人能"自力更生"、随心所欲地从事创作（Benjamin，1978，p.255）。艺术不是**自我**表达，创作者必须为人民的利益服务。同时，在包括报纸在内的新型"大众"写作形态中，读者扮演了更为积极主动的角色，而不仅仅是"消费者"。他们可以通过给报社写信来影响编辑方针。本雅明举例道：在后革命时代的新型俄国电影中，扮演"大众"的是普普通通的俄国人而非专业演员。由是，新型大众传播形式或许能使消费者转变为主动的参与者。本雅明主张重建作者、产品与受众的关系；这种关系并非基于受众对（天才般的）作者或（真善美的）作品的崇拜，而应是一个更加平等、更强调合作的平台。从此，作者不再居庙堂之高，而要走下神坛与受众（芸芸众生）结盟，聆听大众的声音，并通过创作对其加以表现。

贝托尔特·布莱希特的戏剧理论，便体现了本雅明的上述观点。在布莱希特看来，基于**商业**模式与剧院"设备"的主流戏剧传统，主要服务于中产阶级受众并强化其固有观点，全然无法使其正视当下现状并对自己的社会态度与价值取向提出质疑。布莱希特称这种戏剧为"厨房消费"（culinary consumption），意指其为资产阶级受众准备了愉悦平和的食物，令他们满足于某种舒适、自在、情感化的戏剧体验。与之相反，布莱希特提出要为新生的、没有闲工夫定期光临剧院的非资产阶级受众创作戏剧。他心目中的理想戏剧应为工人阶级所青睐，使欣赏戏剧成为一种轻松惬意的活动，而不必时刻约束自己的行为。看戏既是一种享受，也是一种学习经验，应当激发受众对当下的世界以及自己于其中的地位展开思考。正因如此，戏剧应当在两个层面上遵循**现实主义**的准则：一是真实描绘世界上**确实**发生的事，二是这些事会对戏剧观众（如工人阶级）产生何种影响。为达此目的，布莱希特指出，新型喜剧应采用新技术和新方法："现实是在不断变化的；为呈现这种变化，戏剧的表现形式也必须随之变化。切忌无中生有。病树前头万木春,没有旧事物就没有新事物。"(1978, p. 110)归根结底,目标就是使新受众以新方式参与到戏剧中来,而不仅仅满足于资产阶级戏剧为其观众营造的那种舒适、自在、情感化的体验。总而言之,欣赏戏剧是一种政治行为,要让受众自觉、积极地投身于此。戏剧应发人深省、催人奋进;戏剧绝不能强化既存秩序,而要致力于社会的变革。

布莱希特的戏剧理论有力地支持了本雅明在我们讨论的两篇文章中传达的思想。在《作为生产者的作者》中,本雅明坦然承认自己与布莱希特思想上的亲缘(Benjamin, 1978, pp. 261—262, 265—267);同时,他也明确指出,自己就是在探讨艺术和阶级斗争之间的关系。生产工具(如报纸)掌握在敌人手里,"为资本所操纵"(p. 259)。新技术本身并无革命潜质,可一旦落到反动派手中,就会发挥反动的作用。在论及"艺术"摄影时,本雅明宣称:"面对一座电站或一座电缆厂,我们似乎只能惊叹世界的美好……通过近乎完美的时髦拍摄方式,艺术摄影成功地将'一贫如洗'展示为一种愉悦。"(pp. 262—263)这就是阿多诺所谓之"完美的野蛮"(the barbarism of perfection)(1978, p. 284)。技术上趋于完美的影像服务于"厨房消费",对现实世界大加美化,因而也就否定了一切正视现实残缺的批判视角。在《作为生产者的作者》一文中,本雅明亦呼吁知识分子(作家、新闻记者、摄影师等)通过进入文化体制内工作来颠覆文化体制的功能;他们务必改进原有的实践方式,利用新型传播工具来追求政治进步,从而使新传播技术服务于大众,而不是站在大众的对立面:"对于'作为生产者的作者'而言,技术进步就是政治进步的基石。"(1978, p. 263)

在《机械复制》一文中,本雅明的政治倾向并不显著。他不再号召知识分子从内部促成文化生产机构变革。相反,他提出了与《作为生产者的作者》一文截然不同的观点,指出大众文化生产技术本身便具有解放性潜质。在他看来,技术可以改变文化生产与分配的规模,从而扮演民主化的角色。技术击碎艺术作为"快乐少数人"的禁脔的灵韵,将原本高高在上的文化播撒给芸芸众生;同时,还通过改变受众的感知方式,使之得以用全新的、前所未有的视角观察现实世界。

乍一听,这番论调很像技术决定论,即一种强调无论如何应用,技术革新都必然导致社会变迁的可疑思路。在《作为生产者的作者》一文中,本雅明(坚定地)指出:当摄影术被用在时尚领域时,便会具有明显的反动性。然而,在《机械复制》中,他却倾向于认为照相机**本身**能够改变人们对现实的感知。不过,本雅明时刻警惕着虚假灵韵(fake aura)的可能性,即大众文化遭重新改造、再度恢复仪式性功能。

> 在法西斯主义看来,对大众的救赎并非体现在赋予大众以权利上,而应通过给大众以自我表达的机会来实现。大众是有权改变所有制关系的。法西斯主义试图让大众在保持既有权属关系的前提下实现表达,其逻辑结果就是使政治生活全面美学化。法西斯主义创立了领袖崇拜的邪教,迫使大众臣服,而大众的暴力也应运而生。这种暴力,与艺术机构将仪式价值强力嵌入艺术生产的暴力简直如出一辙。(1978, p.243)

社会主义政治的使命在于代表大众的利益投身革命,努力消灭资本主义社会不平等的所有制关系。因此,社会主义政治才会鼓励大众颠覆既有的社会政治秩序。与之相反,法西斯主义始终致力于维护不平等的经济与社会关系;它吸纳大众参与政治,不是为了促进社会变革,而在于煽动其自我表达、"纵情宣泄"。这就是法西斯主义将政治美学化的原因。在法西斯主义制度下,政治演变为戏剧,宛若一种景观;参与者可于其中直接介入政治生活,却始终无法实现变革。法西斯主义者惯于组织群众集会,营造万人空巷的盛况,这就是一种虚假灵韵;通过无以复加地美化领袖人物的方式建立邪教崇拜也是他们常用的手段。大众文化形式(如电影与广播)统统被用于鼓吹个人崇拜,所有一切都指向一个目标,那就是战争。为反对法西斯主义对政治的美学化,社会主义倡导艺术的政治化——而这,正是布莱希特戏剧理论追求的目标,以及本雅明《机械复制》一文的最终观点。

● 音乐拜物教

本雅明将自己的《机械复制》一文寄给阿多诺,期待得到他的评论;同时,他也希望阿多诺能将该文发表在研究所的刊物《社会研究学刊》(*Journal for Social Research*)上。然而,阿多诺却对该文的两个方面表示不满:其一,本雅明为灵韵艺术贴上"彻底反动"的标签并认定机械复制新技术具有进步作用;其二,本雅明在文章中提到了布莱希特的艺术与政治观。

作为回应，阿多诺与本雅明通了若干次信，并最终以《论音乐的拜物教特性与听觉的退化》(1978)一文全面、细致地反驳了本雅明对大众文化问题的论述。在文章中，阿多诺抨击了音乐工业化对当下音乐生活的冲击。诞生于19世纪末的两项进步技术对20世纪早期音乐生活的各个方面产生了巨大影响，那就是录音与广播——二者都是对声音的"机械复制"。在此之前，音乐是种"活艺术"，想听音乐就务必莅临现场，而"表演"本身则是最重要的体验。彼时，音乐乃是一种社会活动，无论生产过程还是体验过程均要求表演者和听众的共同参与。然而，录音和广播出现后，表演的环节遭到破坏，音乐生活与社会之间的直接关联被切断。自此，音乐分裂为两个互不相关的环节：生产（录音与广播传递）与消费（通过广播或留声机收听）。两者之间唯一的纽带即是音乐"产品"。由是，阿多诺指出，录音和广播这两项新生的"社会性声音技术"将音乐**物化**了。

"物化"的概念源自乔治·卢卡奇写于1923年的那篇影响深远的论文——《物化与无产阶级意识》("Reification and the Consciousness of the Proletariat")。卢卡奇写作这篇文章的目的在于扩大商品拜物教的适用范围。"商品拜物教"(commodity fetishism)这个概念则源自马克思出版于1867年的名著《资本论》(Capital)中的一章——《商品拜物教及其秘密》("The Fetishism of the Commodity and Its Secret")(1976, pp. 163—177)。所谓"拜物"，意指对某一客体的着魔状态，例如认为购买了某物就能使自己免受伤害或不幸。在马克思看来，商品，尤其是金钱，是最常令人着魔的拜物对象，而商品拜物教的全部秘密，就隐藏在"有钱能使鬼推磨"的魔力中(p. 187)。商品（批量生产的物品）拜物教将生产的社会关系**客体化**，进而转变为**物与物**的关系；这一过程取代并贬低了人的社会生活。批量生产的商品实现自身价值的唯一方式，即是通过交换来获得通货（金钱），而受害者则是这些商品的生产者，因其既无法控制自己的劳动对象，也不能从中获取多少利润。如马克思所言，若劳动是对共同人性的表达，则资本主义条件下的劳动注定导致"人的世界无限**贬值**、物的世界无限**增值**"的命运(Marx, 1992, pp. 323—324)。

卢卡奇通过"物化"的概念扩展了马克思上述分析方法的适用范围，使之扩大到社会、文化与精神生活的各个方面。"物化"(reification)一词来源自拉丁语res（意指"物"），其字面意思也就是"将人转变为物"。在卢卡奇看来，商品结构已经渗透至社会里里外外的各个层面，并依照自身的形象对其加以重塑。因此,物化的商品即成了"社会总体的普遍类别"。阿多诺就是采用卢卡奇对物化世界的分析方法来考察当代音乐生活的。在他看来,音乐工业并非"以留声机唱片的形式将音乐物化为可供出售的商品"那样简单;事实上,音乐已经成为拜物的对象(被无限美化与崇拜)。为膜拜音乐,人们绞尽脑汁、无所不用其极;而所有一切都旨在掩盖音乐在现实世界里的命运:切断一切社会属性,扼杀真实的音乐快感。在文章的第一部分里,阿多诺研究了被物化的音乐呈现其"拜物特性"的各种方式,包括表演拜物教、产品风格化以及消费拜物教。所有三个方面——生产、产品和消费——都深深打上了物化的烙印。

表演的拜物教简直无所不在:首先,是对"天籁之音"的崇拜;其次,是对伟大作曲家,尤其是指挥家的着魔;最后,人们甚至发明了"本真表演"(意指伟大的、"真实的"表演)这个概念,其主要特征即是对音乐演奏的专业程度以及录音"保真度"的强调。表演拜物教同时存在于流行音乐和古典音乐领域,西蒙·弗里斯(Simon Frith)(1986)便对此进行了独到的研究。对"本真性"(美妙的声音、高超的演奏、出色的指挥)的崇拜是音乐工业标准化与一致性的必然要求,其主要特征即是绝不允许任何瑕疵。音乐的专业化(本身就是新技术加速发展的结果)导致所有其他音乐创作方式的贬值;如今,"不够专业"的音乐都被贴上了"业余"的标签。借用爱德华·史都尔曼(Eduard Steuermann)一句颇有力道的话来说,阿多诺揭示了"完美的野蛮性",并将其视为"无法挽回"的物化:

> 新生的拜物对象的运转简直毫无瑕疵,仿若一套设计精良的机械设备,其所有齿轮都能紧密咬合而不会留有丝毫空隙。最新潮的表演风格是如此完美无缺,但代价却是其自身的无法挽回的物化。从第一个音符开始,表演便已"圆满成功",完美得就像人们为其灌录的唱片一样。(1978, p. 284)

生产的风格化意味着音乐的标准化,亦即用流水线作业的方式来创作音乐。这一趋势是阿多诺从流行音乐的崛起中察觉到的。所谓音乐的标准化,意指将音乐转化为可以"轻松收听"的东西;从此,听音乐成了一种随时随地、毫不费力的消费行为。流行音乐最典型的特征包括朗朗上口的曲调、副歌以及标准化节奏(一节四拍)。阿多诺认为,音乐生产的大众化势必将音乐分为彼此迥异的两个阵营:"严肃"音乐和"流行"音乐。他将这种分裂追溯至18世纪,声称莫扎特(Mozart)是最后一位能够在音乐作品中同时融合两种元素的作曲家。从那以后,音乐分别朝两个独立方向发展。随着商品化过程导致音乐工业开始追求用三分钟"劲爆"赚取最大利润,两种类型的分裂趋势终成定局。

所有这些都对表演中先天存在的音乐快感视而不见。如今,人们已经满足于独自聆听音乐的孤子快感;"听音乐"这一行为本身成了拜物对象,而音乐的本质则被渐渐忽略。在阿多诺看来,这在那些沉迷于乐器的人身上体现得尤为明显——这些人将**声音**视为一种独立的抽象物加以崇拜,而全然罔顾演奏的内容。类似的例子不胜枚举,例如,阿多诺就举出了业余无线电爱好者的例子,我们还可以以高保真音响爱好者对完美声效的拜物教为例。还有一种现象也值得注意,那就是乐迷对偶像歌手的个人崇拜:他们对偶像的一切都了如指掌,还会写信要求电台多多播放偶像的音乐、在演唱会现场如痴如狂——实际上,这也是一种导致"粉丝"沉迷于"明星"客体不能自拔的拜物教。

在阿多诺看来,**真正的**音乐爱好者早已不复存在。当下的日常生活中,音乐似乎无所不在,只要想听随时都能听到。事实上,由于音乐工业的存在,如今想要"避开"音乐已绝无可能。然而,音乐越是铺天盖地,真正懂得欣赏的人便越少。物化过程使音乐从一种世俗的、社会性的享受蜕变为一种内心的、主观的品位("我知道我喜欢什么")。总而言之,物化的音乐存在于每一个孤立的音乐消费者的脑子里。

阿多诺将一切基于拜物教的物化音乐视为听力**退化**的标志。这一术语源自弗洛伊德的精神分析理论,意为重新回归婴儿似的早期状态。阿多诺意图用这个词来表达"听音乐"已不再是成年人的行为,早已丧失了全部批判力与理性功能。"听众早已退化,如今像孩子一样,充满恶意,一次又一次地点那道早已吃过无数次的菜。"(p.290)总之,音乐的物化使听众患上了大众幼稚症,渐渐丧失了"听"的能力;同时,**自主艺术**(autonomous art),即表达人类自主、独立和自由意识的艺术,也无容身之所了。

● 自主艺术

阿多诺坚信,只有"自主艺术"才能实现对物化艺术的救赎。"自主性"(autonomy)(源自希腊语:autos 意指"自我",nomos 意指"法律")意味着自我管辖。从哲学层面解释,则指人类有能力通过坚持自己的意愿来实现自决。无论从理论上还是从实践上看,所谓"人类自由"的基本前提即是坚信个体是具有自主性与自制力的行动者,完全有能力免受**他律**(heteronomous)的约束(外部强加于自身的法律或规范)。因此,自主艺术也就是具有自决能力和创造力的艺术生产"作者"的自由表达。更为重要的是,这一不可或缺的艺术自由根植于艺术品自身形式与内容的自主性中。换言之,艺术有其自身发展的规律。这样一来,艺术就与大众文化针锋相对了,原因在于后者往往由他律因素控制,其发展常常以攫取利润为目标。大众文化的他律性体现为其对海量受众的追求:为实现受众数量与种类的多样化,大众文化产品的内容和形式必须简单易懂。所以我们才说,大众文化的形式是由他律因素所控制的。相应地,自主艺术若要彰显自主性,就必须奋力抵抗他律因素对形式与内容的干预。假若他律文化只能提供简单易懂的快感,那么自主艺术就必须反其道而行之。

阿多诺对自主艺术的捍卫,是通过确立其"困难性"来实现的。在他看来,自主艺术必定是晦涩难懂的,且只有这样它才能抵制轻佻的"厨房消费"。自主艺术要求读者、听众和观众付出切实的努力、承担明确的责任。本雅明或许会为受众的"注意力涣散"行为辩解,但阿多诺不会。现代艺术要求受众全神贯注,并通过这种方式来否定市场化的文化。在两人关于这一话题的通信中,本雅明巧妙地承认:"我努力清晰地发掘积极的作用,正如你努力清晰地阐述消极的作用一样。"(Taylor,1980,p.140)

不过,阿多诺还是否定了本雅明与布莱希特的政治立场。他呼吁"为艺术而艺术",并明确反对"从布莱希特到(共产主义)青年运动的破坏艺术的联合阵线。"(Taylor,1980,p.122)在多年后(1978)的《承诺》("Commitment")一文中,阿多诺再次清晰地表述了自己关于这一问题的观点,点名批评让-保罗·萨特(Jean-Paul Sartre)、卢卡奇和布莱希特,而这三人均主张作家应当在自己的作品中实现政治"参与"并表达自己的政治承诺(Taylor,pp.300—317)。阿多诺并非全盘否定三人的观点,但他指出:卢卡奇支持社会主义现实主义并反对现代主义,无异于为斯大林代言。至于布莱希特,我们则很容易发现其戏剧实践并不符合其戏剧理论——事实上,布莱希特坦言自己最在乎的是戏剧本身,而无关政治。阿多诺之所以反对在艺术作品中寄予政治承诺,是因为这样很容易导致艺术迅速沦入他律的控制。一旦艺术转变成宣传(这是司空见惯的),它也就同时背叛了自己的职责与使命——揭示真理。这就是阿多诺理论的关键所在。他之所以至死捍卫自主艺术,是为了阻止当代艺术对经济与政治生活的背叛。尽管自主艺术无法激发什么快感,尽管其吸引力相当有限,但至少它始终保持着本真性。其自身的缺陷其实暴露了经济、政治与文化生活主导形式的缺陷,一如这些形式始终认为自己是肯定性的一般。

● 后续影响

本雅明的著作于20世纪70年代被翻译成英文。那个时代如30年代一般,再度见证了文化的政治化过程。之所以如此,并非缘于全球资本主义经济的衰退及其产生的政治后果,而是发端于60年代兴起的新一轮社会运动,尤其是民权运动与女性主义浪潮,以及美国发动的越南战争。发生于1968年5月的法国"文化大革命"席卷欧陆,导致各国出现了将大众娱乐形式重新政治化的运动,其中尤以电影和新生的电视媒介最受瞩目。在此种历史情境下,布莱希特的革命性戏剧理念重新风靡,并被广泛应用于电影及电视剧生产领域。在相关论战中,本雅明亦被广泛提及,但他通常只扮演配角(Harvey, 1980; Walsh, 1981)。

及至70年代,在斯图亚特·霍尔(Stuart Hall)领导下的伯明翰大学当代文化研究中心(CCCS),英国文化研究开始重新划定自己的"势力范围"。该中心致力于将文化意义"重新理论化",深切质疑并最终超越了英美经验主义,将目光转向欧洲大陆寻求思想源泉。在这一背景下,本雅明的著作刚刚被翻译为英文,即立刻被纳入西方马克思主义的理论框架(New Left Books, 1977)。诚如霍尔(1980)在一篇关于文化研究发展的纲领性文献中所言:

> 因此,极为重要的是,恰逢此时(20世纪70年代早期),一大批被长期遗忘或名不见经传的"西方马克思主义"文献得以翻译出版,这要归功于新左派书局(New Left Books)与梅林出版社(Merlin Press)。正因如此,英语文化研究才第一次从马克思主义体系内汲取到其他理论来源,并以之指导自己对特定问题的研究;这些理论来源包括:卢卡奇的文化历史学著作、戈德曼(Lucien Goldmann)的《隐蔽的上帝》(Hidden God)、本雅明的首批翻译著作、"法兰克福学派"的早期文献(此前人们对该学派的了解仅限于美国"大众社会理论

家"曾成功驳斥阿多诺的悲观主义论调),以及萨特的《方法的问题》(*Question of Method*)。(p.25)

不过,这番学术发展在本质上仍属政治议程,其主要目的在于对马克思主义进行反思;尽管本雅明的思想广受赞誉,但于其中也至多只是个边缘角色(McRobbie,1994,pp.96—99)。他的"马克思主义者"身份多少带有异类色彩(例如,他对"进步"就不甚热衷);他发表于30年代的那些深受布莱希特影响的作品尽管包孕着显著的政治意图,却也只是这位多愁善感的"文人"脑海中庞杂思想的"冰山一角"。

在后马克思主义的20世纪80年代,人们渐渐关注本雅明思想的其他方面,并开始将其视为对"现代性"(modernity)展开文化分析的先驱(Frisby,1985)。鉴于"后现代性"时常对"现代性"构成压抑,因此本雅明对"现代性"的分析也就愈发显著起来。本雅明生前曾有一个野心勃勃的计划,即对19世纪的巴黎与巴黎文化(一座伟大城市的日常生活)的研究——他将其视为现代性经验的象征。遗憾的是,直至离世,他都未能将这一课题完成,而绝大部分阶段成果也并未出版。相关的研究笔记直到80年代方在德国问世,并于1989年由苏珊·巴克—莫尔斯(Susan Buck-Morss)译介至英语世界。文学与文化理论界不但对本雅明的研究课题越来越感兴趣,而且对其研究过程也兴味盎然:随笔式的风格,充满隐喻的文风,如何从日常经验、边缘事物和典型都会形态中分析历史的意义,以及最为人津津乐道的、对整日在城市街道上闲逛的"浪荡子"(flâneur)的考察(McRobbie,1994)。

及至90年代,《机械复制》再获重生,原因是数字媒介与网络的崛起。本雅明曾强调新技术对视觉艺术的冲击,图像的数字化再度将"原本"的"真实性"与"本真性"的老问题,尤其是摄影术于其中发挥的作用提上议程。在赛博空间(cyberspace)里,从事电影/电视研究的学生思索着"数字复制时代的艺术与本真性",而当代艺术家则探索文本、声音与视觉影像的融合。如今,本雅明的论文被广泛引用,早已成为文化与媒介研究、女性主义、电影与摄影研究、艺术史、文学与社会理论以及历史与技术研究等学术领域不可或缺的重要文献。此外,人们还对其作出各种各样的解读,不过比起显著的马克思主义基调外,学界似乎更重视其对新技术如何影响艺术、政治与文化之间关系的讨论。显然,本雅明努力对彼时的新媒介——电影和摄影术——进行救赎式解读,以驳斥由阿多诺提出且被学界广泛拥护的主流观念。就连那些视互联网为"全球化"得以实现的途径,而非完成政治与艺术"大规模"民主化的工具的学者,也时常援引《机械复制》中的观点。

究其一生,本雅明始终致力于建立一个理论框架与一套话语体系,以阐释新兴技术的社会与政治潜能。然而,他亦心知肚明,最终自己只能在既存的传统语境中展开研究。在一定程度上,经典扮演着备忘录(aide-memoire)的角色,时刻提醒:我们在今天遇到的情况他人曾在历史中遇到过;同时,今天的遭遇亦可成为我们解读未来奥秘的源泉,因为未来的一切奥秘均起源于当下。

参考文献

Adorno, T. (1978) On the Fetish Character in Music and the Regression in Listening. In A. Arato and E. Gebhardt (eds), *The Essential Frankfurt School Reader*, Oxford: Blackwell, 270—99.

Benjamin, W. (1968) *Illuminations*, ed. and tr. H. Arendt. London: Fontana/Collins.

Benjamin, W. (1978) The Author as Producer. In A. Arato and E. Gebhardt (eds), *The Essential Frankfurt School Reader*, Oxford: Blackwell, 254—69.

Brecht, B. (1978) *Brecht on Theatre*, ed. and tr. John Willett. London: Eyre/Methuen.

Buck-Morss, S. (1989) *The Dialectics of Seeing: Walter Benjamin and the Arcades Project*. Cambridge, MA: MIT Press.

Carey, J. (1992) *The Intellectuals and the Masses, 1880—1939*. London: Faber.

Frisby, J. (1985) *Fragments of Modernity*. Cambridge: Polity.

Frith, S. (1986) Art Versus Technology: The Strange Case of Popular Music. *Media, Culture & Society*, 8(3), 263—80.

Hall, S. (1980) *Culture, Media, Language: Working Papers in Cultural Studies, 1972—1979*. London: Hutchinson.

Harvey, S. (1980) *May '68 and Film Culture*. London: British Film Institute.

Hynes, S. (1966) *The Auden Generation: Literature and Politics in England in the 1930s*. London: Faber & Faber.

Lukács, G. (1970) Reification and the Consciousness of the Proletariat. In *History and Class Consciousness*, London: Merlin Press, 23—67.

Marx, K. (1976) *Capital*, vol. 1. Harmondsworth: Penguin.

Marx, K. (1992) *Early Writings*. Harmondsworth: Penguin Classics. (Originally published in 1844.)

McRobbie, A. (1994) The *Passagenweek* and the Place of Walter Benjamin in Cultural Studies. In *Postmodernism and Popular Culture*, London: Routledge, 96—120.

New Left Books (1977) *Western Marxism: A Critical Reader*. London: New Left Books.

Stott, W. (1986) *Documentary Expression and Thirties America*. Chicago: University of Chicago Press.

Taylor, R. (ed. and tr.) (1980) *Aesthetics and Politics: Debates between Bloch, Lukács, Brecht, Benjamin, Adorno*. London: Verso.

Walsh, M. (1981) *The Brechtian Aspect of Radical Cinema*. London: British Film Institute.

Wiggershaus, R. (1994) *The Frankfurt School*. Cambridge: Polity.

第5章

拯救消费：论洛文塔尔的《大众偶像的胜利》

伊娃·依鲁兹（Eva Illouz）

依马克思的话来说，"经典"乃是我们安身立命的根基；经典是由前人创建的，而我们也不应对其品头论足。事实上，"经典"的存在是一种奇怪的社会学现象，其确立并非公开意志或公共讨论的结果，而毋宁说是各种品位与立场暗中协商的产物。鉴于常有人指责"经典"只能代表某些特定群体的利益，因此，今天我们试图在传播学领域内遴选经典文本似乎有些讽刺的味道，原因是这个学科存在的目的本在于修正文化中最邪恶的部分，即世人对"俗不可耐"、"朝生暮死"以及"转瞬即逝"之物的误解。正因如此，想在传播学学科内营造敬畏经典文本的风气便显得尤为困难（媒介事件及其他高度仪式化的抽象活动是例外）。著名高等学府如哈佛、普林斯顿和耶鲁到现在连传播学系都没有，这一现状强化了某些人的偏见，即传播学只不过是学术谱系里的平庸学科，终究难登大雅之堂。假如说经典象征着权威与尊贵，那么如传播学这般过分强调文化"转瞬即逝"一面的学科显然不配享有如是待遇。所有这些或许表明，试图建立"传播学经典"的行为不但自相矛盾，甚至根本就是自欺欺人。不过，尽管如此，我还是要在本章中探讨为何洛文塔尔（Leo Lowenthal）这篇《大众偶像的胜利》（"The Triumph of the Mass Idols"）应当成为当下与未来一切传播学研究者反复阅读的文献。

在学术界，若某个学科不存在任何"经典"，那我们通常认定这个学科是最"科学"的。在社会科学中，最明显的例子就是实验心理学（experimental psychology）和经济学，它们非常接近学术光谱中的"科学"

一端。相反,阐释性科学,如社会学和人类学,则非常倚赖经典文本与经典作者。经典往往是一个含混暧昧的概念:一方面,它展现并实践着"古典时代的卓越作者"(例如我们耳熟能详的社会学四先驱——马克思[Karl Marx]、韦伯[Max Weber]、涂尔干[Émile Durkheim]与西美尔[Georg Simmel])在其著作中达成的某种学术协议以及奠定的学科基础;不过,与此同时,经典也意味着当我们接受某一位"奠基人"对世界作出的解释时,不得不忽略或拒斥其他人的观点。由是,不妨说,此类阐释性学科的"经典"是建立在范式冲突的基础之上的。因此,我来如是定义:**经典就是在根本上截然不同,却又经协商达成一致、实现和平共处的一系列文本。**

依此定义,当某一文本提出一套理解社会现实的崭新观念并重构了我们观察社会运行的方式,我们即可称之为经典。经典文本对阐释性学科至关重要,因其通过出色的隐喻和巧妙的语言游戏帮助我们理解现实。让马克思的观点与孔子的观点一较高下,或宣称唐娜·哈拉维(Donna Harraway)比西蒙娜·德·波伏娃(Simone de Beauvoir)更高明,均是毫无意义的举动。每一种观点都开启了一个独特的视角,其作用并非左右我们的进退,而毋宁说只是帮助我们以新的方式把握现实。所以说,韦伯永远不会超越马克思,尽管两人均考察了资本主义的起源和影响。

因此,经典的特征体现为**无法同时驾驭其所提供的各种观点**。更进一步说,我认为无论出现了哪些新的、矛盾的证据,都不会对经典本身产生任何影响。历史学者成功质疑了马克思"法国大革命是阶级斗争结果"的观点以及韦伯对新教禁欲主义与资本主义之间因果关系的考察。但是,名垂青史的却是马克思和韦伯而非那些对两人的历史观指手画脚的历史学者,原因便在于,前者创立的是理解现实的语言和理论"视野",而后者的贡献充其量只是史料与方法。与之类似,如今没人会怀疑读者完全有能力对大众传媒文本作出创造性的反抗性解读,但霍克海默和阿多诺的文化工业理论却始终是传播学领域的经典著述,即使其有罔顾常识之嫌。之所以出现上述情况,是因为当我们确立经典时,甚少关注事实细节,而更多专注于文本、概念与视域之间的张力。当某一文本创造出一种与其他文本截然不同的重要概念张力并开启了一种思考现实世界的新方式,它就变成了经典。

经典之为经典,并非源于其"原创性"或"卓越性"(尽管很多人误以为这两点才是评判经典的标准),而是因为这些文本以极为有效的方式动员并组织了知识社群(community of knowledge),尤其是学术上的分歧。例如,葛兰西(Antonio Gramsci)、福柯(Michel Foucault)、德里达(Jacques Derrida)以及布尔迪厄(Pierre Bourdieu)均提出了独树一帜的观点以解构传统文学经典的一系列假设,同时探讨了建构社会与文化价值的方式;不过,具有讽刺意味的是,他们在解构如英语文学、文化研究以及传播学等学科的传统经典的同时,又建立起一套新的经典体系,用以将"反对既存经典"的观念理论化。如此一来,新的知识范式得以迅速组织起来("文化研究"就是一例)并以全新的方式探讨政治与价值之间纠缠不清的关系(例如通过"霸权"、"话语"、"解构"或"文化资本"等隐喻)。福柯、德里达和布尔迪厄对西方经典的"清算"之所以能够催生新的知识范式,皆因其自身早已跻身当代社会科学经典之列。这也反过来表明,经典可以将知识社群成员凝聚在某些文本周围,因其能够就一系列普遍问题制造分歧(例如,"文化"与"权力"的关系)。简而言之,经典能够帮我们制造概念张力,而新的知识范式就从这种张力中产生。

  一个学科的阐释性越强,便越需要实现知识的经典化以期传播并交流观点。知识社群务必遵循一套经协商而达成共识的规范或参考标准,否则极易导致学科发展的走形,甚至造成整个学科只能倚赖数据的收集与分析、全然丧失一切阐释效力的恶果。我甚至认为,正因经典的存在,社会科学学者方能"轻装上阵",去完成学术研究中那些"不得已而为之"的任务。正因没有任何特殊方法或捷径来理解社会世界,我们才必须"权且利用"尼采(Friedrich Nietzsche)所谓之"视角"(perspective),即我们用以了解某一客体而采纳的特定角度。而经典,就是所有视角的"聚合";有了经典,我们方能从不同的角度和立场来把握同一个对象。因此,当我们告诉学生从马克思到阿尔都塞(Louis Althusser)再到德里达是如何看待"文化与权力"的问题时,我们所传授的其实是一系列既相互对话又彼此冲突的视角。

  如果说我是"经典"的忠实拥趸,那并非缘于我想为"出类拔萃"或者"名垂青史"辩护(事实上我反对这两个提法),而是因为在我看来,只有成功建立起一整套泾渭分明且互为犄角的概念视角,知识社群方能成为组织有序的机体。在探讨洛文塔尔的文章时,我着重观察其是否提供了"特殊的视角",以及该视角能否建立对传播学而言至关重要的概念张力。尽管洛文塔尔的大部分研究成果近年来遭到广泛质疑,但其对文化相关问题的研究仍在传播学领域中占据经典地位,这是因为他的文本中始终包孕着概念的张力。经典之为经典,并不因其有本事预测未来(在我看来,洛文塔尔的大部分观点都是错误的),而毋宁说缘于其有能力唤起传播学学科所亟须的困境(dilemmas)。

● 《大众偶像的胜利》

正如洛文塔尔文章标题所预示的,消费的胜利标志着文化的全线溃败。该文章发表于1944年。彼时,如法兰克福学派其他成员一样,洛文塔尔正旅居美国东海岸;如他们一样,洛文塔尔困惑于文化工业的巨大影响,并饶有兴致地思索文化工业在广泛的社会与政治意义上发挥了哪些作用;如他们一样,他被盛行全美的"娱乐伦理"吓着了;并且,如他们一样,他积极投身于对新兴文化工业形式与效果的系统性经验研究之中。具体地说,他考察了1940—1941年间书籍与杂志上刊登的各类人物传记,同时对1901—1941年这40年间的人物传记主题进行了分析。

洛文塔尔的人物传记划分为三类,分别是政治人物、商业人物和娱乐人物。他发现,在第一次世界大战之前,人们对政治人物兴趣浓厚,政治家传记的数量几乎等于商业与专业人士传记数量的总和。这一状况在战后发生了彻底的改变,最显著的一点就是政治人物传记的数量减少了40%;同时,"严肃及重要职务人士"的传记数量亦大幅减少,而"娱乐业人士的传记数量则相应增加"。随后,洛文塔尔对娱乐人物传记的构成进行具体分析,发现在20世纪初期,有四分之三的娱乐业人士可被归入所谓的"严肃"艺术家和作家的范畴,但这一类别的人数20年后减少了一半,且随着时间的流逝彻底消失;而另一方面,尽管20年前来自大众娱乐领域的人士甚少成为人物传记的主角,但时至今日他们却成了最为庞大的群体。例如,在早期样本中,没有出现一个体育界人士;但及至20世纪40年代,体育明星几乎跻身最受欢迎人选的榜首。

在洛文塔尔看来,过去的英雄大多是早已不复存在的"生产模范",而如今的人们崇拜的却是与休闲领域密切相关的"消费偶像"。因此,在普通市民面前便呈现出如下奇怪现象:一方面,工业生产以最大速度高效运行;可另一方面,大众的偶像不再如过去一样来自生产领域,而是频频出现于电影、球场与夜店里。如果说在20世纪初,乃至20年代,传记人物的职业类型能够准确反映国家发展趋势的话,如今的杂志对传记人物的选择则反映出大众的梦幻世界。大众不再将人物传记视为引导自己、教育自己和社会动员的方式。这是一种不祥的转变,原因如下:第一,新的英雄人物象征着与社会需求毫无关联的财富;第二,文化再也无法充分反映经济与社会的真正动力;第三,新的英雄人物无法为我们提供道德上的引导与教育,而仅具娱乐功效,亦即,引诱我们堕入充斥着肤浅快感、消极被动的虚幻世界。简而言之,过去的英雄人物为我们指明了社会流动(social mobility)的正确道路;而当下的娱乐英雄却通过将自己变成一件消费品而取得"成功",最终结果是令我们背离**真正的**社会流动,在歧途上渐行渐远。另外,洛文塔尔还进一步指出,这些传记在读者中激发了一种虽微妙却真实可触的心理恐慌。

● 一种批判文化视角

韦恩·布思(Wayne Booth)(1961)对"讲述"(telling)和"展示"(showing)的区分可谓经典。在他看来,有两种叙事者:第一种是"全知叙事者",他站在人物身后,时刻告知读者人物的真实想法;第二种叙事者则会让人物自由说话与行动,从不对其指手画脚。文化分析家的责任是"讲述"(站在社会演员身后);为履行职责,他们时常采用批判理论(如葛兰西、福柯与共产主义的观念),并以此揭示社会演员的真实意图、感受、体验或想法。洛文塔尔的观点便隶属于这一类别。例如,他曾宣称:"对消费英雄的崇拜源于对权威人物的追寻",是一种"物化的意识"。通过讲述,洛文塔尔旨在告知我们他笔下主人公(人物传记及其读者)的"真实"意图与感受;他所采用的批判文化视角使文本的意义在很大程度上取决于批评家关于社会秩序的政治与道德假设。表面上看,某些叙事者只是"展示"人物而并未对其品头论足,可一旦我们深入考察其研究方法,便会发现情况远非如此。

就算洛文塔尔的方法论与研究成果均可被归为单一的权威性"讲述"模式,就算他对人物传记的社会意义的阐释有些过火,我们仍可在其文章中察觉"讲述"与"展示"之间存在的张力。而这一点,也是该文意涵丰富的关键所在。对于从文本结构中推论文本社会效果的做法,我们有点过于小心翼翼了,这只会让文化研究成为悲观主义预言家的领地。不过,尽管洛文塔尔犯了很多策略性错误,我仍认为他的这篇文章完全有资格跻身传播学经典文献之列,原因在于它为文化研究设定了最基本的发展方略。

首先,洛文塔尔的研究具有一种即使在今天看来也很罕有的特质,那就是,无论量化研究还是质化研究,无论历史方法还是社会学方法,他都能做到信手拈来、随心所欲。当我们一意孤行地争论究竟哪种方法更高级时,洛文塔尔的"方法想象力"却令人大开眼界。他的这一优势,对亟须同时处理各类复杂文化过程的传播学领域而言,可谓至关重要。另外,洛文塔尔视人物传记为既能如镜子一般折射社会生活,又能对社会行为加以引导的模型,这不但预示了克利福德·吉尔茨(Clifford Geertz)*的重大理论发现,更为强调符号两面性的文化社会学的发展铺平了道路。

其次,因传记是一种中端的叙事样式,故洛文塔尔可以理直气壮地借用文学研究的分析方法,这便于无意中打乱了既有文化秩序、破坏了文化等级制度——后来,这一行为成为文化研究的标志性特征。据我所知,洛文塔尔是最早采用文学分析方法研究大众文化(至少是中端文化)的学者之一,这是极具创新性的(可参见他对人物性格、展示技巧、人物关系以及物质环境的分析)。在他的方法论中包孕着一种确凿无疑的思想(尽管并非出于其本意),那就是:**任何一种通行的方法论都能够用来,也应该用来同等地分析文学与大众文化。**同样,这一点后来也成了文化研究的基本诉求,即完全无视文化等级制以寻求各种文化形态的共同意义类型。

再次,从另一方面看,选择人物传记为分析对象来记录社会变迁具有显著意义。传记是一种象征形式,具有"模棱两可"的特点;它处于事实与虚构、历史与文学之间,既不高端也不低端,既包含历史真实性又带有文学虚构色彩,简直就是典型的中产阶级文化类型。鉴于此,传记有能力产生重要的文化影响,因其既可诱发与小说相同的身份认同感,又能有效地引导人的行为——毕竟传记的主人公是真实存在的而不是虚构的。另外,将传记视为"文化指标"亦是明智之举,原因在于近20年间,许多研究都表明我们与周边环境以及自我感知之间的关系主要是在叙事类型的建构与协商中形成的。诚如吉登斯(Anthony Giddens)(1992)与拜克夫妇(Ulrich Beck and Elisabeth Beck-Gernsheim)(1995)所言:现代性的一个重要特征,即是将身份转换为传记的题材。由于传记是一种自我个性的彰显,倚赖并利用谢利·奥特纳(Sherry Ortner)所谓之"关键文化情节",因此传记既能反映整体风貌,又具有引导与规范的功能。不过,洛文塔尔的主要目标在于揭示原本用来导人向善的传记早已丧失形塑个体价值观

---

* 美国著名人类学家,象征人类学的代表人物。——译者注

的能力。

具有讽刺意味的是,尽管洛文塔尔手握如此出色的方法论武器,他的绝大多数论述和观点后来都被证明是错误的。一方面,不难发现,洛文塔尔眼中那些"对旧工业秩序构成威胁"的消费英雄其实是"第三次工业革命"的代表与载体,他们的出现折射了知识、信息与电子科技的进步。另外,还有一个事实不容忽略,即社会重心从生产转向消费的过程创造了大量社会财富与自力更生的人,其成就远远超过"第二次工业革命"。如果说体育和电影明星轻而易举地取代了传统工业精英成为人物传记的主角,那也是因为这些明星及其所在的领域业已成为资本主义历史上最为庞大的财富来源。此外,被道格拉斯·凯尔纳(Douglas Kellner)贴切称为"技术资本主义"(techno-capitalism)(1989)的信息资本主义,早已通过教育渠道促成了新型社会流动的形成。事实上,专业人士与"新型文化中介"(new cultural intermediaries)已然成为中产阶级与上流社会的主体。社会流动渠道更加多样化,早非强调"领导权"与"绩效"的19世纪达尔文主义可比(Bendix, 1956; Whyte, 1957)。

另外,休闲文化并不必然意味着工作时间的减少。事实上,情况恰恰相反,随着大众娱乐的普及与风靡,人类的劳动强度反而大幅度提高,工作时间也大幅度增加。对此,茱迪丝·肖尔(Judith Schor)(1991)在其对美国劳动类型的历史分析中作出了清晰的阐释。而且,诚如阿莉·霍赫希尔德(Arlie Hochschild)(1997)所言:人们越来越不爱待在家里,反而将秩序井然的工作环境视为避难所,以此来逃避家庭中的繁重劳动。事实上,消费资本主义建立在福特主义(Fordism)的基础上,高度组织化使得劳动变得更加高效而理性,这只会极大提高生产力。早期资本主义(所谓工业资本主义)与晚期"消费"资本主义之间的区别在于劳动场所的转移。在消费资本主义中,身体已成为持续、艰辛工作的客体,而劳动的荣耀与乐趣则因人在面对自我时的严重焦虑态度而强化。所有这些,都与洛文塔尔眼中的"没心没肺的享乐主义"相去甚远。

在洛文塔尔的文本以及当下始终困扰我们的问题与窘境之间,产生了强大的共鸣。尤其是,该文提出了一个理解文化与经济关系的重要视角,它所探讨的问题我们今日仍须面对,因为自始至终都没有一套理论可以弄清我们与资本主义之间错综复杂的关系。在诸多层面上,洛文塔尔的文章都见证了我们的矛盾心态,以及我们在考察文化究竟应在当下经济与社会秩序中扮演何种角色时的束手无策。

洛文塔尔具有法兰克福学派特有的超强敏锐性,他从消费与休闲的常用语汇中看到19世纪的文化与经济秩序正从当下社会生活中全线撤退。尤其富有戏剧色彩的是,他在自己的著名文章中揭穿了丹尼尔·贝尔(Daniel Bell)(1976)之所以能在20世纪七八十年代的美国成为最著名的社会学家的原因,那就是他利用了两种资本主义话语体系的矛盾、生产与消费话语体系的矛盾,以及消费领域所鼓励(甚至要求)的工作伦理与享乐主义之间的矛盾。如其他社会学家一般,洛文塔尔更偏爱工业资本主义文化,尽管社会不公正现象随处可见,但至少文化能为人们指明生活的方向,道德高尚的人物也会得到推崇与奖励。简而言之,在工业资本主义制度下,文化秩序是建立在道德等级制基础之上的。

洛文塔尔的研究基于两个假设:第一,文化理应源自更高的道德层级;第二,与上一点密切相关,对文本进行文化分析理应替代,至少是导向,政治分析。这两点,至今仍为许多文化分析家所遵循。

经由文本分析,洛文塔尔得出如下结论:读者崇拜消费偶像,他所考察的人物传记统统指向大规模的文化损失与道德沦丧,而所有这些都必然导致一个恶果,那就是个性化的销声匿迹与杂乱无章的乌合之众的全面胜利。他反复表明:"在过去,'成功'意味着每个强壮、聪明、灵活、清醒且永不言弃的普通人都能得到生活的希望与馈赠;如今,在大众心中,这种诱惑力早已消丧殆尽。"(p.129)最后,他措辞严厉地宣称:人物传记再也无法发挥教育或告知的功能;文化既不能引导我们,也不能提升我们的境界,而退化为纯粹的娱乐。总而言之,我们永不可能在文化的熏陶下变成独立自强的成功人士了。

我不知道究竟是什么令洛文塔尔悲哀,是对未来的期望的魅力(只要魅力仍在,就可以维持"未完成"状态),抑或某个崇尚美德、给人以希望的失落的年代?假若他缅怀的仅仅是成功的魅力,那他就多虑了,因为"消费英雄"的强大诱惑力几可与尤利西斯的海妖(Sirens)媲美——我们简直就是将自己绑在桅杆上来抵御电影、音乐与体育明星的"歌声"。不过,令人费解的是,洛文塔尔竟然遗憾于社会不再崇尚"美德"。作为西欧马克思主义思想家中的最后一位严肃成员,洛文塔尔怎能真的相信只有聪明、灵活和头脑清醒的人才能获得成功?理查德·本迪克斯(Richard Bendix)对工业资本主义发迹过程的研究清晰地表明社会流动性正趋于不断增强,这与"美德"没有任何必然关系。在这个问题上,洛文塔尔背叛了德国思想界一以贯之的、对无尽的浮士德式努力的追寻,亦即,明知不可为而为之的品格,摒弃了马克思主义关于劳动才是唯一尊贵的人类活动的信念,并拒绝接受工业精英文化早已倾颓的事实。

洛文塔尔其实犯了很多文化分析家常犯的错误,他固执地认为文化必须隶属于更高级的社会与文化视野,其唯一使命即在于提高人的修养。很可能在他眼中,只有卡内基·梅隆家族(Carnegie Mellons)、摩根斯家族(the Morgans)或施瓦布家族(the Schwabs)(他们都在第二次工业革命期间发了大财)才值得崇拜,而丹泽尔·华盛顿(Denzel Washington)*和奥普拉·温弗瑞(Oprah Winfrey)**则不值一提,原因在于前者身上承载着高尚的道德,而在洛文塔尔看来,这才是文化的唯一使命。事实上,旧式工业精英下了很大功夫方使自己的财富"合法化",他们无一例外为自身的成功赋予庄重、严肃的灵韵,这与新式"消费英雄"身上所具备的无忧无虑的魅力与乐趣截然不同。在我看来,正因"消费偶像"的出现,19世纪经济文化制度通过小心翼翼保护自身的"严肃性灵韵"来抵抗"乌合之众"侵蚀的努力才最终宣告破产。

最后,具有讽刺意味的是,洛文塔尔在批判消费偶像的同时树立起新的偶像,那就是工作与生产的偶像。因为,诚如马克斯·韦伯的敏锐直言:生产的理性在本质上是**非理性**的。无休止的生产并不比无休止的消费更理性、更鼓舞人心。生产将自己伪装成某种高尚、合法的活动,从而也就扼杀了消费的魅力,这使得包括洛文塔尔在内的很多批判理论支持者成为名副其实的偶像崇拜者。其实,大众消费的迷人之处并不在于树立偶像,而是因其**否定**上帝的存在。消费缺乏超然性,总是处于躁动状态,而且,一如拉什(Christopher Lasch)(1979)所言,在本质上是自恋的。文化不关心道德问题,也从不试图将人引领至更高的价值境界,它的全部使命即在于**自我形塑**(self-fashioning)。这样的文化究竟意义何在?对此,目前我们尚无法完全理解、透彻分析。

在洛文塔尔及大多数法兰克福学者看来,消费领域的崛起意味着人类社会从个性化时代过渡到匿名状态的大众同质化时代。不过,这番话反过来说似乎更有道理。如齐格蒙特·鲍曼(Zygmunt Bauman)所言:"生产是集体行为;而消费则完全是独立与个性化的,最终,也就成了一种孤独的行为。"(1998,p.30)事实上,在工业化生产体制下,个性往往受到

---

* 美国著名黑人电影演员。——译者注

** 美国著名黑人脱口秀主持人。——译者注

压抑,反而同质性文化力量无比强大,这一趋势随时间推移正变得日渐显著(Kunda,1992)。在洛文塔尔看来,消费迫使人为了适应社会而变得超级温顺。对此,我要再次提出不同看法。消费资本主义的巨大影响力主要体现为其一视同仁,甚少强调人与人之间的差异;事实上,是消费行为将我们建构为"原汁原味"的、个性化的、"直面真实自我"的消费者(Lears,1981;Marchand,1985;Illouz,1997)。任何人,只要了解美国企业,或读过米尔斯(C. Wright Mills)的著作《白领》(*White Collar*)(1951),就会知道没有什么比资本主义工厂更强调员工对规则的"适应"与"温顺"。与之相反,消费将个性置于至高无上的地位,从而也就与建立在社群与价值等级制基础上的社会愿景彻底决裂。

然而,消费绝非洛文塔尔预料的那般轻松自然,因其时刻反映着人的行为方式中蕴含的某种根深蒂固的忧虑、不安与不满情绪。具有讽刺意味的是,洛文塔尔在已成明日黄花的"生产英雄"身上所期许的浮士德式的"奋斗不止"的精神,反而在消费领域内得到更好的体现,因为人的消费行为是永不止息的,因此也就永远不会失去目标。在洛文塔尔看来,旧式"生产英雄"设定了高尚的为人准则,即如他所言,"个体必须在心灵的独白中找到自我";可如今,世风日下,人们开始将行动、发展与自我塑造视为过时的事物。不过,我想再次强调,洛文塔尔错了,是消费而非生产时刻呼吁人们致力于永无止境的、西绪福斯式的(Sisyphean)自我塑造。消费与心理学的结合固然可疑,却也成功地促使我们以负责任的态度审视自我,直面内心深处的隐秘裂隙(Lears,1981)。在此之前,我们从未进行过如此深入灵魂的思想独白,更未真正弄清"我是谁"这个亘古不变的问题。"生产英雄"和"消费英雄"的确彼此不同,但两者的差异绝不像洛文塔尔所总结的那样。消费英雄固然未能崇尚美德或强化人格,比起恰当的"行动"来,它更重视自我的实现;但这并不意味着消费者成了被欺骗、被麻醉的对象——恰恰相反,在消费英雄的引导下(这是洛文塔尔理论体系中最具讽刺意味的悖论),我们终于能将全部精力用于打造我们自己的传记,无论通过简历还是私人生活。如若他人的传记无法继续为我们提供引导,那一定是因为我们把绝大多数注意力集中到自己的传记身上。只有通过这种方式,我们才能直面自我深处最艰于触摸的一面。

洛文塔尔对消费的口诛笔伐如幽灵一般萦绕在现代生活的诸多批评领域,其支持者大多缅怀某个塑造人性、崇尚美德的道德共同体(ethical community)的黄金时代。洛文塔尔全然罔顾消费领域对劳动的不断的需求,目光短浅地宣称消费将我们变成毫无生机的客体:"我们脸上戴着光鲜动人、训练有素的面具,内里却早已蜕变为机器人;我们身不由己,一切行动都要服从制造者的指挥。"然而,事实上,机器人代表着消费社会的对立面,即欲望,以及产生欲望的欲望。福柯最重要的贡献即在于其揭示出现代性标志着人类自我塑造行为发展的巅峰(消费是其中一个重要变量),而这一成果主要是通过对快感和欲望的追求实现的。在现代社会中,个体成长的目标由"道德倾向"转变为"审美人生",转变为对愉悦、满足和日常生活艺术的追求。

当然,这并不意味着我们应当对休闲与消费领域持毫无批判的态度。我对当代文化所体现出的"快乐至上"的后现代倾向深感担忧,这仍是批判理论独一无二的思想遗产,时刻敦促我们坚持不懈地关注各色文化与经济形态承载的野蛮性。在我看来,批判理论远未过时,因为我们目前的主要使命仍然是:批判。但是,我们的批判应当从何处入手呢?我认为,必须学会批判那些超出19世纪范畴的消费带来的诱惑。如若媒介与消费关系为分析增加了难度,那也是因为许多学者无法超越社会科学得以诞生的基本前提:忧心忡忡于有道德的生活方式的衰落与具有审美特质的生活方式的崛起、个人主义与个体对社区的反抗,以及一种基于传统和敬畏之心的文化模式。为达到目标,我们必须充分反思更加民主化同时也更混乱与乏味的文化领域可能产生的后果,还应仔细思忖我们是否愿意对上述民主化进程施加影响。因此,洛文塔尔这套基于19世纪社区模式、道德准则与"灵韵式"文化观的批判理论注定会成为某种"末日预言",且将无可挽回地错过大众传媒与消费领域"联手"带来的一系列学术挑战;而这些挑战,正是洛文塔尔其文呼吁我们去"迎接"的。

参考文献

Bauman, Z. (1998) *Work, Consumerism and the New Poor*. Buckingham: Open University Press.

Beck, U. and Beck-Gernsheim, E. (1995) *The Normal Chaos of Love*. Cambridge: Polity.

Bell, D. (1976) *The Cultural Contradictions of Capitalism*. New York: Basic Books.

Bendix, R. (1956) *Work and Authority in Industry: Ideologies of Management in the Course of Deindustrialization*. Berkeley: University of California Press.

Booth, W. C. (1961) *The Rhetoric of Fiction*. Chicago: University of Chicago Press.

Giddens, A. (1992) *The Transformation of Intimacy: Sexuality, Love, and Eroticism in Modern Societies*. Stanford: Stanford University Press; Cambridge: Polity.

Hochschild, A. R. (1997) *The Time Bind: When Work Becomes Home and Home Becomes Work*. New York: Metropolitan Books.

Illouz, E. (1997) *Consuming the Romantic Utopia: Love and the Cultural Contradictions of Capitalism*. Berkeley: University of California Press.

Kellner, D. (1989) *Critical Theory, Marxism, and Modernity: Development and Contemporary Relevance of the Frankfurt School*. Cambridge: Polity.

Kunda, G. (1992) *Engineering Culture*. Philadelphia: Temple University Press.

Lasch, C. (1979) *The Culture of Narcissism: American Life in an Age of Diminishing Expectations*. New York: W. W. Norton & Company.

Lears, T. J. J. (1981) *No Place of Grace: Antimodernism and the Transformation of American Culture, 1880—1920*. New York: Pantheon Books.

Lowenthal, L. (1961) The Triumph of the Mass Idols. In *Literature, Popular Culture, and Society*, Palo Alto, CA: Pacific Books, 109—36.

Marchand, R. (1985) *Advertising the American Dream: Making Way for Modernity, 1920—1940*. Berkeley: University of California Press.

Mills, C. W. (1951) *White Collar: The American Middle Classes*. New York: Oxford University Press.

Ortner, S. (1990) Patterns of History: Cultural Schemas in the Foundings of Sherpa Religious Institutions. In E. Ohnuki Tierney (ed.), *Cultural through Time: Anthropological Approaches*, Stanford, CA: Stanford University Press, 57—93.

Schor, J. (1991) *The Overworked American: The Unexpected Decline of Leisure*. New York: Basic Books.

Thurow, L. C. (1984) *Dangerous Currents: The State of Economics*. Oxford: Oxford University Press.

Whyte, W. H. (1957) *The Organization Man*. Garden City, NY: Doubleday.

第三部分 | 芝加哥学派

概　述

亨利·亚当斯（Henry Adams）曾如是写道："是芝加哥，于1893年首次提出美国人民是否知道路在何方的问题……是芝加哥，破天荒地对美国思想作出整体表达；要想了解美国，必须从芝加哥开始。"（Adams, 1931, p.343）当然，他口中的"芝加哥"不是指芝加哥大学社会学系；可实际上，芝加哥大学社会学系已然成为芝加哥学派的代名词。在这座城市，现代性几乎是一夜之间崛起的，工业化、城市化以及移民涌入的速度没有任何一座19世纪的城市都够媲美。而对这一现象的反思，不但成为社会思想与社会研究的重要组成部分，更一举奠定了两次世界大战期间美国社会学的发展基调。芝大的两代社会学家相继从种族融合、阶级冲突与社会重构中提炼社会理论，并将传播视为社会秩序的主要推动力。尽管将大众媒介本身作为目标对象的研究在芝加哥学派中并不多见，但与传播相关的人口课题，如对黑帮、职业舞女和波兰农民的考察，则始终吸引着芝加哥社会学家的注意力。在芝加哥学派看来，传播是人与人之间的关系得以维系的主要方式；也正因如此，我们完全可以将传播视为构成社会生活的首要元素（Depew and Peters, 2001）。

在芝加哥学者眼中，传播是一个极富歧义的概念：它既是经验的又是规范的，既是小规模的又是大规模的，即是物质的又是观念的。传播可以指涉经验主义实践，如新闻业，或移民在美国与祖国之间的通信；同时，我们亦可将传播作为规范性标准来评判人与人之间的关系。尽管芝加哥学派最引以为豪的一点，在于其涤除道德偏见，对亚文化与所谓"异常行为"展开客观中立的研究，但这并不意味着芝加哥学者放弃了对一个更美好的社会的追求——他们始终孜孜不倦地呼吁让所有公民拥有平等的机会，以互动的形式参与日常生活的决策行为。在这里，"互动"的概念是至关重要的，既体现在研究方法层面（参与式观察），也支持着（基于参与性的）民主理论——总而言之，芝加哥学者乐于见到各类人群的"并肩同行"，并认定公众的交流、拥挤的人潮和与陌生人的邂逅预示着社会进步。另外，芝加哥学派对报纸赞誉有加，称其在版面中勾勒出纵横交错的社会世界。如今，社会互动可以延伸到更远的距离，这是因为时间和空间早已随着现代交通与大众传播的发展而坍塌。在某些更具规范性色彩的观点（如库利[Charles Cooley]和杜威[John Dewey]）看来，这是建立一个伟大共同体的千载难逢的机会；可同时，其阴暗面也令人担忧，那就是基于小范围与面对面的生活价值的贬值。我们可以说，传播创造了共同体；可是哪门子的共同体除符号互动外一无所有，连个意见领袖都找不出来？

我们精选的三篇文章或许在时间上没什么代表性，但其价值体现为作者在文中探讨的问题。沃斯（Louis Wirth）重构了芝加哥社会学思想的某些经典原则，其关于社区、有公民意识的社会科学，以及大规模人群聚集的潜在危险与好处的观点，我们均可在杜威19世纪90年代的诸多著述、帕克（Robert Park）1904年的博士论文《人群与公众》（The Crowd and the Public），以及米德（George Herbert Mead）在20世纪头十年的讲座与政论中觅得痕迹。朗格夫妇（Kurt Lang and Gladys Lang）以及霍顿和沃尔（Donald Horton and Richard Wohl）的研究为古老的"芝加哥主题"注入了新的活力。朗格夫妇关注的是经典芝加哥学派最为青睐的研究对象：共生城市聚合（co-present urban congregation）。不过，在其笔下，在麦克阿瑟日走上街头游行的既非危险的乌合之众，亦非民主的公众，而毋宁说只是受人摆布的道具，其唯一使命即在于为那些不再上街的受众提供表演。此处，两位作者一再重申现代传播中的那个模棱两可的话题：远距离的参与也许能替代或改变早已拥挤不堪的小规模社会互动。与朗格夫妇类似，霍顿和沃尔亦将矛头对准既有的传播—共同体格局。以库利和米德关于传播构成的观点看来，远距离互动可以促进民主。面对前辈这一过度乐观的梦想，两位作者提出了颇具讥讽色彩的"类社交互动"（para-social interaction）概念，对其作出回应。例如，那些听了几期广播节目便幻想自己是"寂寞少女"的贴心伙伴的人，与其说是优质公民，不如说是彻头彻尾的失败者。在这里，互动并非与陌生人之间的真实交流，而毋宁说只是一种幻想的投射。霍顿和沃尔继承了芝加哥学派的一个传统，那就是对媒介形态迎合幻想、暗中破坏共生互动潜力的疑惧（这一传统在布鲁默[Herbert Blumer]的电影研究著述中体现得更为清晰）。

对于那些关注媒介及其社会、文化与政治意义的学者而言，芝加哥不啻穆斯林心目中的圣城麦加；在新生代法兰克福学者如哈贝马斯眼中，芝加哥学派的社会学理论，尤其是米德的理论，则是发掘民主制规范性基础的灵感来源。及至20世纪50年代，芝加哥学派与哥伦比亚学派协同发展、相得益彰；就连哈罗德·英尼斯（Harold Adams Innis）都曾负笈芝加哥大学。尽管芝加哥学派过分强调传播在创造社会生活方面发挥的作用，但对于孜孜不倦探索着人类这种善用符号的动物如何进行无远弗届的互动的莘莘学子来说，该学派始终是一座不容错过的驿站。

参考文献

Adams, H. (1931) *The Education of Henry Adams*. New York: Modern Library. (Originally published in 1918.)

Blumer, H. (1933) *Movies and Conduct*. New York: Macmillan.

Depew, D. J. and Peters, J. D. (2001) Community and Communication: The Conceptual Background. In G. J. Shepherd and E. W. Rothenbuhler (eds), *Communication and Community*, Mahwah, NJ: Erlbaum, 3—21.

第6章

沃斯《共识与大众传播》中的共同体与多元主义

埃里克·罗森布勒（Eric W. Rothenbuhler）

我们在大众传播领域开启了一种全新的社会力量，其重要性是不可估量的。与先前一切旨在建设世界或毁灭世界的社会工具相比，这种新力量已隐隐透露出无限的可能性——它既有可能为美德服务，也有可能变成邪恶的帮凶。它能量巨大，时而忠诚，时而背叛，以此促进或阻碍共识的形成，从而对一切权力来源产生深远影响。此外，大众传播还为人提供接触另类观点的渠道，击碎既存的社会整体一致性，支持思想的多样化，并缔造了新的社会关系。鉴于此，我们的当务之急即是理解大众传播的属性、潜能与极限，并使之服务于人类的需求。（Wirth, 1948, p.12）①

将路易斯·沃斯（Louis Wirth）的《共识与大众传播》（"Consensus and Mass Communication"）选为经典是一件颇有趣的事，对此，我们找出了若干理由。其中非常重要的一点是，沃斯这篇文章应算"应时当令"之作，而远谈不上"永垂不朽"，这便提醒了我们，社会科学语境下的"经典"与宗教语境下的"经典"往往具有截然不同的内涵。该文本是沃斯于1947年12月在美国社会学研究会上所做主席报告的演讲稿；从狭义上看，其

---

① 本文引用的内容及相关注释页码均来自1948年收录于《美国社会学评论》（American Sociological Review）的沃斯论文的原稿。后来，这篇文章又多次再版，或许从其他途径查阅更容易些。其中一个版本是1964年由艾尔伯特·赖斯（Albert Reiss）编辑的沃斯论文集《城市和社会生活》（On Cities and Social Life），由芝加哥大学出版社列入"社会学遗产系列"出版发行。此外，这篇文章还可以在1981年由芝大出版社发行的新版文集中找到。

本身就是一种沃斯教授面向其他受众的"传播"行为。如今,若我们发现这篇讲稿的意涵早已超越了当时的语境、获得了更广泛的学术相关性(毫不提及上帝或真理),那也一定是因为我们并未将目光停留于文本自身,而是作出了自己的独特解读。我当初之所以读这篇文章,是因为它早已产生了巨大的影响力。在本文中,我将努力在沃斯的著作与学术史上其他经典文本之间搭建桥梁;至于文本的选择,则会兼顾我们写作本书的议程与沃斯自己的议程。

《共识与大众传播》之所以直至今日仍有阅读价值,皆因其呈现了关于传播研究领域的历史观,而这一历史观对于当下的学术研究是大有裨益的。在本章中,我会考察当代传播学研究关注的主要议题,并以一系列话题性小标题统摄全文。此外,我还会在总体上证明沃斯的文章基本上就是芝加哥社会学的代表,并借此开启观察传播研究领域历史的窗口。

沃斯的论文一开篇即描绘了核毁灭带来的威胁,并提出人类应当掌握控制"知识的社会应用"的知识。在他看来,"共识"是一个至关重要的概念,"既是通向社会学核心问题的路途,又是分析当代世界问题的渠道"(1948, p.2)。传播,不但是达成共识的方法,更是共识形成的结果,而大众传播几乎等于大众共识。他还指出,在大众社会中,共识问题前进一步,便意味着人类朝包容性民主(inclusive democracy)的目标前进一步;而最终极的愿景,则是实现全世界的共识,即"在自由、有序与和平的条件下,充分应用世界资源来满足人类需求"(p.14)。

● 以传播为核心概念的社会学

在沃斯看来,社会学的使命即在于"理解群体生活影响下的人类行为……考察(社会)成员相互理解、在公共规则的约束下为共同目标协调行动的能力"(p.2)。而传播的过程,则为上述理解与协调行动能力提供了支持:"若经历、兴趣迥异的人想要信奉共同的观念和理想,必须首先具备交流的能力。"(p.4)沃斯迅速将这种"呼吁共同状态"的举动复杂化,但他随后对传播核心地位的强调则表明其观点深深根植于芝加哥学派的传统之中。

从关于符号与现实的理论争鸣,到对报纸发行和社会舆论的研究,"传播"以各种形式出现在芝加哥社会学家的视野内,而沃斯就是致力于传播研究的重要人物之一。在芝加哥学者的著作中,传播总计出现在三个不同的分析层面上。最常见的说法是:传播是实用主义哲学的核心概念,该"主义"的全部著作都建立在传播的基础上。威廉·詹姆斯(William James)与罗伯特·帕克(Robert Park)同为芝加哥学派的领袖,曾负笈哈佛大学;约翰·杜威(John Dewey)曾于1894—1904年间任教于芝加哥大学;乔治·赫伯特·米德(George Herbert Mead)则创建起一整套基于符号交换的概念,包括人性、知识、真理、价值与行为等等,激励了一代又一代芝加哥学人(关于如何精确辨析这三位哲学家的不同观念,本文不再赘述,相关争论请参见Kurtz,1984)。米德开设的课程是芝大社会学系的必修课,而研究生采用的教科书,即帕克与伯吉斯(Ernest Burgess)合编的《社会科学导论》(Introduction to the Science of Sociology),该书因清晰勾勒了实用主义的概念框架而被学生们誉为"绿色圣经"。对芝加哥的社会学家而言,实用主义的"多元现实"概念及其对经验的强调催生了一系列方法、假设与问题;它坚称人的视角与任何物质性非视角因素同等重要,并以此为据对社会生活作出了解释。在实用主义的启示下,社会学界开始关注人在传播网络中的位置、信息的流动以及社会互动现象,而符号和意义于其中发挥了与地理、人口统计学以及社会组织因素同等重要的作用(在这一点上,西美尔[Georg Simmel]的影响亦至关重要;帕克在德国时曾对西美尔略作研究,后者著作的摘录在芝加哥学派的教学以及《社会科学导论》中均占重要地位)。举个小例子,一篇基于沃斯博士论文的文章结尾这样写道:"只有将贫民窟……视为一种社会心理学与生态学现象,我们才能对其理解透彻,原因在于贫民窟不仅是客观存在的事实,更是一种精神状态。"(Wirth,1964a, p.98)(这番论述同时呼应了帕克与西美尔的观点:前者认为城市是"一种精神状态,是习俗与传统的实体",同时凝聚着人群、机构与人为建构的环境[1925a, p.1];后者则专门写过《大都会与精神生活》["The Metropolis and Mental Life"][1964]。)

芝加哥社会学者视传播过程、传播技术与传媒机构为现代社会的基础;他们在报纸、社会舆论、公众态度、交通与传播基础设施、流动、网络、群际互动,以及社会关系计量学的研究领域均扮演了先行者的角色。究其原因,在于上述每个问题均被界定为"核心议题",社会学的发展离不开这些问题。奥格本(William Fielding Ogburn)曾认定"传播与交通'构成了工业革命的第二个阶段'(1935)"(转引自Kurtz, 1984, p.68)。在《社会科学导论》一书中,亦包含许多被冠以"传播"小标题的章节、25个索引项,以及与语言、报纸和宣传交互参照的注释(参见 Depew and Peters, 2001)。

在最具体的层面上,芝加哥社会学学者从符号与传播的基本概念属性中总结出各种各样的观点、假设、方法与测量指标,其中便包括托马斯(William I. Thomas)的那句名言"如果我们将情境界定为真实,则最后得出的结论就是真实的",以及托马斯与兹纳涅茨基(Florian Znaniecki)(1918)合作的经典研究《波兰农民在欧美》(*The Polish Peasant in Europe and America*)在方法论上对通信的依赖。此外,帕克对报纸历史与发行的研究(e. g. 1925b,1929—30),以及马更些(Roderick McKenzie)(1968)视报纸发行量为测量城市地理影响的指标的做法,均体现了芝加哥学派对传播问题的普遍重视。正因如此,学派在芝加哥周边做的区域研究经常包含地图、图表、谈话记录、重叠群体成员列表以及报纸发行量数据,等等(相关案例,请参见 Burgess and Bogue, 1964; Short, 1971; Whyte, 1955)。

大众传播现象的重要性绝不亚于原子能,对大众传播的研究与控制也可与对原子能毁灭性潜质的遏制相提并论。正是在这样的学术背景下,沃斯写作了《共识与大众传播》一文。多年以后,后现代学者竭力用"语不惊人死不休"的方式来震慑读者,而沃斯却将传播的显赫描述为直白的现实:"大众传播正迅速成为社会生活网络的主要框架……在我们生活的时代,对传媒的控制或许构成了社会生活领域中最重要的权力来源。"(p.10)沃斯通过这句话来呼吁社会科学家努力理解传媒与大众传播,其最终目的在于追求一个更好的结果。他对知识及其用途抱有坚定的信心。

● 文化与日常生活

对现代城市日常生活的研究,是芝加哥学派的另一重要贡献,他们尤其关注族裔、种族、民族、宗教团体、阶级、社区、工作场所以及休闲领域的差异化。而《共识与大众传播》就是这方面的代表作,尽管其论述尚不够明晰。如今,雷蒙德·威廉斯(Raymond Williams)将文化视为整体性生活方式的观点已经得到学界的普遍认可,"文化研究"这一学科便建立在此基础上。他的这一创举发端于英文小说研究,并充分利用了人类学的概念与方法(e. g. Williams,1983;另可参见 Peters, chapter 11)。沃斯的老

师罗伯特·帕克曾于1915年发表如下评论(此处引用的是1925年重印版,或与原话有些差异):

> 如果将博厄斯(Franz Boas)和洛维(Robert Lowie)考察北美印第安人生活方式的方法用于对芝加哥低地北侧意大利人聚居区居民习俗、信仰、社会行为与生活观念的研究,或对更为复杂的纽约格林威治村与华盛顿广场地区居民社会习俗的记录,也许效果更佳。
>
> 幸运的是,小说家为我们提供了关于当下城市生活的详尽知识。但仅仅执迷于埃米尔·左拉(Émile Zola)笔下的世界是远远不够的,我们还应对城市生活展开更加冷峻的学术研究。(Park, 1925a, p.3)

芝加哥社会学的研究重点集中于日常生活的结构与实践,出产了相当一批关于邻里关系、黑帮、夜店、工人阶级生活、种族差异、种族关系以及移民生活等课题的文献(相关案例可参见 Burgess and Bogue, 1964; Short, 1971)。沃斯曾将贫民窟视为一种社会形态,并据此撰写了题为《作为生活方式的都市主义》("Urbanism and a Way of Life")一文。此外,他对"社区"的研究,以及论述文化冲突与都市生活的文章,均被视为经验社会学(empirical sociology)的典范之作。须知,经验社会学无论在历史深度还是理论层次的丰富性方面均走在文化研究前面(Wirth, 1964a, 1964b, 1964c;另可参见 Park, 1925a)。至于文化研究的独特优势,则体现为对文化的准确界定、对新马克思主义理念的吸收(尽管沃斯读大学时曾在马克思主义的感召下积极投身反战运动[Sheldon, 1968; Wirth Marvick, 1964]),以及对大众娱乐和青年亚文化的重点考察。沃斯采用的是典型的芝加哥学派研究方法,他更关注正常事物而非异常事物,更关注群体而非个人,更关注成年人而非年轻人,更关注工作而非休闲生活。芝加哥社会学与当代文化研究均持有一个共同观点,即认定文化与传播在本质上是互相交缠、难分难舍的。"在我看来,传播对于文化过程而言是不可或缺的;甚至,不妨说,传播本身就是文化过程。"(Park, 1972b, p.101)

● 大 众

在传播学教科书中,"大众"(mass)的概念往往仅出现在第一章以及

第一次课堂讨论中。在梳理传播理论发展史的时候,我们常常下意识地呈现理论"进步"的过程。于是,新近的学者往往摒弃早年大众社会理论提出的种种错误假设,并体现出比前人学者更显著的民主倾向与文化敏锐性。传播理论的发展遵循着严肃的谱系,这一谱系或许肇始于卡茨(Elihu Katz)与拉扎斯菲尔德(Paul Lazarsfeld)的《个人影响》(*Personal Influence*)(1955)。学界普遍认为应摒弃"大众"的概念,因其既不符合经验,又政治不正确。然而,正因人们轻视"大众"并对论述其概念演进的文献视而不见,今日的传播学才无法更好地从现实角度对市场、国家和世界层面上发生的传播现象进行考察。

《共识与大众传播》提出一系列行之有效的现实主义观念来界定现代社会的"大众化"特征。论文用一个专门的章节,从七个方面对"大众"的概念作出全方位界定,并继之以一系列极有说服力的讨论。在沃斯看来,大众具有如下典型特征:由很多孤立的个体组成、社会阶层多样化、相互匿名、缺乏组织性、易于接受意见、个体具有相对独立行动的能力。沃斯并未声称上述特征足以概括每一个人的全部生活经验,而毋宁说只是对人在现代社会中生活的某些方面的分析:当人在大规模的、彼此孤立的、多样化的群体中保持相对匿名的状态,既无组织身份认同也无机构惯例可循时,我们便完全可以将其视为具有相对独立行动能力的个体;而无数个这样的个体叠加起来,就形成了具有某些总体性特征的"大众"。对此,我们只能作出粗略的概括。大众的上述特征在文化工业与现代政治中体现得最为淋漓尽致。所谓"不可知的"受众(Ang, 1991;Peterson, 1994;Rothenbuhler, 1996),以及迟疑未决的选民,均是大众现象。电视节目、电影以及音乐市场行为的反复无常,也均是源于受众的"大众"特征。正因"大众"的范围如此宽泛,所以我们利用统计学来预测受众群体类型时才不能考虑个体决策的因素,而这也是一种大众现象。没有一个人终其一生始终是孤立、匿名的个体,而是或多或少均要与他人产生关联;但生活的某些方面的确是以孤立的方式运行的。理解这一点,对于现代传播体系、政治体系与国家文化的运行至关重要。

沃斯指出,民主化大众社会所面临的一系列困难,应归咎于如下几个因素:大众社会结构导致的庞大规模、复杂关系与权力博弈的动态属性;兴趣与动机的不稳定性以及领导权的不确定性;权力与权威的集中以及管理机制的复杂性。正因如此,我们才要对大众文化的舆论机制展开讨论。

● 舆论与媒介控制

共识是一种"观念现象";因此,若民主取决于共识,那就意味着民主取决于观念形成的过程。如果说群体成员身份、传统与意识形态等因素能导致观念的稳定性,则大众社会中种种将人视为自由选择的个体的现象(如大众传播)就会导致观念形成机制的变动性。如此一来,民主化大众社会目标的实现往往更加倚赖那些不甚可靠的观念形成过程。相应地,对传播工具、领导权,以及媒介与文化产品的控制就显得尤为重要了,因其关乎整个社会的牢固程度。

沃斯对大众以及舆论动力机制的考察反映了芝加哥学派的集体智慧,引领了美国社会学的集体行为研究。帕克用德文写作的博士论文题为《人群与公众》("The Crowd and the Public")(1972a),他与伯吉斯(1969)合著的教材亦专辟一章探讨集体行为,此外,还有许多芝大学生从事有关流行时尚与社会运动等集体行为的研究。人们甚至认为帕克创立了"群体行为研究"领域并发明了一整套分析术语(Elsner, 1972; Kurtz, 1984, pp. 90—92)。在群体心理学先驱勒庞(Gustave Le Bon)(1977)看来,集体行为先天即是非理性的,"人群"(crowd)则是头脑空白的乌合之众,其行为往往预示着社会控制系统的崩溃。塔尔德(Gabriel Tarde)(e.g. 1969)补充了"公众"(public)的概念,意指某种因传播和观点聚在一起的零散人群。帕克(e.g. 1972a; Park and Burgess, 1969)则指出,"人群"与"公众"虽均为正常社会形态,却具有极大差异,应区别开来进行思考。人群可能想法多样,但绝非头脑空白;人群或许和社会变动密切相关,但本质上并不反动。人群是公众的一种,而公众则是冷静审慎的。后世学者对受众、运动(movements)、市场、潮流、时尚以及舆论的研究均建立在帕克这番论述的基础上。沃斯对大众的考察亦采纳了上述观点。在他看来,大众乃一种社会组织的形态,不但活跃了舆论形成的机制,更对民主过程与社会秩序产生影响。

相较群体与机构成员,大众观念形成过程的稳定性要差很多;而且,正因"大众"规模庞大、结构复杂,传播工具的控制问题才显得无比重要。我们一直以为这个问题是阿多诺(Theodor Adorno)几十年后提出来的(e.g. Horkheimer and Adorno, 1972;参见 Peters, chapter 3),其实早在《共识与大众传播》中,沃斯就阐发了传播控制的观点。他指出:"传播媒介很容易被垄断势力控制,传媒领域'工业帝国'林立的现状证实了这一点。这对大众民主产生了严重影响。"(Wirth, 1948, p. 11)沃斯时刻关注弱势群体对自身观点、利益与审美趣味的表达,以及如何应对媒介集中控制、促进民主化进程的问题。按照他的分析,民主社会务必建立在共识的基础上,而共识的形成则取决于大众传播。因此,对大众传播渠道的控制就成了当务之急。

社会中的每一个人,无论属于什么种族、宗教信仰、家庭出身与社会地位,均应不断强化自身在日常生活与公共决策中的参与权。在这样的社会条件下,对大众传媒的控制便成了一个核心问题。如果说只有共识才能将形形色色的人聚合成一个社会,如果说民主世界的共识越来越受制于大众传媒的功能,则对传播工具的控制就成了政治、经济与社会权力的主要来源之一。(Wirth, 1948, p. 12)

● 共 识

如"大众"一样,"共识"一词在社会分析中也一度处于被弃置的状态,但只要我们对其重新发掘,则必然有利于学科的建设与发展。出于类似的原因,人们弃用"共识"也非出于概念或理论的考虑,而纯粹因为这个概念很容易令人联想到一些不好的事物。在学界,所谓"共识社会学"(consensus sociology)俨然已是主流自由主义社会学的代名词,而"主流"和"自由主义"在相当长一段时期内很不受欢迎。事实上,在20世纪50年代,这些概念已经无远弗届。当西方学界将纳粹德国与其他法西斯政权等统统归入极权主义(totalitarianism)的概念分类之下,西方的自由主义工业社会显然更讨人喜欢,一切与之不符的都是负面的。这样一来,问题就变成了自由主义社会如何优于极权主义社会,而非如何改进自由主义社会。接下来,一些学者提出了不少理论来对社会进行阐释,但无论怎么看都像是在为英美资本主义的现状提供合理化解释。这些理论大多假设自由主义社会是一个平缓运行的体系,其主要特征是建立在规则基础上的契约,以及参与权和经济收益的公平分配。需要指出的是,这些理论家均将共识视为整合现代社会的关键因素。个体之所以能融入社会体系,皆因其内化了文化的核心价值并完全接受社会整合所必需的基本价值与信念。对此,卢克斯(Steven Lukes)(1977)曾作出精辟的分析,并指明了其中存在的问题。

沃斯笔下的"共识"与我们刚刚讨论并批判的"共识社会学"有天壤之别。在他看来,"共识"并非意味着在价值上达成一致,而纯粹是一个传播过程。在这一过程中,政府对"各种各样"的公民一视同仁,并在赋予其自由的基础上践行统治(类似于哈贝马斯[e. g. 1981]和塞尤利[David Sciulli][1985]关于程序主义[proceduralism]的主张,尽管沃斯尚无将自己的思想上升到"主义"高度的意识)。沃斯将共识定义为"普遍同意"的社会条件,只有当社会的宽容、冷静、差异、代议与协调达到一定程度方能出现。在共识的作用下,哪怕存在利益的差异、竞争与冲突,社会仍可正常运转。当然,这个定义是很容易被推翻的,人们可以认为这只是把大家耳熟能详的道理拿来再说一遍——事实本来就是这样,怎么又成了一种"应然"?但是,我要指出,无论通读《共识与大众传播》这篇文章,还是考察沃斯的生活及其他著作,我们均无法察觉他有上述意图。事实上,沃斯毕生致力于社会改革。相应地,他对共识的讨论也只是为强调社会改良而作出的姿态。

沃斯的观点既是现实的,也是政治的(可比较 Reiss, 1964, 尤其是 pp. xvii—xxii)。他呼吁大众保持冷静、尊重异议;尽管无法实现人的生而平等,尽管机遇、资源、权威和权力分配永远无法平衡,但只要大众能够在差异、竞争和冲突的条件下保持宽容和克制,社会就能始终良好地运行。沃斯的社会学理念根植于实用主义哲学的某些极富理想主义色彩的传统,其主要特征即是尊重差异、包容异议。此处,可以稍微提一下20世纪二三十年代的新学院(New School)* 实用主义学者群体。据说,他们"完全不指望……大众能在伦理道德上达成共识。在他们看来,讨论和正义才是令政治共同体保持活力的关键……他们热情呼唤着一种尊重差异、包容异议的政治结构"(Rutkoff and Scott, 1986, p.77)。如果实用主义哲学家们可以做到尊重差异和包容异议,则实用主义社会学者也应当有此期盼。不过,沃斯并未摒弃"共识"这一概念,而是对其进行重新界定,提醒我们"意见一致"在共识和制造共识的传播过程中扮演的角色。

因此,在大众民主中,共识并不等于所有社会成员就所有问题或大多数关键问题达成一致意见,而意味着我们要养成人际互动、讨

---

* 位于纽约的高等教育机构。——译者注

论、争辩、协商和妥协的习惯,要容忍异议的存在,甚至要克制自己、时刻保持冷静。当然,前提是社会中不会出现"明晰而即刻的危险",即大众民主不会对社会生活本身构成威胁。(Wirth, 1948, pp.9—10)

离开了"共识"的概念,以及过去四十年间被摒弃的某些自由主义社会理论,我们就很难建立起一整套行之有效的反极权主义大众社会理论。正因如此,包括哈贝马斯在内的许多自由主义与现代主义思想家才会去援引程序主义的理念来建构自己的社会理论。若非如此,如今盛行于社会理论领域的那些来自马克思(Karl Marx)、恩格斯(Friedrich Engels)、卢卡奇(Georg Lukács)、葛兰西(Antonio Gramsci),以及其他封建主义、早期工业化、保皇主义与法西斯主义社会研究者的概念将会形成一套混乱的术语体系,无力区分美国民主制的衰落、墨索里尼治下的意大利,以及维多利亚或伊丽莎白二十治下的英格兰。我们所需要的概念术语必须有能力描述大型民族国家内自由主义民主制的真实存在,而沃斯提出的"共识"恰如其分地完成了这一使命。

在论文结尾部分,沃斯分析了三个具体领域内的共识问题:种族与文化关系、劳资关系,以及国际关系。注意,如果用今天的话来说,沃斯同时考察了种族问题、阶级问题和全球化问题。相比文化研究的理论议程,仅仅缺少了性别问题。这也再次提醒了我们女性主义是一场多么重要的概念革新运动。

● 种族与文化多元主义

通过种族的话题,我们不但能更深刻地理解沃斯的"共识"观,以及传播在共识形成的过程中扮演的角色,更可清晰地看见沃斯的著作与芝加哥社会学传统以及广义上的实用主义思想之间的关联。另外,种族问题还能帮助我更好地审视作为作者的沃斯其人。

种族与文化群体的大规模接触是现代大众社会的重要特征。城市人口的集中、迁移和沟通,以及劳工、资本、商品、服务与信息的流动使各个族群的生活都出现前所未有的变化,最主要的一点便是人与人的交流日益增多,甚至超过了各种族传统所能承受的范围。这样一来,种族成员与其他文化群体之间的关系就成了大众民主社会中最显著的"不确定因素"。为解决这一问题,沃斯倡导一种"文化多元主义的观点",即"包容差异性"(1948, p. 13)。若人们不能容忍差异的存在,大众社会就永不可能产生共识;而离开了共识,民主也便无从谈起。鉴于民主在沃斯思想体系中拥有至高无上的地位,如何在种族差异的前提下追求共识就成了一个至关重要的问题。早在20世纪早期求学于芝加哥大学期间,沃斯即开始了对种族与种族关系问题的思考,这一过程一直持续到50年代早期他最后一部著作出版。他的论文《贫民窟》("The Ghetto"),即是通过对犹太飞地(Jewish enclave)历史的社会学考察来阐释现代都会中的种族、民族、文化以及经济隔离的类型。此外,他还专门为于1930—1934年编纂的《社会科学百科全书》(Encyclopedia of the Social Sciences)撰写了"隔离"的条目。随着时间的推移,他对种族问题的兴趣竟日趋浓厚,直至学术生涯结束。二战结束后,沃斯参与创立美国种族关系委员会(American Council on Race Relations)并担任主任一职,在"谢利诉克雷默"(Shelley v. Kraemer)案中他向最高法院提交了一份报告并被后者采纳,最终导致限制性契约(restrictive covenants)被裁定为非法。在沃斯逝世之后的1952年,最高法院在审理"布朗诉教育理事会"(Brown v. Board of Education)一案的过程中采用了他生前收集的大量数据,最终废除了"平等隔离"(separate but equal)的法律原则(Wirth Marvick, 1964)。

无疑,沃斯在芝加哥大学的诸位老师对其进入种族问题研究领域发挥了重要作用。芝加哥大学第一项种族研究课题是托马斯在1904年前后完成的。1912年,托马斯在塔斯基吉(Tuskegee)*的一次会议上向帕克提议两人合作从事种族问题研究,并将帕克聘请到芝加哥大学工作。此前,帕克曾担任布克·华盛顿(Booker T. Washington)**的秘书达七年之久,并在德国完成了自己的博士论文。在华盛顿的鼓励下,帕克开始从事美国黑人生存条件的研究。华盛顿那本《最底层的人》(The Man Farthest Down),就是由帕克代笔的。此后,帕克俨然成为对种族问题进行社会学研究的领袖,并指导过为数众多的黑人社会学者,使芝加哥同时成为种族问题研究与黑人学者云集的中心。从芝大退休后,他即加盟费斯克大学(Fisk University)——该大学是美国最古老的"黑人大学"(Bulmer, 1984; Hughes, 1968; Kurtz, 1984)。

---

* 美国亚拉巴马州城市。——译者注

** 美国著名黑人政治家、教育家、作家。——译者注芝加哥学者普遍认为种族乃是一个社会学概念而非生物学概念,同时也是社会研究领域最重要的问题之一;无论黑人、犹太人、移民,还是土生土长的白人学生,在芝加哥大学一律受到一视同仁的对待,而沃斯本人的经历也与此密切相关:他本是来自德国农民家庭的犹太移民,十几岁便被送到美国,与内布拉斯加州奥马哈(Omaha)的叔叔一起生活,以期拥有更好的教育和前程。后来,在一笔奖学金的资助下,他来到芝加哥大学读本科,并最终在这里发现了一个与过往生活截然不同、充满机遇和挑战的新世界。沃斯出生的村庄只有900余人,且地处荒山僻壤,其家族400年来始终生活在同一座房子里。与同时代的其他社会学家不同,沃斯从不以浪漫的笔调描绘小城镇与乡村的生活。在他看来,现代都市的开放性或许更加浪漫,因为在现代都市中,差异不但为人们所包容,更塑造了当地的文化。沃斯的女儿也说过,沃斯在芝大求学时,即已建立其对美国黑人群体的认同感;不但如此,他还将这种"普遍的少数族裔身份认同感"灌输到女儿的世界观里(Wirth Marvick,1964,p.337)。据称,他曾缅怀自己在学生时代阅读杜波伊斯(William DuBois)*《黑人的灵魂》(The Souls of Black Folk)时的感人经历,并声称这本书对自己产生了深远的影响。显然,除个人背景外,在当时种族主义尚很猖獗的情况下,帕克与华盛顿的关系、对种族问题的研究,以及对黑人、犹太人和移民学生的指导,也为沃斯作出了榜样。

沃斯将文化多元主义视为解决大众社会中种族关系问题的良药。对此,我们应首先通读其著作,并对彼时的美国文化略加讨论,再在此基础上理解沃斯的观点。实用主义哲学家霍勒斯·卡伦(Horace Kallen)(1956,1998)曾在一场辩论中阐述过文化多元主义的观点,他抨击的对象则是固守欧洲中心主义的文化精英,以及在政治上更加危险的土生白人新教徒。这些人认为美国文化正在遭受黑人、犹太人和移民的攻击。在多元主义者看来,现代文化的健康与活力来源于个体差异间的有意义的互动:"它建立在种群与个体的多样性之上,建立在社会文化遗产、制度化习俗、精神态度与情感基调的天然差异上,建立在人与人之间持续、自由且富有成效的相互影响上。"(Kallen,1998,p.34)这是一种民主文化,取决于民主的思维习惯;以此为基础,多元主义者才会翘首企盼民主政治的成长。而且,在这样的视角下,一切社会差异都变成了资源(参见

---

* 美国著名黑人作家、泛非运动代表人物,晚年曾入美国共产党并入夏纳籍。——译者注

Rothenbuhler,2001)。

无论作为社会学家的沃斯,还是作为改革者的沃斯,其工作成果均体现了相同的自由主义理念。他坚信,只有超越一切个体、文化、种族、宗教、族裔与民族的传播才是现代大众社会形成民主共识的基础。究其原因,既不因为传播源自"统一"(unity),也不因为传播制造了"统一"。恰恰相反,传播的价值在于其生产出意涵丰富的差异性经验,在差异中改变了个体,并使生活本身成为差异的产品。

阅读《共识与大众传播》令我获益良多,因其包孕着多元主义观念,对很多问题展开具体分析,并在读者与学术研究的历史之间搭建了桥梁。沃斯提出的"大众"与"共识"的概念对后人的研究工作产生了深远的影响。在多元主义的指导下,他将"共识"由一种条件转换为一个过程,将文化视为一种传播行为,并最终将社会差异由问题变成了资源。最后要强调的是,沃斯的文章是芝加哥学派的典范之作,不但加深了我们对学派中传播研究历史(这一研究领域并未获得应有的关注)的了解,更有助于后世学者在此基础上展开更深入的考察。①

参考文献

Ang, I. (1991) *Desperately Seeking the Audience*. London: Routlege.

Bulmer, M. (1984) *The Chicago School of Sociology: Institutionalization, Diversity, and the Rise of Sociological Research*. Chicago: University of Chicago Press.

Burgess, E. W. and Bogue, D. J. (eds) (1964) *Contributions to Urban Sociology*. Chicago: University of Chicago Press.

Depew, D. J. and Peters. J. D. (2001) Community and Communication: The Conceptual Background. In G. J. Shepherd and E. W. Rothenbuhler (eds), *Communication and Community*, Mahwah, NJ: Erlbaum, 3—21.

Elsner, H. (1972) Introduction. In R. E. Park, *The Crowd and the Public and Other Essays*, ed. H. E. Elsner, Chicago: University of Chicago Press, pp. vii—xxv.

Habermas, J. (1981) *The Theory of Communication Action*, ed. and tr. T. McCarthy, 2 vols. Boston: Beacon; Cambridge: Polity, 1984, 1987.

Horkheimer, M. and Adorno, T. W. (1972) *Dialectic of Enlightenment*, tr. J. Cumming. New York: Continuum. (Originally published in 1947.)

---

① 在此感谢约翰·彼得斯(John Peters)和汤姆·麦科特(Tom McCourt)对本文初稿提出的实用建议。

Hughes, H. M. (1968) Park, Robert E. In *International Encyclopedia of the Social Science*, vol. 11, New York: Macmillan, 416—19.

Kallen, H. M. (1956) *Cultural Pluralism and the American Idea: An Essay in Social Philosophy*. Philadelphia: University of Pennsylvania Press.

Kallen, H. M. (1998) *Culture and Democracy in the United States*. New Brunswick, NJ: Transaction. (Originally published in 1924.)

Katz, E. and Lazarsfeld, P. F. (1955) *Personal Influence: The Part Played by People in the Flow of Mass Communications*. New York: Free Press.

Kurtz, L. R. (1984) *Evaluating Chicago Sociology: A Guide to the Literature with an Annotated Bibliography*. Chicago: University of Chicago Press.

Le Bon, G. (1977) *The Crowd: A Study of the Popular Mind*. New York: Penguin Press. (Originally published in 1895.)

Lukes, S. (1977) *Essays in Social Theory*. New York: Columbia University Press.

McKenzie, R. D. (1968) The Rise of Metropolitan Communities. In *On Human Ecology*, ed. A. H. Hawley, Chicago: University of Chicago Press, 244—305. (Originally published in 1933.)

Park, R. E. (1925a) The City: Suggestions for the Investigation of Human Behavior in the Urban Environment. In R. E. Park, E. W. Burgess, and R. D. McKenzie, *The City*, Chicago: University of Chicago Press, 1—46.

Park, R. E. (1925b) The Natural History of the Newspaper. In R. E. Park, E. W. Burgess, and R. D. McKeinzie, *The City*, Chicago: University of Chicago Press, 80—98.

Park, R. E. (1929—30) Urbanization as Measured by Newspaper Circulation. *American Journal of Sociology*, 35, 60—79.

Park, R. E. (1972a) The Crowd and the Public. In *The Crowd and the Public and Other Essays*, ed. H. E. Elsner, Chicago: University of Chicago Press, 1—81. (Originally published in 1904.)

Park, R. E. (1972b) Reflections on Communication and Culture. In *The Crowd and the Public and Other Essays*, ed. H. E. Elsner, Chicago: University of Chicago Press, 98—116. (Originally published in 1938.)

Park, R. E. and Burgess, E. W. (1969) *Introduction to the Science of Sociology*, 3rd edn. Chicago: University of Chicago Press. (Originally published in 1921.)

Peterson, R. A. (1994) Measured Markets and Unknown Audiences: Case Studies from the Production and Consumption of Music. In J. S. Ettema and D. C. Whitney (eds), *Audiencemaking: How the Media Create the Audience*, Thousand Oaks, CA: Sage, 171—85.

Reiss, A. J. (1964) Introduction. In L. Wirth, *On Cities and Social Life*, ed. A. J. Reiss, Chicago: University of Chicago Press, pp. ix—xxx.

Rothenbuhler, E. W. (1996) Commercial Radio as Communication. *Journal of Communication*, 46(Winter), 125—43.

Rothenbuhler, E. W. (2001) Revising Communication Research for Working on Community. In G. J. Shepherd and E. W. Rothenbuhler (eds), *Communication and Community*, Mahwah, NJ: Erlbaum, 159—79.

Rutkoff, P. M. and Scott, W. B. (1986) New School: *A History of the New School for Social Research*. New York: Free Press.

Sciulli, D. (1985) The Practical Groundwork of Critical Theory: Bringing Parsons to Habermas (and Vice Versa). In J. C. Alexander (ed.), *Neofunctionalism*, Beverly Hills, CA: Sage, 21—50.

Sheldon, E. B. (1968) Wirth, Louis. In *International Encyclopedia of the Social Sciences*, vol. 16, New York: Macmillan, 558—9.

Short, J. F. (ed.) (1971) *The Social Fabric of the Metropolis: Contributions of the Chicago School of Urban Sociology*. Chicago: University of Chicago Press.

Simmel, G. (1964) The Metropolis and Mental Life. In K. H. Wolff (ed. and tr.), *The Sociology of Georg Simmel*, New York: Free Press, 409—24. (Originally published in 1903.)

Tarde, G. (1969) The Public and the Crowd. In *On Communication and Social Influence*, ed. T. N. Clark, Chicago: University of Chicago Press, 277—94. (Originally published in 1901.)

Thomas, W. I. and Znaniecki, F. (1918) *The Polish Peasant in Europe and America*. Chicago: University of Chicago Press.

Whyte, W. F. (1955) Street Corner Society, 2nd edn. Chicago: University of Chicago Press.

Williams, R. (1983) *Culture and Society: 1780—1950*. New York: Columbia University Press. (Originally published in 1958.)

Wirth, L. (1948) Consensus and Mass Communication. *American Sociological Review*, 13, 1—15.

Wirth, L. (1964a) The Ghetto. In *On Cities and Social Life*, ed. A. J. Reiss, Chicago: University of Chicago Press, 84—98. (Originally published in 1927.)

Wirth, L. (1964b) *On Cities and Social Life*, ed. A. J. Reiss. Chicago: University of Chicago Press.

Wirth, L. (1964c) Urbanism as a Way of Life. In *On Cities and Social Life*, ed. A. J. Reiss, Chicago: University of Chicago Press, 60—83. (Originally published in 1938.)

Wirth Marvick, E. (1964) Biographical Memorandum on Louis Wirth. In L. Wirth, *On Cities and Social Life*, ed. A. J. Reiss, Chicago: University of Chicago Press, 333—40.

第7章

受众即人群,人群即公众:
对朗格夫妇《芝加哥的麦克阿瑟日》
的再思考

伊莱休·卡茨、丹尼尔·戴扬(Elihu Katz and Daniel Dayan)

玩笑也好,歉意也罢,首先声明:本章的两位作者可不是什么公正无私之人。我们要讨论的主要问题是:应当如何向格莱迪丝·朗格(Gladys Lang)与库尔特·朗格(Kurt Lang)两人致以崇高敬意。原因很简单:他们夫妇早在1952年就发掘了我们直到1992年才意识到其存在的所谓"媒介事件"这一电视节目类型。本文旨在重新解读朗格夫妇的《芝加哥的麦克阿瑟日》("MacArthur Day in Chicago")。这篇获奖的论文原先的题目是《电视及其效果的独特视角:一项初步研究》("The Unique Perspective of Television and Its Effects: A Pilot Study"),最早于1953年作为主打文章发表于《美国社会学评论》(American Sociological Review),而当时适逢电视业的极速发展。①

我们的辩论会采纳科学哲学的思路,对两类发现者作出严格区分,一类是能够意识到自己的发现有何影响力的人,一类是不能意识到自己的发现有何影响力的人(Patinkin, 1983)。在考虑朗格夫妇究竟属于哪类人时,我们从正反两方面都找到了证据。尽管本章的两位

---

① 尽管本文最早发表于1953年,但朗格夫妇后来重新推出了修订版,并将其作为《政治与电视》(Politics and Television)(1968)一书的第11章出版面世。这一版本增补了一些新近的理论动态,如"议程设置"和"沉默的螺旋"。我们应当对两篇文章的区别予以重视。该书于2001年由事务出版公司(Transaction Publishers)再版。

作者观点不尽相同，但最后我们还是得出了一致的结论，那就是朗格夫妇既"意识到了"，又"没意识到"。下面请听他们，以及我们的故事。

● 作为集体行为的麦克阿瑟日

1951年，当杜鲁门（Harry Truman）总统因道格拉斯·麦克阿瑟（Douglas MacArthur）将军战后在太平洋地区的权力过大而将其召回时，库尔特与格莱迪丝正在芝加哥大学社会学系攻读研究生学位，并参加了由涩谷保（Tamotsu Shibutani）组织的关于群体行为的研讨会。当时的新闻媒体紧跟麦克阿瑟被召回事件，事无巨细地报道了公众对杜鲁门莽撞举动的愤慨，以及对将军归来的热烈欢迎。在旧金山参加欢迎仪式后，麦克阿瑟即飞赴华盛顿在参众两院发表演讲，并在纽约举行了"胜利归来"庆祝活动。一个星期之后，芝加哥也举行了类似的活动。

芝加哥庆祝活动的行程如下：首先在机场举行欢迎仪式，然后由车队开道赶赴市区，并在纪念巴丹（Bataan）与柯雷希多（Corregidor）*沦陷的一座大桥处暂停，最后一站则是士兵体育场，傍晚时分那里将会举办一场集会。朗格夫妇认为这是一个亲眼观察祝福者人群激动（或愤怒）情绪的千载难逢的机会，因此他们与其他同学迅速设计了一个"十万火急"的研究课题（Hughes，1970）。他们指定并培训了29名观察员，分别询问了这些观察员各自对整个活动有何（紧张）预期后，将其分别安置在游行路线的不同位置上。

电视台安排了三小时的现场报道，这使芝加哥人第一次面对两难处境：是出去参加活动，还是留在家中收看直播？于是，朗格夫妇又安排了两名观察员看电视（当时还没有录像）。唯一空缺的，就是没有安排任何人观察在家收看直播的观众。毕竟，朗格夫妇最关注的还是大街上可能发生的状况，并不想将大街上的人群和家里的观众做比较。不过，后来，在重新审视这一群体事件时，两位研究者还是将电视直播的因素考虑进来，推断电视介入公共事件共有哪些方式：首先，"全国人民愤怒于麦克阿瑟突遭罢免的'山崩效应'"成了整个事件的序曲；紧接着，电视通过现场

---

* 均为菲律宾地名，二战期间这两地曾为日本占领。——译者注

直播营造了民众对将军"热情支持,甚至演变为'大众癫狂症'"的情绪氛围(1953,p.4)。①

● 朗格夫妇看见了什么

活动结束后,两位研究者惊讶地发现:此前大家所预期的"群情激昂",并未出现在"真正的"事件中,而只体现在经由电视报道的事件中。很多人参加了活动,几乎达到了二战后群体活动的最大规模,但是这些群众最后基本上都失望而归。在机场、在车队行进沿途、在巴丹大桥以及在士兵体育场,人们所获知的"最佳观测地点"竟然都是不准确的,这导致很多人翘首企盼大半天,却只能"匆匆一瞥"。另外,跑到大桥处看热闹的人过多,把道路挤得水泄不通,绝大多数人不但什么都看不见,连半点仪式的动静都没听到。就这样,人们错过了自己期待的盛况,没有游行,没有音乐,没有爱国热血,甚至没有一丝一毫的紧张感。有些人声称自己因亲历历史事件而感到骄傲;有些人觉得尽管组织混乱,整个活动却仍不失壮观盛大;还有些人干脆只看到一两眼。至于其他人,则开始在电视镜头前自我表演。观察员无意中听到有人评论说,待在家里看电视直播比去现场效果更好。

因此,朗格夫妇得出如下结论:尽管电视讲的故事只是整个事件的一小部分,但显然它把故事讲得非常生动有趣。我们不妨总结一下两位研究者究竟看到了什么。

1. 首先,朗格夫妇惊讶地发现,电视诞生后,生活居然变成了杂乱无章、七零八落,甚至有些单调无聊的事件。他们注意到,电视叙事往往具有连续性特征,而摄像机则能够提供事物的"前景和背景"。当观众们摩拳擦掌、跺脚骂街时,电视生产出真正的戏剧效果。

2. 同时,朗格夫妇亦惊讶于电视扭曲"真实"事件的程度。在电视中,群众往往体现出情绪激昂、精神亢奋的特征;电视夸大了现场人群的规模以及庆典在整个城市中的热度;此外,电视还将零散的观众整合为一

---

① 此处,"大众癫狂症"意指朗格夫妇关于电视如何(错误地)报道了大街上所发生的事情的观点。后来,我们提出如下问题:朗格夫妇是否认为这种"癫狂症"具有传染性,如电视观众的情绪是不是("也")会被激发起来。卡茨认为朗格夫妇的确有此想法,至少在本文的最初版本中是这样的;不过戴扬不同意这一观点。无论如何,修订后的版本(Lang and Lang, 1968, pp.36—61)放弃了对这一问题的讨论。

体,营造持续欢乐的假象。经朗格夫妇的努力,我们得以发现媒体的某些"选择性"因素并将其分类,这包括:(1)技术偏见,通过制片团队选择性安排摄像机的位置来实现;(2)评论偏见,通过口语播报的结构和意义实现;(3)重构"真实"世界以满足媒体的时间表和需求;(4)竭力满足观众的预期。上述四点,直至今日仍对我们的研究有指导意义。

3. 朗格夫妇所担忧的问题是:电视无法呈现事件发生的情境。就算现场观众对"麦克阿瑟归国"这一事件背后的故事并不感兴趣,但两位研究者还是认为提供背景信息对于电视新闻服务来说是不可或缺的。在他们看来,电视扮演的唯一角色,就是"叫好";因此,他们质疑这种媒介究竟是集体领导还是有人独霸经营。他们还意识到,电视始终迎合社会舆论所引导和期待的"欢庆"氛围,却也同时在思考传媒究竟有没有站在美国冷战期间的鹰派立场上。换言之,朗格夫妇已经意识到电视事件也许会导致政治后果,并担心电视直播产生的"即时观点的意象可能会促使政治家作出……有害的举动"(参见 Liebes, 1998)。

4. 朗格夫妇还指出,独坐在家中的观众或许很容易接受电视提供的那些不加批判的信息。身在现场的人往往与他人保持着互动,能够通过询问他人意见、揣测他人想法来"检验"自己看到的"现实",而电视观众却只能依靠自己,他们显然更容易被误导。1968 年,朗格夫妇重新修订了自己的文章,扩充了对这一问题的论述。在他们看来,正是上述社会心理状况导致了"多数人的无知"、"沉默的螺旋"、"赶时髦"以及"洗脑"的发生。

综上,朗格夫妇得出结论:整场活动的策划漏洞百出,显然收看媒体直播比亲临现场更能满足观众的期待。这是关于传媒如何以牺牲现场人群为代价来取悦观众(与广告商)的最早的观点之一。如今,我们早已理所应当地认为:无论什么事件,都必须要在内容和时间上作出调整以满足媒体转播的需求。

彼时,电视刚刚诞生不久,学界对这一媒体的特性仍不甚了解(Russo, 1983),而朗格夫妇却高瞻远瞩地超越了时代的局限。我们当然不能对他们的媒介事件研究成果指手画脚。当我们意识到,在电视直播中,安瓦尔·萨达特(Anwar Sadat)*出访耶路撒冷的新闻居然是与美国

---

* 埃及前总统、政治家,因打破阿拉伯世界与以色列的外交坚冰而获得诺贝尔和平奖。——译者注

登月和教皇访问波兰的新闻绑在一起播报的,我们自然而然也会将这类问题视为"媒介事件"而非"媒介手段"的子类型加以研究。所以说,很多事都是"无心插柳柳成荫"的。事实上,朗格夫妇后来还相继研究了肯尼迪与尼克松的电视辩论、水门事件和德雷福斯事件(Dreyfus Affairs)等其他媒介事件,同时还提出了一整套关于美誉度与知名度的理论(Lang and Lang,1983,1990),而这套理论最终发掘出一切公共表征的潜在类型。

● 朗格夫妇没看见什么

不过,朗格夫妇并未看见"媒介事件"向现代生活逼近的过程。尽管他们最先总结出媒介事件的诸多构成元素,却始终未能意识到电视对"麦克阿瑟日"的直播预示着一个崭新的电视时代的到来,而整个20世纪下半叶人类历史的一切重大瞬间,均会经电视转播信号进入人们的记忆。在朗格夫妇看来(至少体现在他们的文章中),庆典式媒介事件与新闻,以及当时常见的节目类型"新闻与特殊事件特写"(News and Special Events Features),尚无分别。他们声称:"与其他电视节目不同,新闻与特殊事件特写是关于'现实'的基本信息的一部分;我们需要这类信息,有了它,我们才能与政治过程中那些志趣相投的不知名人士协同行动。"(1953,pp.10—11)到目前为止,一切顺利。但我们还是要"事后诸葛亮"一番,提出一些反驳。在我们看来,此类公开组织、带有明确展演性特征并遵循特定规则的媒介事件绝不是遭到玷污的新闻事件,更不是布尔斯廷(Daniel J. Boorstin)(1964)十多年后提出的"伪事件"(pseudo events)。①

媒介事件也不是纪录片,而只是一种不同类型的公共事务广播,适用于不同的规则。这可不是吹毛求疵。朗格夫妇接受了客观新闻学对"新闻与特殊事件特写"的定义,而我们却认为,对于媒介事件这个全新的类型,需要采用一种新的理论视角来考察,提出不同的问题,从不同的角度观察,并得出不同的结论。

我们与朗格夫妇最主要的分歧在于:他们要求电视忠实再现"现实",而他们眼中的"现实"却只是站在大街上的群众以及冷战的政治。

---

① 布尔斯廷(1964)质疑包括电视转播的新闻发布会在内的一切庆典式表演,认为所有这些都是"假的";其批判的尖锐程度,远远超过了朗格夫妇对媒介将"真实"事件虚构化的不满。

我们不禁要问:大街真的更"真实"吗?若真如此,我们该如何去接近其"真实性"?朗格夫妇委派的观察员认为大街是由人群组成的;但朗格夫妇却发现,交通运输系统的相关数据否定了这一论断。此外,在观察员看来,大街上的人群对整场活动很失望,但在接受电视采访的时候,每个人都称自己很兴奋。另外,事件刚开始时,情况似乎截然不同,那时人们的情绪仍很高昂。但及至事件结束,蹩脚的组织与规划显然浇熄了人群的热情。如今,我们已知道,大街上的"现实"也需要被表征(Peters,1993)。

在我们看来,单就街上的情况而言,一个更好的说法是:电视以**不同**的方式表征了现实。游行车队每行过一处,都有喧闹的欢呼声。尤其有趣的是,当观众看到摄像机对着自己,也会立刻欢呼并手舞足蹈起来。这样一来,电视既表征了现实,又改变了表征现实的方式。简而言之,"现实"既能依"大街风格"建构,也可按电视直播的方式建构。关键问题不在于现实存在与否,而在于人们能用何种不同的方式建构它。

对此,朗格夫妇并非毫无察觉(事实上,他们自己也为"现实"一词加上引号),但他们也不可免俗,很难对电视的真实性予以承认,更无法赞同"类型"揭示了"现实"运行的不同方式。当然,在描述游行现场的情况时,朗格夫妇明确辨析出"英雄归来"这一庆典类型;虽并未对此展开详述,却也意识到现场人群乃是一种特殊的人群,与"找麻烦"的群众截然不同——尽管人群中有37%的受访者表示自己期待"麻烦的出现"(1968,p.41)。若将上述区分应用于广播,则"电视庆典直播"这种尚在襁褓中的类型将会完全脱离电视新闻。真若如此,电视显然是按照自己的方式呈现了英雄归来的场面,而大街只不过是原材料而已。有人说,电视的这种叙事类型借鉴了小说和电影,这不假;但不要忘了,就连历史的叙事,也曾模仿过虚构叙事类型(Bruner,1998;Novick,1998)。

接下来,一个颇具讽刺意味的注脚就出现了。据观察员记录,大街上的观众对冲突几乎毫无兴趣,预想中的冲突氛围也并未出现。若真如此,则至少在这件事上,电视对大街"现实"的表征是忠实可靠的。不过,朗格夫妇显然对电视寄予更高的期望。在他们看来,电视应当充分发挥纪录片的功能。

尽管朗格夫妇准确指出了电视在直播庆典场面时出现的种种"扭曲"(或用我们的术语来说,"建构"),却必定无法接受我们在美学上对此作出的解释。在他们看来,游行庆典并非掩盖杜鲁门和麦克阿瑟之间矛盾的唯一形式。从媒介事件的视角来看,对所谓"加冕仪式"

(coronation)，或伟大人物"途经"某地仪式的现场直播，先天即将"分裂性"因素摈除在外。若有人对事件提出抗议，如皇室婚礼，或布什的就职典礼，则导演者会想方设法保全事件本身的名誉。在电视镜头中，或许会出现"异议"的零星迹象，比如坎特伯雷大主教拒绝配合英国皇室为婚礼贴上童话的标签，或在布什的就职典礼上用特写镜头去拍戈尔（Al Gore），看他有没有流露出不满的表情，诸如此类。不过，总体上看，这种类型的媒介事件始终忠实于自己与组织者和受众达成的"契约"①，同时满足了两者的期待。对此，朗格夫妇亦坦然承认，却也同时表示不赞同。

关于电视在庆典中所发挥的作用（尽管报纸因此而著称）的研究成果，朗格夫妇并不想归功于自己。比起美学理论来，他们更青睐政治的理论框架。在他们看来，广播者不但否定了街头人群的真实性，更对总统的权威提出挑战。在论文修订版（1968，p.36）的导言中，他们援引本特（Silas Bent）(1927)的观点指出：如果媒体被用来征讨异己，则必然会在人群中掀起极度的狂热情绪，其力量足以形成一股政治潮流。他们认为电视媒体根本就站在麦克阿瑟及其背后的共和党一边，面对杜鲁门对"英雄"的粗暴降职，电视以明晰无误的姿态表示了反对。凯瑞（James Carey）(1998)在对伯尔克（Robert Bork）获最高法院大法官提名却最终遭拒事件的分析中，亦表达了类似的看法。

媒介事件研究还可令我们对政治略窥一二。尽管庆典活动得到了应有的重视，但随着时间的推移，人们愈发意识到这类事件往往发挥着重要的政治功能，而从中获益最多的，则往往是当权者而非异议者。换言之，媒介事件几乎无一例外地具有霸权性，是官方（包括皇家和国际奥委会等）、电视经营者与受众的同谋。合谋的结果就是，大家心照不宣地拟定了一套标准，规定哪类事件才有享受庆典的资格。正因如此，才没有一例庆典活动遭到鄙视或破坏，从而确保了英雄人物能够顺利地加冕、结婚或接受祝福。

当然，朗格夫妇的观点也同样是政治的，但他们却将矛头对准了电视经营者与反霸权力量之间可能存在的合谋。他们指出，电视之所以将"麦

---

① 卡维尔蒂（John Cawelti）(1976)曾经讨论过将"类型"视为生产者与受众之间的一种"契约"的观点。单就媒介事件而言，契约的主体有所扩大，包含了事件的组织者、媒介播出者以及受众三方（Dayan and Katz, 1992, p.56）。当然，观看庆典直播的观众在多大程度上意识到上述不成文契约的存在，还是一个有待商榷的问题。我们或许高估了这一可能性。

克阿瑟下台"这一事件呈现为一场激情洋溢(至少比大街上的情形更激情洋溢)的庆典,目的在于营造某种表面上"觉醒"了的社会舆论以抨击杜鲁门此前的不公行为。也许情况的确如此。不过,我们还是要提出一个更易于理解的观点,那就是媒介事件(必然)是偏向于支持霸权的。不妨认定,杜鲁门总统也许非常乐意帮助这位老兵在众人的欢呼与广播的"加冕"中完成自己的隐退;同样,他也完全有可能盼望着人们将这场庆典理解为政府给付麦克阿瑟的丰厚退休金,既让英雄得到了应有的馈赠,又阻止了他对时政的进一步干涉。也许在杜鲁门眼中,这场庆典根本就是某种"疗伤"仪式。

遗憾的是,朗格夫妇在文章中并未提供足够的信息,使我们得以在上述两种故事版本中做一选择。从事媒介事件研究的人需要花费更多精力去了解事件的"组织者"。据我们所知,只有屈指可数的几个城市的市长,包括芝加哥的民主党籍市长,在麦克阿瑟回国后邀请其访问自己的城市(1968,p.37)。此外,我们还获知,WGN*的一位员工曾提议在麦克阿瑟将军的飞机抵达美国的同时展开一系列象征性欢迎活动。不过,自始至终我们都不知道真正的组织者到底是谁。究竟有没有一只隐形的大手操纵着这些城市的游行活动?若组织者和电视经营者之间存在互动,那这种互动又是怎样的?前期的计划与安排对事件产生了何种影响?不可否认,要求那些研究生对上述问题作出解答实在过于苛刻,他们在极短的时间内迅速完成了一项原创性研究,已相当令人钦佩。我们只想指出,上述种种批评均揭示了一个道理,那就是始终存在着一个"核对表",或如拉扎斯菲尔德(Paul Lazarsfeld)所言,一套"账目规划",引导着我们对"类型"的分析。

但是,假如制造出"麦克阿瑟事件"的人是朗格夫妇及其团队无法接触到的,则他们只能将精力全部投放于庆典活动本身。情况的确如此,但他们很快便发现自己研究的问题正悄然发生变化。他们并未及时意识到大街上的民族志研究同样可以用来考察在家看电视的观众。① 若当时他们对电视观众进行了民族志观察,则受众研究领域的景况将大不相同,不会迟至 50 年后才搞清楚观众是如何在自然习惯的状态下收看电视的。

---

* 芝加哥本地的广播电视台。——译者注

① 格莱迪丝·朗格的确采访过一些收看了 1952 年提名仪式的观众,但从未提及这些访谈的焦点问题是什么(Lang and Lang, 1968, ch.4)。

朗格夫妇之所以未能及时认清这一点,并非仅仅因其研究重点在于人群,而电视只是意外闯入了他们的视野。即便后来他们将注意力集中到人群的视角与"电视的独特视角"的比较研究上,却也始终未曾想过去观察看电视的人。之所以如此,原因在于其脑中并不存在一整套"媒介事件理论",从未考虑过观众也许会"盛装打扮"(Dayan and Katz, 1992, p.125),或与他人分享经验,或早已对此类事件的编码方式了然于胸。①事实上,关于受众如何接收电视传递的信息,以及如何对媒介文本进行释码,朗格夫妇所知甚少。至于受众行为与传播效果问题,他们脑中亦无直观概念。这些知识,是我们后来从罗森布勒(Eric W. Rothenbuhler)(1988)的洛杉矶奥运会研究,以及明达克与赫什(W. H. Mindak and G. D. Hursch)(1965)的肯尼迪葬礼研究中获知的。囿于理论发展与时代限制,朗格夫妇只能通过媒介的内容去揣测受众的收视体验。

此外,还应注意到,那两位被指派去看电视的观察员同时身兼稍有些矛盾的双重角色。这种情况,即使在今日的研究中,也无法完全避免。一方面,他们的任务是身临其境地感受电视观众的收视体验;②可与此同时,他们还要依内容分析的方式对自己的感受作出详尽、科学的报告。这便意味着观察员既要扮演(仅凭印象工作的)内容分析家,又须竭力观察自身对于所见内容的认知与情感反应。这样的内容分析,其实相当于是受众自己提供的"主观"内容分析,而非专业研究者凭观察作出的"客观"内容分析;前者常常与观察者的内省纠缠在一起,令人很难看清状况。

在这篇关于麦克阿瑟日的论文中,朗格夫妇还对叙事语言进行了统计,数据肯定是从某些正式记录中摘录的。摘录的内容揭示了叙事者如何对事件的氛围进行渲染,并将激昂的情绪灌输到街上的人群中。关于电视如何在超长的直播时间内不断活跃气氛,以使荧幕前的观众即使在看不到将军身影的时候仍能保持兴奋,朗格夫妇几乎没有论述。此外,文中对麦克阿瑟本人的行为亦描述甚少,仅有少数观察员提到了他皱巴巴的帽子与外套(这是麦克阿瑟一贯的风格)。至于将军做了什么(除官方公布的行程外)、说了什么,我们几乎一无所知。麦克阿瑟本人对这场活

---

① Dayan and Katz, 1992 一书的第 10 章收录了一系列关于收视体验的数据,尽管翔实程度仍有欠缺。我们自己从未从事过"庆典类"媒介事件的经验性民族志研究。此外,我们还应时刻提醒自己,电视在 1951 年还是新生事物,远非我们在 40 年后所处的媒介环境可比,所以朗格夫妇的研究纵使存在欠缺,也情有可原。

② 鉴于电视机所处位置的重要性,显然这两位观察员几乎不可能将重点放在观众身上。

动作何评价？他的评价对于我们的研究而言是否毫无意义？若真如此，人们又为何认定他是一个"魅力十足的危险人物"？这些问题均有待解答。

● "准经典"的命运

朗格夫妇的论文在跨学科传播研究历史中的经历可谓坎坷不平，原因在于其属于早已过时的集体行为社会学（主要研究人群、舆论与流行时尚）范畴，并在社会学行将放弃媒介研究的当口转向媒介效果研究。① 而效果研究范式则由社会心理学家把持，他们感兴趣的只是短期说服行为、使用与满足，以及创新扩散。然而，在朗格夫妇看来，电视传播的主要效果在于将现实的虚假仪式强加给观众，导致其坚信"绝大多数公众在情感上更支持麦克阿瑟"(1953, p. 11)。他们还指出，电视受众完全可以凭自身力量在情绪上压倒庆典现场那种相对平衡的氛围。从这个意义上说，朗格夫妇的这篇文章更接近媒介研究中的"批判学派"——无论是左派（Horkheimer and Adorno, 1972）还是右派（Noelle-Neumann, 1984），均将媒介视为某种阴谋家，认为其通过排斥异己来营造虚假的共识。此类"框架效果"理论在符号学与文本理论中亦广泛存在，亦即依照某种"机制"来安排观众的位置、左右观众注意力的焦点。不过，批判理论家更重视同质化或媒介控制问题，而朗格夫妇则用调侃的口气提出了"大众癫狂症"的想法。

朗格夫妇的观点与帕克（Robert Park）、库利（Charles Cooley）、沃斯（Louis Wirth）以及其他芝加哥大学的社会学家非常接近（参见 Rothenbuhler, chapter 6 之前的部分）。此前，芝加哥学派即已开始将媒介技术与内容产生的共享经验理论化的努力，提出媒介促进了民族融合与自治的进程，却也同时否定了批判学派与技术学派所宣扬的"共谋论"与"决定论"。事实上，芝加哥学派的赫伯特·布鲁莫（Herbert Blumer）(1939)曾明确指出受众、人群与公众的差别（塔尔德[Gabriel Tarde]对这三个概念的区分比布鲁莫更早，参见 Tarde [1898], 1969）。不过，令人

---

① 客观地说，传播研究的历史远谈不上悠久。在施拉姆（Wilbur Schramm）两个版本的权威阅读书目中，朗格夫妇的文章是仅有的四篇值得再版的作品之一（Schramm, 1952; Schramm and Roberts, 1970）。

惊讶的是,尽管这两人的著作很容易找到,但朗格夫妇却并未提及或引用。

随着学界对媒介社会效果研究重拾兴趣(尽管研究机构已从社会学系转移到传播学院),朗格夫妇的理论亦"浴火重生"。对此,施莱辛格(Philip Schlesinger)如是写道:

> 毫无疑问,朗格夫妇的著述为美国的新闻生产研究奠定了理论基础,包括赫伯特·甘斯(Herbert Gans)、爱德华·爱泼斯坦(Edward Epstein)以及盖伊·塔克曼(Gaye Tuchman)在内的诸多学者均深受其影响。在英国,詹姆斯·哈洛兰(James Halloran)、菲利普·艾略特(Philip Elliott)以及格雷厄姆·莫多克(Graham Murdock)对1968年伦敦反越战抗议活动的先驱性研究,以及艾略特对电视纪录片制作机制的出色考察,均得益于朗格夫妇当年对新闻逻辑结构的思考。此外,他们的著作还为斯图亚特·霍尔(Stuart Hall)的"新闻建构"研究带来了灵感。上述所有例子均表明朗格夫妇的研究对后世产生的持久影响力,而这种影响力主要体现在英美学界关于媒介生产的卓越研究成果中。(私人通信,2000)[①]

此外,朗格夫妇还察觉到人类学已全面进入大众传播研究领域。他们最早采用民族志方法对接受环境展开比较分析,尽管只完成了一半工作。他们比较在家看电视的观众与亲临现场的观众有哪些异同,尽管结论尚有待证实,却还是为接受研究的发展提供了重要的经验,供后人思考、借鉴。在他们看来,受众从电视中接收到的绝不仅仅是简单的社会符号与种族符号(ethnosemiotics),或某种口头形式意义结构的分析;接受更是一个场域、一种社交形式,直接关乎接触状况的影响力(Freidson, 1953)。

不过,与深受其启发的其他研究相比,朗格夫妇文章的原创性主要体现为公共领域(public sphere)和公共空间(public space)的结合。他们充分意识到,媒介一旦成为公共领域的监护人,就会抛却"观察员"与"看门狗"这两个角色;除媒介自身,没有任何力量能够制衡其权力。当人们对公共领域理论的探讨尚停留在纸面上时,媒介在公共空间中的存在却早已指明了若干戈夫曼(Erving Goffman)式的问题:人群的欢呼到底有什么

---

① 菲利普·施莱辛格非常友善地为这篇论文的初稿撰写了详细的评论。

意义？"在场"、"旁观"和"参与"究竟有什么分别？此外,诺尔—纽曼 (Elisabeth Noelle-Neumann)(1984)提出的问题也开始为越来越多的人重视,那就是何时说、何时听,以及何时保持缄默。朗格夫妇的研究极富想象力,绝不仅仅是一系列仓促的民族志观察。他们对这项课题的精巧设计激励了无数后辈学者去考察大街与议程,以及事件与问题的接合 (articulation)。

● 大众癫狂症?

前文着重考察了朗格夫妇的理论贡献。在本节中,我们将分析一下他们文章的主要不足(也许我们自身也存在不足),亦即,他们在本项"麦克阿瑟日"课题中,忽视了对电视观众媒介事件接受情况的考察。对于两位被指派去看电视的观察员的印象,朗格夫妇额外做了一份记录。此外,他们还引用了一位在酒吧参与电视转播讨论的观察员的话。其中最具说服力的引语,均来自一位被指派到士兵体育场的观察员,他说:"电视摄像机紧跟麦克阿瑟将军的车队,并时不时将镜头对准簇拥着车队的欢腾人群……给人留下了满眼都是狂野群众的印象。至于大片的空白地带,以及车队甫一离开人群即安静下来的场面,则始终没有出现在电视上。"(1953, p.10)尽管如此,朗格夫妇仍未满足。他们关于电视传播效果的知识大多来自"强调群情激昂场面的报纸新闻,以及非正式访谈。他们发现,在事件过后几个月,人们仍将这场庆典活动解释为'大众癫狂症'发作"(1953, p.11n.)。

当然,朗格夫妇也指出,大众癫狂症并非先天存在,至少在杜鲁门"粗暴地"将麦克阿瑟免职的消息传来时(Turner, 1974),在芝加哥的大街上,以及关注事件的人家里,根本还没有一丝癫狂的迹象。因此,他们认为,大众癫狂症的始作俑者乃是媒体,正因媒体"营造了全国人民愤怒于麦克阿瑟骤然卸职的狂热氛围,人群的情绪才被煽动起来,开始以歇斯底里的方式热烈支持麦克阿瑟"(1953, p.4)。尤其是,通过对庆典现场的直播报道,电视有意识地误导了人们对街上情形的印象,原有的狂热情绪又得到了进一步强化。所有这一切,也许都是右翼政治势力处心积虑的阴谋。

朗格夫妇极出色地展现了上述过程的运作机制。尽管他们是研究舆论与集体行为的社会学家,却并未宣称每一位电视受众都会被媒体煽动

的癫狂情绪影响。恰恰相反,他们指出:

> 媒介产生的最重要的一个效果……在于其广泛扩散了绝大多数民众支持麦克阿瑟将军的狂热情绪。一旦这一效果为政治所利用,就会迅速积聚起强大的力量。其他媒体也会逐渐参与进来,口口相传地散布谣言。最后的结果就是,人们误认为电视画面真切地描绘了现场情况,而最直白的现实则变得黯然失色。我们将这一状况称为"一边倒效应",原因是在这类特殊的公共庆典活动中,被误导的人群往往在观念上呈现出高度的一致性,而这种一致性中蕴含着无比巨大的力量。在很大程度上,我们可以认为"一边倒效应"就是电视特有的传播效果。(1953, p. 11)

正如前文所述,朗格夫妇的这番论述已然显露出"多数无知"与"第三人效果"理论的端倪(Davison, 1987),令人不假思索地相信每个人都是"癫狂症"患者。不过,尽管朗格夫妇的分析相当清晰,我们是否就应该认定媒介一定能够激发"大众癫狂症"呢?坎特利尔等人(Cantril et al.)(1939)以及麦克卢汉(Marshall McLuhan)(1964)认为广播的确有这般能力,丹尼尔·肖尔(Daniel Schorr)(1976)相信电视也是如此。然而,在媒介事件的历史上,我们无法找到有力的证据来证明电视报道会招致歇斯底里。事实上,有癫狂行为的往往是聚集的人群,而非坐在电视机前的观众。

不过,我们还是能找出一些反例。比如,当霍梅尼(Ayatollah Khomeini)*重返伊朗的电视直播信号被切断,群情激奋的电视观众立刻涌上街头;还有,电视对某些恐怖主义事件的报道虽然根本不是什么庆典,却也常常导致城市地区的骚乱(Liebes, 1998)。此外,还有一个例子,那就是当电视转播主场球队获胜的消息后,极度兴奋的球迷会狂按汽车喇叭并跳到喷泉中手舞足蹈。诚然,这种狂热情绪也许会传染给非球迷,但电视直播麦克阿瑟日庆典所产生的效果绝非所谓的"大众癫狂症"(暂且承认人群天然具有癫狂的倾向)。世事无绝对,可电视直接引发人群癫狂的案例,的确非常罕见。无论我们如何界定"癫狂"一词,它都一定是"现场的经验",而非**不在现场的经验**。

相比之下,朗格夫妇的另一个观点更加可信,那就是人们对事件的集

---

* 什叶派宗教学者、伊朗1979年政治革命的领袖人物。——译者注

体记忆更多源自电视转播而非"真实"事件本身。这不仅因为看电视的人数远远超过亲临现场的人数,更缘于电视在呈现"媒介事件"时**有意识**地使其更加令人印象深刻。

● "受众即人群,人群即公众"假说

朗格夫妇深入细致地考察了一个不温不火的街头欢迎仪式如何转变为一个令人记忆深刻的媒介事件的过程。同样重要的是,他们高瞻远瞩地指出,"人群"的情绪与态度或许远比电视"观众"冷静。由于这项研究带有实验性与探索性特征,因此不妨认为朗格夫妇的理论只是一种假说:在电视时代刚刚发端时,人群(crowd)可以转化为公众(public),而受众(audience)则可以转化为人群。

单就人群而言,即便是情绪乐观的"欢迎人群",在朗格夫妇看来也是一种"麻烦"。当然,关于人群问题的经典理论也支持这一看法。不过朗格夫妇看到了问题的其他方面。他们笔下的人群(成千上万涌上街头欢迎麦克阿瑟的人)显得异常冷静。其成员彼此闲聊、交换观点,并对矛盾冲突持宽容态度。活动结束时,每个人都比活动开始时更清醒。不过,在我们看来,若朗格夫妇在文章中换个词来表述"人群"这个概念,也许效果会更好,毕竟他们已经观察到亲临现场的游行观众之间存在着积极主动的交流。从这个意义上看,这些人更像"公众",而不只是散沙一般的"人群"。朗格夫妇的观点令所有人惊讶,原因即在于他们虽然建立了一套"人群"理论,却显然对"公众"寄予更多的希望。

另一方面,朗格夫妇眼中的电视观众既零散且脆弱,不但极易听信一面之词,更疏于检验自己接收到的信息的真伪——这是大众社会理论的典型观点(参见 Gerbner and Gross, 1976)。通过比较"人群"与"受众"的差异,朗格夫妇最终(或许在自己浑然不觉的状态下)指出:电视通过消除异见、隐匿情境,得以将受众的注意力集中于单一对象,并最终创造出一个人群;而这个人群,与理性的公众有天壤之别。或者,用他们自己的话来说:

> "参与者"不但能够意识到自己在整体人群中的位置,更可与身边的其他人保持沟通;而**电视观众却只会泯然众人而毫无察觉**。与参与者不同,观众对外部世界的感知完全倚赖电视;他们无法检验自

己的印象正确与否,无法对信息提供者提出当面质疑,无法咨询和参考他人的观点,更无法以任何方式对事件的发展施加影响。另一方面,对参与者而言,群体活动无论最终目标何在,均可在整体上被视为特定个体与人性因素交互影响的结果;这样一来,无论在什么场合下,参与者都可以对政治情感作出评估,或干脆视而不见。之所以会出现异议,主要缘于个体劝服力量的匮乏,而非大众癫狂症非个性化因素的控制。电视观众全无任何机会去了解人群的个性化维度。电视荧幕的首要介入目标,是事件整体的演变趋势和发展方向;这一过程不但更强调非个性化力量,而且很难受其他因素影响。

  我们假定,认定公众情绪与公共事件的非个性化逻辑造成了"一边倒"效应的观点,缘于图像的普遍结构以及观看电视的社会情境。(1953, p.11)

  上述担忧,自然而然地把我们引向将受众转变为人群的最后一个方式:付诸行动。此处,朗格夫妇提出了一个重要的方法论观点:电视传播效果研究应当层累地进行,切不可各自为政、单打独斗。这也解释了为什么他们这篇论文的导言如此晦涩难懂。在导言中,他们呼吁社会学家认真思考:缘何成百上千万(几乎完全同质化的)电视观众居然能(以超机能的方式[superorganically])完全压倒理性公众,营造出一种极权式的严酷氛围;任何人胆敢玷污英雄的荣耀,便绝无可能逃脱千夫所指。包括我们在内的很多人都曾指出,这种对技术法西斯主义的忧惧极易招致批评。不过,无论正确与否,我们都应当以尊敬的态度审视朗格夫妇的观点,因其对"有限效果论"构成了严峻的挑战。事实上,朗格夫妇在整整50年里,一直坚持不懈地反对"有限效果"的权威。

参考文献

  Bent, S. (1927) *Ballyhoo: The Voice of the Press*. New York: Boni and Liveright.

  Blumer, H. (1939) Collective Behavior. In R. E. Park (ed.), *An Outline of the Principles of Sociology*, New York: Barnes and Noble, 221—80.

  Boorstin, D. J. (1964) *The Image: A Guide to Pseudo-Events in America*. New York: Harper & Row.

  Bruner, J. (1998) What is a Narrative Fact? *Annals of the American Academy of Political and Social Science*, 560 (November), 17—27.

  Cantril, H., Herzog, H., and Gauder, H. (1939) *The Invasion from Mars*.

Princeton: Princeton University Press.

Carey, J. W. (1998) Political Ritual on Television: Episodes in the History of Shame, Degradation and Excommunication. In T. Liebes and J. Curran (eds), *Media, Ritual and Identity*, London: Routledge, 42—70.

Cawelti, J. (1976) *Adventure, Mystery, Romance: Formula Stories as Art and Popular Culture*. Chicago: University of Chicago Press.

Davison, W. P. (1987) The Third-Person Effect in Communication. *Public Opinion Quarterly*, 41, 1—15.

Dayan, D. and Katz, E. (1992) *Media Events: The Live Broadcasting of History*. Cambridge, MA: Harvard University Press.

Freidson, E. (1953) The Relation of the Social Situation of Contact to the Media in Mass Communication. *Public Opinion Quarterly*, 17, 230—8.

Gerbner, G. and Gross, L. (1976) Living with Television: The Violence Profile. *Journal of Communication*, 26 (2), 173—99.

Horkheimer, M. and Adorno, T. W. (1972) *Dialectic of Enlightenment*, tr. John Cumming. New York: Continuum.

Hughes, E. C. (1970) Teaching as Fieldwork. *American Sociologist*, 5, 13—18.

Lang, G. E. and Lang, K. (1983) *The Battle for Public Opinion*. New York: Columbia University Press.

Lang, K. and Lang, G. E. (1953) The Unique Perspective of Television and Its Effects: A Pilot Study. *American Sociological Review*, 18, 3—12.

Lang, K. and Lang, G. E. (1968) *Politics and Television*. Chicago: Quadrangle Books.

Lang, K. and Lang, G. E. (1990) *Etched in Memory: The Building and Survival of Aesthetic Reputation*. Chapel Hill: University of North Carolina Press.

Liebes, T. (1998) Television's Disaster Marathons: A Danger for Democratic Processes. In T. Liebes and J. Curran (eds), *Media Ritual and Identity*, London: Routledge, 71—84.

McLuhan, M. (1964) *Understanding Media: The Extensions of Man*. New York: McGraw-Hill.

Mindak, W. H. and Hursch, G. D. (1965) Television's Functions on the Assassination Weekend. In B. S. Greenberg and E. B. Parker (eds), *The Kennedy Assasination and the American Public: Social Communication in Crisis*, Stanford, CA: Stanford University Press, 130—41.

Noelle-Neumann, E. (1984) *The Spiral of Silence: Public Opinion—Our Social Skin*. Chicago: University of Chicago Press.

Novick, P. (1998) The Death of the Ethics of Historical Practice (and Why I Am Not Mourning). *Annals of the American Academy of Political and Social Science*, 560 (November), 28—42.

Patinkin, D. (1983) Multiple Discoveries and the Central Message. *American Journal of Sociology*, 89, 306—23.

Peters, J. D. (1993) Distrust of Representation: Habermas on the Public Sphere. *Media, Culture and Society*, 15, 541—71.

Rothenbuhler, E. (1988) The Living Room Celebration of the Olympic Games. *Journal of Communication*, 38, 61—81.

Russo, M. (1983) CBS and the American Political Experience: A History of the CBS News and Special Events and Election Units, 1952—1968. Ph. D. dissertation, New York University, and Ann Arbor: University Microfilms.

Schorr, D. (1976) Reality of "Network." *Rolling Stone*, December 16.

Schramm, W. (ed.) (1952) *Process and Effects of Mass Communication.* Urbana: University of Illinois Press.

Schramm, W. and Roberts, D. (eds) (1970) *Process and Effects of Mass Communication*, 2nd edn. Urbana: University of Illinois Press.

Tarde, G. ([1898] 1969) Opinion and Conversation. In T. N. Clark (ed.), *Gabriel Tarde on Communication and Social Influence*, Chicago: University of Chicago Press, 130—41.

Turner, V. W. (1974) *Dramas, Fields and Metaphors.* Ithaca, NY: Cornell University Press.

第8章

通往虚拟偶遇之路：霍顿与沃尔的《大众传播与类社交互动》

唐·韩德尔曼（Don Handelman）

> 它并不真实
> 也许真实吧，只是不在那里而已。
> ——莱昂纳多·科恩（Leonard Cohen），《民主》（"Democracy"）①

电视与观众之间究竟是什么关系？这可不是一个无足轻重的问题，毕竟在西方世界已有整整两代人是在电视的伴随下成长起来的。此处，"关系"一词指的并不是观众如何解读电视节目的具体内容。用麦克卢汉（Marshall McLuhan）的话来说，观众是完全有能力自我互动的，关键在于电视作为一种媒介能否与其观众进行互动。如此一来，我们需要思考的问题就很简单了，那就是电视媒介与观众进行互动的能力。在我看来，交互行为（interactivity）取决于**人内行为**（intra-activity），亦即，观众与自我之间发生的互动。为弄清这个问题，我们一方面需要思索电视如何发挥传播媒介的功能，另一方面也得考察观众内心的自我组织，以及判断是否可将此种内心活动归因于社会。当观众与电视机的荧幕面面相对，我们应当用何种理论来解释两者的关系呢？

从《大众传播与类社交互动》（"Mass Communication and Para-social Interaction"）一文来看，唐纳德·霍顿（Donald Horton）和理查德·沃尔（Richard Wohl）（1956）似乎是最早关注观众与电视荧幕上的演员（他们称之为"角色"[personae]）之间的交流属性的社会学家。正因如此，他们

---

① 文前题记：词曲创作者均为莱昂纳多·科恩。感谢Sony/ATV唱片公司的授权，©1993。

的观点才有讨论价值。霍顿和沃尔将观众与角色之间的交流称为互动（interaction），却又加了一个表示"类"的前缀"para-"加以修饰。Para 预示着一种亲密关系，强调各部分之间的关联，却也同时有"错误"与"不规范"之意。在霍顿和沃尔看来，类社交互动表面上看是一种亲密关系，类似于面对面互动；然而这种互动中也同时存在着错误、残缺以及不规范之处。在社会科学的用法中，"类××"描述的通常是模仿或衍生的特征，而非事物的基本属性。换言之，"类××"在形式上模仿基本属性，却又不能百分之百学得像，常常遗漏某些关键特征。所以说，与面对面互动相比，类社交互动的现实性和本真性都要稍逊一筹。

  象征互动论（symbolic interactionism）者非常强调社交互动与类社交互动的区别，他们的思想一度在芝加哥学派中占据重要地位，主要代表人物是米德（George Herbert Mead）。在米德看来，个体的身份取决于个体通过社交扮演他人的角色并作出相应反应的能力；而日常生活的终极现实，就是在此基础上得以维系的。① 因此，面对电视荧幕上的影像，观众无法完全扮演他人的角色；同理，电视荧幕上的演员也无法完全扮演观众的角色。鉴于此，霍顿和沃尔将观众与电视媒介之间的互动归为"类社交互动"。②

  接下来，我将对霍顿和沃尔的"类社交互动"理论展开探讨。然后，我会从两个角度对其研究方法提出批评，分别是观众的角度和电视荧幕的角度。从观众的角度看，我会指出，观众的内在与自我都是高度社会性的，并非只是单一、孤子的存在。从电视荧幕的角度看，我赞成麦克卢汉的观点，认为电视媒介期待与观众进行互动，而这种互动无论从初衷还是能力上看，均很难称其为类互动。结论是，我初步认为可以用"虚拟偶遇"（virtual encounter）这个表述来描绘观众与电视媒介之间的互动，因其揭示了这类互动在结构、过程以及关系上的特征。③

  在文章中，霍顿和沃尔谈到了 20 世纪 50 年代早期美国的广播与电

---

  ① 乔治·赫伯特·米德是符号互动论最重要的先驱，其直接影响在霍顿与沃尔的文章（1956，p. 218）中体现得很不显著，尽管这篇文章仿效了加芬克尔（Harold Garfinkel）民族方法学的时代精神。

  ② 不过，有人会说，无论在家收看电视的观众，还是在演播室内进行现场表演的演员，其实均在扮演着米德所谓"概化他者"（generalized other）的角色，尽管两者扮演的对象或许截然不同。因此，我们发现了抽样调查与收视率统计的一个隐藏需求，那就是想方设法令观众与电视中的角色"概化"的"他者"保持同步。

  ③ "虚拟空间"的观念在物理学与艺术哲学领域已不算新鲜了（参见 Langer, 1953, pp. 69—103）。

视节目，而我的评论将仅仅局限于电视。如前文所述，所谓"类社交互动"既是对重要现实以及本真性交互行为的模仿，①又是对电视角色与无形观众之间谈话交流的模仿。电视角色巧妙地将缺席的观众拉到自己的言谈中，营造了两者交谈的假象，并最终实现了"类社交互动"。同时，他们还假定无形的观众对自己的言谈作出相应的互动性回应，这就维系了两者之间持续交谈的假象。两位研究者将绝大部分注意力集中在脱口秀综艺节目类型上。这类节目大多由戴夫·加洛韦（Dave Garroway）*或史蒂夫·艾伦（Steve Allen）**主持，如今他们已被奉为脱口秀主播的鼻祖。

● 另一方面的情况

电视里的"角色"无法看见观众，却时刻假定后者正在观看电视。对于这种情况，我们也不能忽视。霍顿和沃尔认为，在角色与观众之间存在类社交互动，这种互动非常近似于初级群体（家庭）内的互动。他们坚称，这种互动具有补偿功能，尤其是对于那些因健康情况欠佳与年龄原因而无法顺利进行面对面交流的人而言。因此，于人类而言，准社交乃是一种类似机器假肢的产品，其主要作用在于辅助身体有残疾或其他缺陷的人士进行社会互动。

---

① 霍顿与沃尔发表这篇文章时，正值学界从各个角度持续关注社会互动（主要是非言语面对面互动）中存在的所谓"类"现象。丹尼尔·埃夫隆（Daniel Efron）对纽约犹太人和意大利人的身体举止展开探索性的比较研究，并于1941年将相关成果以《姿态、种族与文化》（*Gesture, Race and Culture*）为题出版。及至20世纪50年代，"类交流"（或"类语言交流"）研究，亦即人们常说的"非口语互动"研究蔚为大观，俨然成为探索一切人类互动中语言风格机制的前沿课题。既然语言被视为终极现实的构成要素，则所有非口语交流模式都成了语言学现实的补充，其自身的规律与特性也是仿照语言学建立的。伯德惠斯特尔（Ray Birdwhistell）（1952，1970）与舍弗伦（Albert Scheflen）（1965）大力发展体势学（kinesics）研究，目的正在于探索非口语交流的系统性规律。由是，近体学（proxemics）（参见Watson，1970）、个人空间（Sommer，1969）以及触觉学（Kauffman，1972）也逐渐完成概念化过程。在符号互动论领域，戈夫曼（Erving Goffman）（1959，1967）与斯特劳斯（Anselm Strauss）（1959）为自我与他人互动行为的理论化作出了最重要的贡献。及至20世纪70年代中期，"类交流"研究渐渐蜷缩回社会语言学范畴，学界普遍认为非口语交流语言的研究业已进入死胡同。

* 美国著名脱口秀主持人，1952—1961年间担任NBC"今日秀"（*Today*）的首任主播。——译者注

** 美国著名脱口秀主持人，1954—1957年间担任NBC"今晚秀"（*The Tonight Show*）的首任主播。——译者注

如此看来，霍顿与沃尔显然持功能主义观点，原因在于他们认同如下理论假设："类交流模式"之所以存在，皆因现有交流模式自身存在缺陷与不足；而"类交流模式"的使命则在于完善终极现实的整体性。用巴什拉（Gaston Bachelard）(1964)的话来说，就是"人类是欲望的产物，而非需求的产物"(p.16)。不过，从功能主义观点看，霍顿与沃尔的论证显然基于人类的直接需求，而非"着魔"或欲望。随着时间推移，我们对电子媒介的沉迷变得越来越神秘，而非越来越清晰。通过采取功能主义方法，两位作者为理解电视收视行为设计了一套类似于象征互动论的概念体系，其主要考察对象包括：受众观看电视的"框架"、受众与电视媒介之间的协商机制、受众的病理性偏差，以及一般意义上的社会偏差。这项研究的创新之处体现为应用上述视角来阐释受众的收视行为。

霍顿和沃尔既未考虑作为媒介的电视对受众产生了何种影响，也未将电视观众的所谓"内部社交"概念化，而仅仅是将互动论的视角转移到观众与荧幕的接触上，几乎未做任何修正或限定。互动论模式被赋予至高无上的地位，因此人类与非人类机器的交流被认为是一种次于人类之间交流的模式——后者的真实性远非前者可比。然而，我们不能想当然地妄议人类生活中究竟是否存在终极现实与社交性。人类自身或许具有高度社会性特征，现实或许也如鲍德里亚（Jean Baudrillard）(1983)所言只是互相模仿的拟像（simulacra），亦即旧的现实衍生新的现实，永远说不清哪一个现实才是终极现实，而其他现实只是对它的模仿。因此，与其假定"社交"（其潜在含义是"真实的现实"）与"类社交"（其潜在含义是"不太真实"）的独立存在，不如认定存在各种各样建立在不同逻辑与模式基础上的社交形态。这些社交形态往往并不对称，彼此间的关系亦问题重重。因此，自我的内在社交性、世界的外在社交性，以及观众与电视荧幕之间的社交性很有可能不断地相互转化，并在转化的过程中生产着社会现实。

自我的内在社交性是一个概念上最成问题的领域。对此，我们不妨做一个小实验。当自身与周遭环境渐趋宁静时，我便会发现一个虽司空见惯，却又很少被重视的简单现象，那就是我始终连续不断地与自己对话。我能听到（更准确地说，感觉到或感受到）声音，有时一种，有时很多种，时刻激荡在我自己，亦即"自我"内部。通常我是自说自话，有时却又会和某个声音，或多个声音展开对话。这些声音有时用"我"和"你"来称呼彼此，但有时"我"和"我"来称呼似乎更合适，尤其是在彼此赞同、竞争、插话、嘲笑、评论以及哭诉的时候。它们或融会成一种声音,或分裂为不同的声音,以期在自我交流中产生共鸣。不过,并不能因为这种交流存在于自我内部,就认定其为心理学(或社会心理学)过程。恰恰相反,在我看来,这种强调自己与自己关系的内在社交其实是社会性的。人的自我组织了自己与自己的社交行为,从而也就赋予了自我一定程度的自治权,其性质相当于世界在人类存在的微观层面上与其自身展开对话。

鉴于马歇尔·麦克卢汉将电视视为一种"冷"媒介,以及人们时常从存在主义角度将视觉接受(visual perception)类比为触觉,我们不妨认为内在社交性与电视收视行为之间存在着某种特殊的关系。在讨论这一关系之前,我将首先详述霍顿与沃尔的理论要点。我认为,他们的"类社交"观念低估了内在社交性与观众个体的创造力;事实上,在个体收看电视节目的时候,内在社交性往往发挥着积极主动的作用。因此,"类社交"并不等于"次等社交",而毋宁说是一种独特的社交形态,自我的内在社交性亦然。

● 类社交互动:详述霍顿与沃尔的观点

在霍顿与沃尔看来,通过节目的设计,电视中的角色完全可以与由陌生人组成的人群建立亲密关系,而后者中的每一个人都感觉自己像了解朋友一样了解前者。这样一来,角色即提供了一种持续性关系,如韦伯(Max Weber)所说的那样期望着未来的会面,而这种期望是上述关系中至关重要的变量。角色假想着观众参与到自己的表演中,但观众本人却并无此种假想。角色小心翼翼地营造假象,或模仿亲密感,这是因为他们与观众的关系完全是单方面的。为实现这一点,他们采用的最主要方式就是喋喋不休地说话,通过持续的闲谈来制造自己正在与无形的人对话的幻觉。最显见的例子,就是电视上的演员经常以第二人称直接对家庭电视观众讲话。由是,角色按照他自己的风格"创造"了观众。

不过,电视中的角色毕竟不是观众的朋友或同龄人,节目制作人往往依其性格与表演对其形象进行过标准化处理。标准化之后,角色就成了变幻莫测的世界中一处稳定的所在,具有简单易测的情感以及解决问题的能力。而受众,在霍顿与沃尔眼中,却是极其被动的,不但无法对自身提出挑战,更无力对电视角色加诸自身的表演作出回应。尽管受众可以维持对自身参与**内容**的控制,但回应(类似于问题/回答式的因果关系模式)的权力却是掌握在角色手中的。

电视观众不得不接受电视节目赋予其自身的社会角色;用两位作者的话来说,只有这样,观众才能让自己"进入"表演。我非常同意霍顿与沃尔的一个观点,那就是"仅仅收看一个节目并不能证明观众已经按要求扮演了相应的角色……体验不会随节目自身结束而终止"(p. 221)。用作者的原话来说,观看节目的体验只能由"自我"来评判。这里面的潜在含义是,自我是一个心理学或社会心理学概念,并非前文提到过的内在社交性的自我。对此,我们会在后文展开论述。

霍顿与沃尔非常重视电视观众"类社交"角色的价值。对此,他们提出了四点看法。第一,他们明确表示类社交角色的规则中蕴含着新角色探索的可能性;在我看来,这既是对电视观众创造性潜力的开发,也是自我的内在社交性发挥作用的结果。第二,类社交具有超强的自我平衡能力,是对日常生活的补充,从而确保人们对互动与社交的期冀与理解能够得到充分展示与确认。作为一种补充元素,类社交对那些因年迈、残疾、胆怯或挫折而无法参与正常社交活动的人而言至关重要。在电视机荧幕的辅助下,这些人的社会缺陷得到了有效的弥补。第三,日常生活与类社交经验之间并不存在功能的断裂,这是因为观众在家中扮演的角色是对电视演员在演播室内扮演的角色的一种补充。类社交关系为人们的生活提供了反馈(作者的原话是"回放")。再次强调,这种关系与世俗生活的初级群体内部的社会互动极其相似。换言之,在类社交的辅助下,受众得以在一定程度上模拟初级群体在日常生活中的存在。第四,尽管类社交在功能上对电视观众的日常生活起到弥补作用,但由于这种社交试图取代旨在反抗单一性客观现实的自主性社会参与,因此两位作者将其视为一种病态。换言之,在他们看来,终极现实是社交行为的基础,只能存在于人和人之间(个体的外在社交性之间);而所有一切社交或类社交行为均系对终极现实的模仿。

● 冷媒介、触觉凝视与自我的内在社交性

马歇尔·麦克卢汉将电视视为一种"冷"媒介,这意味着观众在看电视的时候必须保持积极主动。此外,他还声称,视觉与触觉有一定的相似性,如此一来,视角、内容和视觉就被高度整合为一体。至于观众,则有学者从触觉特性的角度讨论了他们的凝视:正因视觉与触觉具有一定的相

通性，所以观众才在某种意义上进入了电视荧幕。在最后的结论中我会阐明，观众与电视荧幕的接触乃是一种"虚拟偶遇"；借此，看电视就成了人类创造并存在于多重现实之中的过程，而不仅仅是补充性的类社交行为。

我们需要一种电视荧幕的现象学来讨论观众与电视之间交流的特性。电视荧幕究竟是一种怎样的现象？应如何对其加以理解和体验？对此，保罗·维利里奥（Paul Virilio）（1997）提出了一个比较极端的观点。他援引未来主义的"公民—终端"（citizen-terminal）想象，指出未来的人类将会变成某种联结着各式各样的"电子假肢"的存在，通过缆线来控制自身所处的环境，却也同时为环境所控；他们无法移动，完全锁定在远程控制扫描器里，并倚赖后者维系自身的生存（p. 20）。另一种极端观点是将未来的个体想象为完全个性化的行动者。在很大程度上，电视将感知的行动力传递给个体观众，这样一来，焦点便集中于观众凝视属性的重要意义上。对此，麦克卢汉对"冷"媒介与"热"媒介的区分是相当贴切的。

热媒介"拓展了'高清晰度'（high definition）的单一意义。高清晰度意指一种数据充盈状态"（McLuhan，1994，p. 23）。由于数据信息完整，受众成员几乎无须进行任何补充。因此，相对而言，热媒介对参与度的要求比较低（不过，我要补充一点，那就是热媒介或许会激发高度的反思性）。电影与广播都是热媒介，而电视却是冷媒介，因其包含大量空白等待受众填补，从而也就具有高度参与性特征（p. 31）。麦克卢汉在20世纪60年代早期曾如是写道："在电视机面前，观众才是荧幕。"（p. 313）与电影相比，电视影像的信息量通常较少。电视荧幕每秒钟为观众提供几百万像素点的信息，而观众在特定时间内只能消化其中的一小部分，并从中制造出一个影像。电视观众往往下意识地如点彩派（pointillism）画家一般处理像素点，使得形成的图像仿佛一个不断变化的马赛克式光点网。为联结这些像素点，观众开始向图像**深处**挖掘。如麦克卢汉所言，电视影像"要求我们时时刻刻通过主动的感官参与来'闭合'光点网中的空隙；这一过程不但极富动感，而且与人的**触觉**非常相似，原因在于**触觉**是多种感官的交互作用，而不仅仅是皮肤与其他物体的接触"（p. 314；黑体系本文作者加）。换言之，触觉是将一切感官、一切碰触的感觉，以及一切知觉互动与交缠融会贯通的索引。电视图像是通感性（synesthetic）的，鼓励受众进行天马行空的想象并作出创造性的回应，简直就是一种复杂的信息格式塔（gestalt）（p. 317）。

麦克卢汉强调,电视"基本上是触觉的延伸,最大限度上涵括了一切感官的相互作用"(p.333)。正因如此,电视图像和触觉一样也是非线性且不连贯的:"对触觉而言,一切都骤然变得反向、原始、薄弱且奇怪。"(p.334)麦克卢汉还声称:"我们如使用双手"一样使用眼睛,并"设法创造出一幅包罗万象的图像,其中涵括了许多时刻、阶段以及人物与事件的诸多方面。"(p.334)

麦克卢汉对于电视荧幕的关注促使我们去考察凝视的触觉性与观众视角之间的相似性。艾曼纽尔·列维纳斯(Emmanuel Levinas)(1987)认为,在人的感觉(感受外部环境的运动与组织)系统中,触觉是最重要的。人类接近外部世界的任何过程,都是一种触觉形态。不过,切不可将这一接近过程简化为某种反射性经验。接触的行为与实践既是物理的碰触(touch),也是心灵的碰触(touching),亦即,这是一个情感丰富的过程。从麦克卢汉理论来看,不妨认为电视观众"接触"并联结荧幕像素点的行为乃是一种具体的实践,而这一实践为受众的参与提供了框架。列维纳斯如是写道:"可见之物爱抚人的双眼,'看到'与'听到'等同于'触摸到'。"(p.118)接近性自身产生的效果不但是意向性(intentionality)(有意识的认知)无力解释的,更可为人所感知(并刺激人的感官);具体效果包括不安、躁动、串通(complicit)以及转瞬即逝(passing)等(p.121)。通过麦克卢汉与列维纳斯的观点,我们大致了解了观众是如何与电视荧幕发生关系的:总体上,电视荧幕在情感亲密性的氛围中融入观众,而观众则通过凝视来触摸并进入荧幕;最终,荧幕不但对观众完全敞开怀抱,更影响了观众的行为。如此看来,霍顿与沃尔的观点是不尽准确的,因为观众对图像的建构丝毫不逊于图像对观众的建构。①

对于个体来说,是否某些凝视比其他观看方式更具创造力?通过对凝视行为的进一步发掘,我们或许可以更加深刻地理解观众"穿透"电视荧幕的能力。考虑到观众凝视的能动性与荧幕的电子构成,我们不妨认为,观众并不仅仅用眼睛看,而且很有可能在一定程度上**想象**着自己看见了什么。尽管电视吸引并塑造凝视的目光,但对于凝视是否在绝大多数

---

① 顺便讨论一下电视荧幕如何给予观众凝视特权。例如,在伊丽莎白剧院(Elizabethan theater),只有一个座位拥有最佳的观赏视角,那就是皇室的专座(Orgel, 1975, pp.10—11)。所以,"从国王的位置看,巴洛克'舞台'是由想象的视觉金字塔底座构成的"(Bartels, 1993, p.58)。看电视的时候,观众享受到了文艺复兴时代君主专有的特权视角。

情况下反射图像这个问题而言,观众究竟**如何**观看似乎是个至关重要的因素(霍顿与沃尔或许认为这一观点与"受众按照电视节目的要求扮演角色"非常相近)。也许,是观众的凝视对电视图像的播放进行了重组,进而在观众之中营造了现实。

若要弄清楚观众究竟如何"触摸"了电视荧幕,须首先厘清**视觉凝视**、**触觉凝视**与**虚拟**凝视三个概念。其实,三者的区别并非绝对,却分别强调了观看行为的三种属性。视觉凝视就是我们通常所说的"看见",强调的是事物的表面形状与形态。在视觉凝视的作用下,我们将电视荧幕视为一种具体的表征空间层(dimensional surface of representation)。**触觉**凝视则将物体的表面视为某种"纹理";通过触摸与感觉物体表面的纹理,观众得以刺穿轮廓、深入内部。通过刺激人的感官,触觉凝视"无中生有"地创造出"深度"来;具体到观看电视的行为中,这种深度主要与受众对图像的完善(其实,也就是制造)密切相关。

视觉凝视相对肤浅,只是一种浅尝辄止的体验。一旦上升至触觉阶段,凝视便会"穿透表层、深入内部,并在纹理与质地中找寻快感"(Gandelman, 1991, p. 5)。在陶西格(Michael T. Taussig)(1993)看来,触觉凝视并不仅仅是"心灵的眼睛",而且有能力导致"感知对象与感知者的身体无法阻挡的融合态势"(p. 25)。因此,瓦尔特·本雅明(Walter Benjamin)将达达主义(Dadaism)艺术喻称为"一种弹道学(ballistics)工具,如子弹一般击中观者……从而获取了一种触觉性特征"(p. 238)。再次强调,触觉凝视乃是现实的主动创造者,介入并侵占特定的空间。

触觉凝视濒临虚拟的边缘,有时干脆就是一种**虚拟**凝视。如果说触觉凝视创造了现实的深度,则虚拟凝视意味着想象的深度,是一种面向个体存在范围的凝视。虚拟凝视其实就是做梦,或更准确地说,做白日梦的过程,其功能在于将观众引领至可能性的边缘。借鲍德里亚的观点来看,这种凝视是极具诱惑力的。具体到电视观众身上,不妨说虚拟凝视其实就是自我引诱,原因在于观众与其参与并创造的图像系列之间存在着某种递归(recursive)的循环。

虚拟凝视产生于电视观众与电视荧幕的互动过程,并对书籍文化打造的知性自我意识提出了挑战。罗曼尼辛(Robert Romanyshyn)(1993)声称,电视观众既是清醒的,又是做梦的,因为电视模糊并侵蚀了理性与疯狂,以及现实与虚构之间的界限。"看电视的过程……使自我直面大梦初醒的古怪体验。或者说,看电视与释梦非常类似,其实质即在于一边做梦一边想方设法从梦境中制造意义。"(p.353)观众虽然醒着,却也同时做着梦,皆因观众与荧幕的互动摧毁了线性理性、情境连贯性、叙事延续性以及无穷进步性的价值(p.345)。电视意识(television consciousness)尤其对情绪体(emotional body)产生了影响,做梦也是一样:观众"沉溺于某种神秘性而非逻辑性的境况中,并被迫参与到某种强调纹理的仪式,却忽略道德前景的行动之中"(p.358)。

观众与电视荧幕的触觉性接触创造出流动的虚拟现实,最终导致一种极富戏剧性的状况(Sutton-Smith,1997),并强化了受众重组自我的能力。戏剧性潜力的柔韧性赋予观众将正在播放的电视节目与自身紧密联系在一起的能力。鲍德里亚(1990)指出:"诱惑力意味着对符号世界的控制权······否认事物的真实性乃是诱惑力与生俱来的能力。"(p.8)基于想象的虚拟凝视是极具诱惑力的,原因在于想象使得符号世界与梦境的存在成为可能。电视观众的自我诱惑是虚拟的,并最终将其引导至想象的空间(对自身存在的想象);于其中,真理与谬误、本真与虚假,以及种种二元对立之间的界限彼此重叠、反复纠缠,终至消失无踪。

与做梦一样,看电视也会激发人的创造力。电视图像并不仅仅是对客观现实的表征,而观众也不再是对外部环境作出简单反应。恰恰相反,观众变成了创造现实的行动者,尽管其能动性只是微观意义上的,且主要置身于观众的内部社交性。在看电视的过程中,观众积极主动地对自我进行重构,这一过程基本不受他人干涉(Handelman,2000,2001)。此外,在自我中,观众得以与自身内部的各种声音展开互动。随着人内互动的出现,观众最终在电视荧幕的另一端创造(以及再创造)出属于自己的角色。

霍顿与沃尔声称自己关心的是家庭电视观众身上"究竟发生了什么",并坚持认为观众并非电视节目的被动接收者。不过,两位作者对社交互动的理解却过于墨守成规,这主要体现为他们假定存在一种自洽的终极社会现实,从而在本体论意义上将其他现实贬低为"自洽程度不高"的**类**现实。在他们看来,若**类**现实占据了人的心灵,则这种现实就是病态的。观众与电视荧幕之间的关系就远非一种充分现实。至多,电视节目会制造出某种社会角色幻觉,或显露一些空位让进行类社交互动的观众来填补。对于霍顿与沃尔来说,鉴于观众与电视之间的关系只是一种虚幻的现实,因此绝不可能对观众的自我构成绝不可能面临任何挑战。此外,创造一个看得过去的亲密感的模仿物乃是一种负担,而承受这一负担的正是电视中的角色及其主演的节目。这样一来,观众的能动性就被局限在已被电视展演过的社会角色范围内;不过,一如前文所言,若观众过分沉溺于上述角色,其行为就会被贴上病态的标签。总体上,霍顿与沃尔笔下的电视观众并非想象世界里的虚拟探险家,而更像舒茨(Alfred Schütz)笔下的傀儡——尽管两位作者对此矢口否认。

● 心灵的社交:看电视的虚拟偶遇之路

戈夫曼(1961)在一部名气不大的著作中指出,人与人的每一次面对面会晤,都构成了一种"偶遇"(encounter)。在这一过程中,(各个层面上的)社会秩序中的某些要素得以暂时重组,获准介入偶遇的过程并实现自我表达。他如是界定"偶遇"的概念:"一种对世界的具体认知……虽然使参与者与诸多被赋予重要性的外界事务隔绝开来,却也允许少量外界事务介入交流的世界并成为后者的一部分。"(p. 31)在此基础上,戈夫曼提出了判断共同在场(co-presence)的偶遇的四个标准:注意力的视觉性或认知性集中;作为一种可测的社会行为类型,个体行动的重要性得到双方强烈的认可;在相互可见的生态人群中,每一个参与者都能在最大程度上感知他人对自己行为的监视;口语交流的开放性。除此之外,戈夫曼还进一步指出,在理解"偶遇"的概念时,应充分虑及其结构得以形成的种种规则。"非相关性"规则决定了人们应当将注意力集中于何处;可知的资源既是具体身份,又是参与者能够使用的角色;而转换的规矩则决定了"偶遇"内部秩序中相关要素的命运(pp. 19—29)。

此处,戈夫曼创立了一个理论框架,将面对面互动视为某种形态学意义上的、相对静止的组织形态加以考察。我在自己此前的著述中(Handelman, 1977, pp. 94—133)也曾指出,对于我们在持续不断的社会秩序中把握"偶遇"机制而言,戈夫曼的理论产生了三个至关重要的结果。第一,鉴于每一次面对面互动都创造出一起"偶遇",则不妨将偶遇视为一种微观且转瞬即逝的社会组织形态,一旦面对面互动过程结束,"偶遇"也将不复存在。故,互动即意味着创造社会组织。第二,每一次"偶遇"都使微观组织形态变得更加高级,亦即,无论形式还是结果都是**崭新的**;尤其是,"偶遇"的结局往往是开放性的,且极难事先预测。"偶遇"的形态变幻莫测,既塑造着持续进行的互动过程,又同时为后者所塑造。形式与过程往往交替隐现。第三,"偶遇"既可发生在相同的人之间,也会存在于一系列错综复杂的人之间,在一切社会关系中发挥着反馈循环(feedback loops)的功能;而"偶遇"自身,也是社会关系的一个组成部分。① "偶遇"本身就是一个显著现象,离开了它,微观社会秩序的显露与再生产过程会变得残缺不全。用今天的话来说,在既定"偶遇"或一系列"偶遇"的外显结构(以及新生结构)中,包孕着强大的自我再造(autopoiesis)与自我组织因素。

霍顿与沃尔的理论假设是:观众与电视荧幕间的互动只不过是面对面互动的功能性替代品;随着观众渐渐对替代品上瘾并沉溺其中,这种互动即变质为病态的负功能。"病态"与否的判断标准,取决于是否存在所谓正常的终极现实。由是,霍顿与沃尔一切论证的基础在于认定终极现实之中存在着"正常"互动,即面对面互动。如此一来,看电视从根本上就是一种不正常的、变态的互动形式。"类社交"完全不具互动性,原因在于无论电视机前的观众还是电视荧幕上的角色,均无法对彼此作出回应。

与之相对,在我看来,"偶遇"理论的基本假设在于人类在一切存在领域内均具备互动能力;无论人内交流还是虚拟交流,其互动性丝毫不逊于面对面互动。"偶遇"理论毫不关注终极现实,更不会区分哪些互动是正常的、哪些则是病态的,而更强调"接触"在"偶遇"中的真实存在。因此,观众与电视屏幕的接触就是"货真价实"的互动行为,原因在于观众不但主动参与了图像的建构,更在自我内部通过人内互动的形式对整个过程作出了回应。因此,不妨说,"偶遇"理论将观众与电视荧幕的会面视为一种**虚拟偶遇**,其最终诉求在于触发构成观众自我(selfness)的多种声音间的交流。

总体上,电视荧幕上的图像,以及观众的触觉与虚拟凝视,共同营造了一个虚拟的互动空间,而这一空间亦存在于观众的内部互动机制中。借用麦克卢汉的说辞,媒介实际上变成了自我的延伸,于想象的虚拟空间中激活了个体的反身性(reflexivity)。② 在观众进入荧幕的同时,荧幕也

---

① 我曾应用戈夫曼的"偶遇"理论来考察工作场合的小规模面对面互动行为。在此基础上,我对四种基本的"偶遇"类型作出了区分,分别是失败型、摇摆型、对抗型以及共识型。在我看来,无论哪一种类型,或哪几种类型的共同作用,均会对相同群体中的个人之间未来的"偶遇"产生重要影响。

② 此处,我用"反身性"一词来表示观众的自我意识,即使自我回归自身的观念,"其目的在于使自我参与到更加复杂的行为之中"(Hayles, 1996, p.16)。

进入了观众。虚拟偶遇本身包孕着现象世界的丰盈,而现象世界与观众之间则是互相涵括的关系。不妨认为,无论在虚拟偶遇还是面对面偶遇中,观众与电视荧幕的关系均是遵循某种规范建立起来的动态组织形式,只不过在前者中,电视荧幕上的图像和观众的主动内在性是融为一体的。然而,收视关系的上述规范性究竟仅仅源于个体的微观秩序,抑或个体与宏阔社会秩序之间存在某种复杂关联进而对收视关系中的微观秩序产生了影响,我们无从得知。到底能不能将虚拟偶遇的规则总结为上文所述的"偶遇主义"(encounterism)?究竟需不需要一套新的认识论来看待"偶遇"现象?这些都是值得深思熟虑的问题。

上述视角既非唯我论(solipsism),亦非决定论。观众在看电视的时候,绝不会心甘情愿地在自我辩解的阐释学中越陷越深。如我在前文指出的,只要醒着,人就会不断地对自己讲话,并时常陷入自我内部的话语或交谈之中。自我内部的话语虽很私密,却具有强烈的社交性,尽管整个过程完全存在于我们自身的内部空间中。社交性与触觉性一样,发生的地点并非身体与环境的交界面,而是深深嵌入人的心灵深处;抑或,更准确地说,人的心灵赋予社交性以具体形态。因此,个体自我的内部互动与个体之间的外部互动是可以互相转换的。

人内互动与面对面互动的一个显著差别,在于前者的话语存在于个体内各个"部分"或声音之间。随着观众在双向虚拟空间中"偶遇"电视荧幕,荧幕上的图像也便同时"偶遇"了观众自我内部的各种声音。然而,自我内部的种种境况,于总体上构成了虚拟现实得以存在的条件。若要强化人类对虚拟偶遇与其他虚拟形态中包孕的互动性的感知,就必须想方设法找到合适的路径。随着电视的出现,图像早已全面介入观众的心灵。不过,逻各斯中心主义(logocentrism)仍然占据主导地位,而人类与强大的虚拟现实的遭遇则往往遭到忽视。如今,要么找到一种方式从理论上与经验上对虚拟现实作出解释,要么接受媒介现象被传播学完全剔除的现实,别无他路。霍顿与沃尔的研究促使我们关注观众与电视之间的互动的社会属性。从现象学角度考察虚拟现实并将互动行为理论化,可以使我们更加清晰地看待组织自身与电视之间持续交流的深刻过程。

参考文献

Bachelard, G. (1964) *The Psychoanalysis of Fire*. Boston: Beacon Press.
Bartels, K. (1993) The Box of Digital Images: The World as Computer Theater.

Diogenes, 163, 45—70.

Baudrillard, J. (1983) *Simulations*. New York: Semiotext(e).

Baudrillard, J. (1990) *Seduction*. New York: St Martin's Office.

Benjamin, W. (1968) *Illuminations*, tr. with Introduction by Hannah Arendt. New York: Harcourt, Brace.

Birdwhistell, R. (1952) *Introduction to Kinesics*. Washington, DC: National Service Institute.

Birdwhistell, R. (1970) *Kinesics and Context*. Philadelphia: University of Pennsylvania Press.

Efron, D. ([1941] 1972) *Gesture, Race and Culture*. The Hague: Mouton.

Gandelman, C. (1991) *Reading Pictures, Viewing Texts*. Bloomington: Indiana University Press.

Goffman, E. (1959) *The Presentation of Self in Everyday Life*. New York: Doubleday Anchor.

Goffman, E. (1961) *Encounters: Two Studies in the Sociology of Interaction*. Indianapolis: Bobbs-Merrill.

Goffman, E. (1967) *Interaction Ritual: Essays on Face-to-Face Behavior*. New York: Doubleday Anchor.

Handelman, D. (1977) *Work and Play among the Aged: Interaction, Replication and Emergence in Jerusalem Setting*. Assen: Van Gorcum.

Handelman, D. (2000) Into the Television Screen: The Individual as a Locus of Creativity? In G. Thomas (ed.), *Religiose Funktionen des Fernsehens?*, Wiesbaden: Westdeutscher Verlag, 247—58. (In German.)

Handelman, D. (2001) The Interior Sociality of Self-Transformation. In D. Shulman and G. Stroumsa (eds), *Undoing the Person: Self-Transformation in the History of Religions*, New York: Oxford University Press, 236—53.

Hayles, N. C. (1996) Boundary Disputes: Homeostasis, Reflexivity, and the Foundations of Cybernetics. In R. Markley (ed.), *Virtual Realities and their Discontents*, Baltimore: Johns Hopkins University Press, 11—37.

Horton, D. and Wohl, R. (1956) Mass Communication and Para-social Interaction: Observations on Intimacy at a Distance. *Psychiatry*, 19 (3), 215—29.

Kauffman, L. E. (1972) Tacesics, the Study of Touch: A Model for Proxemic Analysis. *Semiotica*, 4, 149—61.

Langer, S. K. (1953) *Feeling and Form: A Theory of Art*. London: Routledge & Kegan Paul.

Levinas, E. (1987) Language and Proximity. In *Collected Philosophical Papers*,

Dordrecht: Martinus Nijhoff, 109—26.

McLuhan, M. (1994) *Understanding Media: The Extensions of Man*. Cambridge, MA: MIT Press. (Originally published in 1964, New York: McGraw Hill.)

Orgel, S. (1975) *The Illusion of Power: Political Theater in the English Renaissance*. Berkeley: University of California Press.

Romanyshyn, R. D. (1993) The Despotic Eye and its Shadow: Media Image in the Age of Literacy. In D. M. Levin (ed.), *Modernity and the Hegemony of Vision*, Berkeley: University of California Press, 339—60.

Scheflen, A. (1965) *Stream and Structure of Communicational Behavior*. Philadelphia: Eastern Psychiatric Institute.

Sommer, R. (1969) *Personal Space*. Englewood Cliffs, NJ: Prentice-Hall.

Strauss, A. (1959) *Mirrors and Masks*. Glencoe, IL: Free Press.

Sutton-Smith, B. (1997) *The Ambiguity of Play*. Cambridge, MA: Harvard University Press.

Taussig, M. (1993) *Mimesis and Alterity: A Particular History of the Senses*. New York: Routledge.

Virilio, P. (1997) *Open Sky*. London: Verso.

Watson, O. M. (1970) *Proxemic Behavior*. The Hague: Mouton.

第四部分

多伦多学派

概　　述

马歇尔·麦克卢汉(Marshall McLuhan)进入媒介研究领域,起初只是"旁门左道",后来竟赫然占据了中央位置。作为一位接受过英语文学训练的学者,开始他仅仅将注意力集中在媒介内容上,后来才渐渐转向传播形式(对此,其剑桥导师或许会赞赏)和传播技术。他最著名的格言,那句"媒介即讯息",强调每一时期内占据统治地位的媒介技术对于人类大脑处理信息的过程发挥着不可替代的约束作用,从而也就形塑了我们的人格与社会系统。例如,印刷术的线性特征导致了随意的思维方式、冷酷的个人主义以及诸如流水线一般的社会架构。绝大多数主流研究者认为印刷术的抽象性特征使之比富有文学色彩的电视更令受众沉迷,麦克卢汉则提出了反对意见。他认为印刷媒介具有含糊暧昧的特征(属于所谓的"热"媒介),反而在人类与外部信息之间强加了一道屏障;而电视是一种"冷"媒介,要求受众不断地在像素撷取中积极"投入"、主动创造意义。因此,电视媒介的"黏度"远高于印刷媒介。

麦克卢汉的观点在文化产业的决策者中大受欢迎,并吸引了来自人文科学家(非社会科学家)的高度关注——他们起初深为麦克卢汉史诗般的激进文风吸引,过了很久方渐渐冷静。麦克卢汉本人的名望亦跌宕起伏,经历了先扬再抑又扬的过程。与此同时,多伦多成为名满天下的学术重镇,其特色即是传媒技术的社会效果研究。

哈罗德·英尼斯(Harold Innis)是一位经济学家,他进入媒介研究领域最初也是剑走偏锋。对国家建设的经济学问题的兴趣导致他对媒介技术于其中扮演了何种角色的探索。由此,他与麦克卢汉发生了关联——对后者而言,他更多地扮演了导师而非合作者的角色。英尼斯将媒介区分为空间性和时间性两类,严格界定了轻便型媒介(对广袤空间进行集中控制的关键因素)和如金字塔一般保持时间延续性的持久型媒介。尽管英尼斯的理论不似麦克卢汉那般带有技术决定论色彩,而是为社会控制预留了一定空间,但两者对媒介类型的划分面临着同样的麻烦。如下文所说,英尼斯将"演讲"视为共时性媒介就是很值得商榷的。

麦克卢汉赞同将口语视为"心灵"(heart)媒介的观点,认为口头传播可以将经验性智慧,乃至传统和宗教一代一代地承递下去;而印刷术(被麦氏视为眼睛的延伸)则是"心智"(mind)的媒介,旨在实现某些特定的知识,如民族主义和帝国等,在空间范围内的扩散。他的"地球村"隐喻表明并热烈"欢迎"由电视技术所导致的口语文化的复兴,从而将人类从广播的部族主义(tribalism)和印刷媒体的帝国主义中解放出来。不过,麦克卢汉可不是什么电视爱好者,只不过比起印刷媒体来,他对电视的厌恶稍少一些罢了。

其他"技术效果"派的研究者——尤其是爱森斯坦和昂格——都曾公开表明自己受惠于多伦多学派,却也同时与该学派的方法论保持距离。

第9章
哈罗德·英尼斯与传播的偏向

梅纳海姆·布朗德海姆(Menahem Blondheim)

所谓"经典"往往包孕着某种辩证法,正是这种辩证法吸引了哈罗德·亚当斯·英尼斯(Harold Adams Innis)的注意。此辩证法紧随英尼斯的理论内核——某种黑格尔式的三段论。[1] 首先,经典文本必须能够揭示出一些隐含的内容,从而具有革命性功效;其次,人们对其毕恭毕敬,甚至将其奉为仪式;最后,文本自身始终具有参考意义,从而与某一领域的一切研究密切相关。由此,在上述"革命性—崇高性—相关性"的三段论中产生了张力;基本上,一切张力都来源于绝对性与相对性的"极性"矛盾,即英尼斯所谓之"坚定性"与"灵活性"的差异。经典文本刚刚现世时,往往代表着某种新奇性;正是这种新奇性,在某一特定历史时期被人们转化成了"经典",从而在它出现的那个时间节点开始与周遭的环境发生了密切的关联,对承载着所谓"绝对真理"、标榜自己适用于一切时代的旧文本构成了挑战。如若新文本想保持自身与知识领域的相关性,从而维系对于"经典"而言至关重要的灵活性和便宜性,人们在参考和应用上述文本的同时就不可避免地对"绝对权威"这个概念构成威胁。面对上述矛盾,或至少是其中的某些重要方面,英尼斯往往采用"知识的寡头垄断或绝对垄断"这个表述加以形容。社会往往对知识及技能领域内取得的突破性进展加以保护和强化,使之繁衍、扩散、维系,甚至赋予其特权地位。然而,此种纵容策略将不可避免地招来停滞的幽灵,使新知识的启

---

[1] 关于英尼斯对黑格尔理论模型的借鉴,可参考 Theall, 1981, pp. 225—234 和 Stamps, 1995, p. 68 中进行的简短但切中要害的介绍。

发性早早僵化,从而摧毁知识在社会中的灵活性和互动性。①

对于"经典"这一概念内部蕴含的张力,我们也许可以在西方文化中最具影响力与典范性的经典文本——《圣经》中一窥究竟。② 此处,"经典"的辩证法不可避免地在神学形态上发挥作用。古往今来的一切神学家都可以毫无困难地面对被奉为经典的《圣经》文本所包含的恒久性,以及这些文本在特定历史节点上呈现出的不同面貌之间的显见冲突。事实上,并非历史变迁对《圣经》产生了什么影响,而是造物主从始至终摆布着《圣经》文本的发展,甚至决定了《圣经》应当在哪个特定的时刻进入到人类历史中。因此,神学家必须在《圣经》的永恒不朽及其不可避免地根据环境的变迁作出的相应调整之间寻找平衡——这一使命正在变得愈发艰难。于是,围绕着《圣经》的类型学,就出现了关于自我调整的两种并行不悖的说辞:一是造物主在设计世界的蓝本时就已经将未来的应用融入其中,二是造物主会随时对传播经典讯息的使徒们的创造力作出调整。③ 由是,经典著作自身就蕴含了某种自我调节的应用性机制,这意味着如果人类能够恰如其分地操纵这一机制,经典文本就能够持续不断地对变迁中的社会环境和人类认知作出合理的调整。④

在改写古老、神圣的经典文本以使之更加适应现代社会的问题上,北美地区的新教徒无疑是个中翘楚。想当年,他们懵懂踏入未知大陆的神

---

① 关于知识的垄断问题,在 Innis, 1949 中得到了深入探讨。

② 关于《圣经》之"经典性"的构成与特征的研究文献可谓浩如烟海。实用的导论性文献包括 Herbert Edward Ryle, *The Canon of the Old Testament*: *An Essay on the Gradual Growth and Formation of the Hebrew Canon of Scripture* (London: Macmillan and Co., 1909); George W. Coats and Burke O. Long, *Canon and Authority* (Philadelphia: Fortress Press, 1991); Sid Lehman, *Canonization of Hebrew Scripture*: *The Talmudic and Midrashic Evidence* (New Haven: Connecticut Academy of Arts and Science, 1991)。但是,关于犹太《圣经》经典的概念也存在视角上的分歧,参见 Jacob Neusner, *Canon and Connection*: *Intertextuality in Judaism* (Lanham, MD: University Press of America, 1987)。

③ Gershom Scholem 在 *The Messianic Idea in Judaism* (New York: Schocken Books, 1995), pp. 284—291 中结合犹太人的思维方式对这一路径作出了漂亮的解释。此外,还可参见 Harold Bloom, *Kabbalah and Criticism* (New York: Seabury Press, 1975), pp. 32—35, 71—89; Amos Funkenstein, *Perceptions of Jewish History* (Berkeley: University of California Press, 1993), pp. 88—121; 以及更加晚近的 Y. D. Silman, *The Voice Heard at Sinai*: *Once or Ongoing?* (Jerusalem: Magnes Press, 1999), pp. 11—15, 89—116 (Hebrew)。

④ 因此,Coats 和 Long 主张将"圣经权威"视为"一种在特定的社会情境下,在信徒、《圣经》和他人的复杂互动中被创造出来、被合法化、现实化的权力"(1973, p. ix)。

秘领土时,本身既承载着古老《圣经》所蕴含的原初的精神,又代表了一种终极的阐释力量。矛盾的是,"旧约"反而比"新约"更加适应关于新世界的种种经验(Bercovitch, 1967; Davis, 1972)。此种诠释自由往往是在对经典文本进行扭曲,至多是创造性的误读的过程中体现的。后来,美国的新教徒自然而然地接受了一套更具展演性的文本,那就是美国宪法。在宪法中,国父们有意识地建立了一整套适应性机制,使之成为"一架良性循环、自行运转的机器";而先驱中那些最虔诚的人认为,后人会如自己修改《圣经》那样不断对宪法作出修正。

出于种种原因,英尼斯年轻时曾考虑选择浸礼会牧师作为自己的职业(Creighton, 1981, p.18; Neill, 1972, p.10)。在对《圣经》作出现代解读的问题上,浸礼会是激进色彩最为浓烈的宗派之一。同时,该宗派亦始终对宪法形态的变迁与重构保持高度关注(McDonald, 1985, p.73; Isaac, 1982, pp.317—322)。① 英尼斯是一位老式的、"温和的不可知论者",他在新近的几部伟大著作中对整个西方文化的各类经典文本进行了指涉和引用。他发现,在永恒性和灵活性之间虽表面存在着冲突,但这种冲突对于经典文本自身却是不可或缺的。在提及柏拉图(Plato)著作的巨大影响力时,他所引用的材料混合了"不确定的"与"不朽的"两类(Innis, 1972, p.57; 1951, p.10)。尤其是,据其本人说,正因柏拉图的思想遗产兼具绝对性与相对性、永恒性与不确定性,所以才能"统治整个西方世界的历史"。

用考察经典的方式来思忖英尼斯的著作,预示着我们必将践行"灵活性"方略。鉴于英尼斯主要将目光聚焦于知识的属性及其在社会中扮演的角色问题,因此我们务必在具体的历史语境和后续影响力中解读其著作,从而探求它们如何实现"自我应用"。② 如此一来,方能对"经典三段论"的三个关键概念——革命性、崇高性和相关性——作出恰到好处的理

---

① 关于这种倾向,可以在浸礼会的一些早期活动中找到证据:其教徒是《人权宣言》最主要的鼓动者,同时也是最早一批在尚无《人权宣言》的情况下即支持宪法并主张随后对其慢慢修订的新教徒(McDonald, 1985, p.73; Isaac, 1982, pp.317—322)。

② 英尼斯晚年的一个学生对其老师晚期著作的"狂飙突进"进行了考察。这种"突进"体现为英尼斯开始将注意力集中在"传播"这个概念上,并将其视为在人类知识的绝对性与相对性之间作出调和的反应。英尼斯的学术兴趣存在于两种水火不容的观念的罅隙之间:一是认为人类知识有能力确定客观、绝对及永恒真理的现代主义观念,二是认为人类知识不可避免要堕入主观性、相对性、转瞬即逝性和不确定性的泥淖(Stamps, 1995, ch.4)。

解。然而，英尼斯的情况略显特殊。鉴于其作品具备的高度灵活性和不确定性，兼其为新内容预留的阐释空间，我们有必要将三段论倒过来，首先考察相关性问题。紧接着，才是崇高性问题，即对英尼斯的著作在当代传播学思想领域的地位进行评估。在对崇高性进行扼要考察的同时，我们还将通过一个带有批判色彩的小调查来揭示英尼斯的著作是如何在传播学研究领域内被具体化、被广泛引用的。① 然后，我们再尝试着去探索英尼斯的传播思想具有哪些新奇性和革命性。想完成上述任务，自然要对英氏传播理论的来源进行考证。最后，我会重返相关性的议题，看看英尼斯的理论体系是否为后人的修正预留了足够的空间，从而在传播环境日新月异、困惑感与尴尬局面与日俱增的今天始终保持自身的实用性。上述"经典三段论"的考察将主要针对英尼斯最著名的作品《传播的偏向》(*The Bias of Communication*)展开。本书最初只是作者于1949年在密歇根大学发表的一篇论文，后来人们将其与作者的其他传播学研究论文合纂成集，由多伦多大学出版社在英尼斯过世前不久出版发行，距今已有半个世纪之遥。

● 相关性：《传播的偏向》及其读者

假若"经典性"真如英尼斯所暗示的那样以不确定性为基本特征，那么显然他自己的著作完全有资格忝列"经典著作"的门墙，因为不确定性恰是英尼斯理论最重要的特征之一。其灵活性体现得最为淋漓尽致之处在于英尼斯独具特色的表达风格。事实上，《传播的偏向》一书更像是一个恶作剧集合，英尼斯通过对信息来源的精心选择、编纂、分析和呈现来与同辈学者大玩捉迷藏。书中观点与他的其他传播学著作大同小异，均旨在于历史语境中对传播问题进行考察。这些著作不啻一场史实与经验的大游行，观点就在种种与传播相关的讲稿、文章和专论中阔步前进。尽管时常出现停滞和错误，"游行"却始终大致沿着时间的纵线行进。英尼斯仿佛站在正面看台上检阅队伍一般，偶尔揪住一个事实或一对关系发表一些评论与观点。显然，当英尼斯逐渐将自己的研究兴趣转向传播学领域时，并无意改换其固有的学术策略和行文风格。他那长达1000页的

---

① 此处，应在更加广泛的意义上理解"经典"一词：不能仅将其等同于某个或某些特定的文本，而应当将其视为一系列观念或一种研究路径(Even-Zohar, 1990)。

《传播史》书稿尽管逻辑凌乱,却也大抵循着时间的线索对历史信息的种种碎片进行了有效的撰录,资料来源的选择亦中立平实。综观上去,它好似一部关于历史的"赛事报道",间或杂陈专业评论。①

在正式迈进传播研究领域之前,英尼斯总计阅读了大约 2000 篇相关文献,可谓卷帙浩繁;而他的学术研究和理论建构,就从这些文献中寻求着数据支持。海量文献令人眼花缭乱,几乎涵盖了人类历史的全部时期,横跨世界的浩渺烟海。② 不过,尽管英尼斯不惮杂学旁收,他在《传播的偏向》及其他传播学著作中引用的资料却拥有一个令人震惊的共同点:早期研究加拿大经济史时,英尼斯所引用的大多是二手文献;然而在撰写《传播的偏向》时,他竟改变了策略,开始对文献进行"二次过滤",即首先引用二手文献,然后再对文献作出自己的分析。

英尼斯对资料展开的分析性"干预"大多简短凝缩,时常艰深晦涩,有时甚至令人难以察觉;打个比方来说,就是"东边日出西边雨"。英尼斯的著作几乎符合"完美档案"的样式,充满不厌其详的注释和俯仰皆是的洞见;至于写作风格,则相当粗糙,简直就是孤芳自赏式的学术速记。③ 这些文本上的"缺陷"往往被人们视为英尼斯写作水平低劣的体现(类似的评论如"他糟糕的文风"或"他那令人心烦的警句风格",转引自 Cohen, 1993)。然而,事实上,英尼斯却是一位真正的作家,他完全有能力用平缓温和、有张有弛的方式表达自己的观点。他在芝加哥大学的博士论文《加拿大太平洋铁路史》(*The History of the Canadian Pacific Railroad*)(1971)、《加拿大的皮革贸易》(*The Fur Trade in Canada*)(1930a)以及其他政治经济学或经济史领域的著作,不但观点鲜明、条理清晰,而且相当具有可读性。④ 就连《彼得·庞德,皮革贸易者与冒险家》(*Peter Pond, Fur Trader and Adventurer*)(1930b)这部远谈不上引人入胜的著作,也拥有令人难以释手的魔力。因此,认为英尼斯"不会写作"的观点纯粹是误解——英尼斯的晦涩文风只有在他试图从学术角度理解传播问题的时候才会出现。

考虑到英尼斯的独特写作风格,读者只有经过审慎的、字斟句酌的阅读和"释码",方能接触到真正的"偏向"问题——归根结底,所谓"偏向",

---

① 《传播史》收藏于多伦多大学托马斯·费舍(Thomas Fisher)图书馆的英尼斯藏书专室,并有缩微胶卷版可供查阅。
② 参见 Watson, 1981。
③ 关于档案的观点,请参见 Christian, 1980。
④ 唯一可能的例外是《加拿大的皮革贸易》的最后一章。转引自 Creighton, 1957。

就是一致性和连贯性的断裂。理解该问题的关键之处在于,切不可将英尼斯针对资料作出的评论和分析视为一个完整而自洽的理论体系;外表上看,它们甚至都不能算是清晰的观点。不过,一个更加显见的麻烦却是文本内部呈现出的前后矛盾——从推理中得出的不确定性结论,到解释之间、数据之间,及至解释与数据之间存在的显著的冲突,矛盾在英尼斯的著作中简直比比皆是。① 上述冲突并不仅仅体现在细枝末节上。在下文中我们将讨论:即便在英尼斯理论体系最为核心的观念问题上,也存在着自相矛盾之处。

关于上述一系列文本问题,研究者们给出了两种主要的解释。当然,这两套说辞也是相互矛盾的,甚至如物体与镜中倒影一般截然相反。第一种解释认为英尼斯的著述是一个"草成急就"的结果。这种观点影响力很大,代表人物是为英尼斯撰写标准传记的唐纳德·柯雷顿(Donald Creighton)。在他看来,英尼斯转向传播学研究时已是风烛残年,不但健康每况愈下,更肩负着学术及公共事务重担。此外,撰写《传播的偏向》时的英尼斯已是多伦多大学,乃至整个加拿大学界中著名的权力掮客,俨然扮演着左右整个加拿大国家经济政策的权威角色。作为皇家委员会的委员,他兢兢业业地履行着自己的社会职责。更重要的是,人们日渐将他视为所谓加拿大文学的"杰出代表",他也只能身不由己地走下去。

英尼斯在传播研究领域内实现了许多学术上的突破;在他看来,这些突破点都是传播理论亟待解决的重要问题。不过,由于肩负着繁重的公共事务责任,英尼斯未能充分在学术及文风上充分展现其理论发现的"风采";他的著作更像是一幅仓促写就的"草稿",留下许多意犹未尽的遗憾。正是这种仓促感和英尼斯转向传播研究时的种种艰难处境,导致《传播的偏向》及其他相关著作存在着诸多缺陷。归结起来,就是理论体系缺乏凝聚力和连贯性,有时甚至矛盾重重。

另一位学者,詹姆斯·凯瑞(James Carey),对英尼斯十分推崇。在充分认识到英尼斯著作存在的缺点后,他作出了不少努力去修正英氏理论体系中那些棘手的自相矛盾之处。经典并不意味着绝对神圣,尊敬也不等于俯首称臣。因此,凯瑞主张在考察英尼斯的思想时大可对其中的"瑕

---

① 关于此种自相矛盾的最显见的例子,不妨将英尼斯的《帝国与传播》(*Empire and Communication*)(1972)一书与他为正文配辅的注释加以比较。注释的内容常常表达与对应正文截然相反的观点。

疵"视而不见。"最好不要对英尼斯的著作过于虔诚,"他说,"他的书并不是《圣经》,完全没有必要逐字逐句地阐释。"(Carey, 1981, p. 78)马歇尔·麦克卢汉在其为《传播的偏向》一书所撰之序言(1951)——那简直就是一篇充满批判色彩的使徒行传,他将这位同僚称为"迟钝的浸礼会教徒"、"货真价实的怪人"——中表达了和凯瑞十分类似的观点,只不过在形式上略有差异。麦克卢汉指出,《传播的偏向》包含着许多醒目的偏见,因此他建议人们带着批判的精神去研习英尼斯的理论,更多地将其视为对既有思路的一种挑战和激励,而非将其尊奉为圣典。英尼斯固然是大师级人物,但他总不可能对自己说过的每一句话都字斟句酌。

第二种解释更具影响力,且与第一种解释几乎截然相反,如同镜中反射之虚像。这种解释认为英尼斯是一位富有耐心的贤者、如艺术家般完美的学人;他始终在有意识地通过一种革命式的文风来传递自己关于传播与知识的革命性观点。事实上,在向传播史"进军"的过程中,英尼斯采用了一种独一无二的风格来表达自己理论体系中最深奥的论点:口头形态(orality)与逻辑论证在观念的互动、交流与变迁中发挥着重要作用。他发现,为了使文化保持活力,就必须让不同的观点以及争论的双方和平共存。书写与印刷(伴随着相应的现代主义科学观)废止了对话,进而扼杀了整个西方文明的辩证逻辑,因此当务之急是促进口头传统的复兴。通过培养矛盾与并置几乎不相关的数据与观点,英尼斯努力恢复口语传播的理智、学识与机敏。通过此种方式,他证明了传统的言语逻辑不但可以重生,而且依旧有实践价值;而实现这一目标的重要性,是他念兹在兹的(Theall, 1981, pp. 228—230; Stamps, 1995, pp. 90—96)。

然而,关于《传播的偏向》一书的佶屈聱牙,上述两种截然相反的说辞均无法令人彻底信服。姑且不论英氏著作的雅致特性,单是其"口语文本"的有效性或"天马行空的文风"(Stamps, 1995, p. 67)便已然令策略、结构与个体性情变得问题重重。西方文学是从口语传播中脱胎而来的;在书写和印刷的年代里,珍视口头文明的传统社会通过文本上的发明创新来维系口头文学中的逻辑关系。毕竟,就连柏拉图这样的人物也被极不情愿地拖进了书写的世界,而且也并未因此丧失其思想的"玄学"特征。对此种策略,没有谁比英尼斯更加心知肚明,他完全可以采用一套更为有效的历史研究模式,①然而他并未这样做。另外,《传播的偏向》亦未能在文本中清晰地呈现出某种复杂的逻辑结构。英尼斯的"个性化论述"显得既封闭又"冷感",其间包孕的矛盾冲突则兼具隐晦和顽固的特征。这些矛盾冲突只有在将不同文本互相比较之时方能显现,且在同一语境之内持续存在着。

最后,假若英尼斯处心积虑想要建构的是一个"口头文本",那么他一定会将自己的意图原原本本地告诉我们。通过阅读人物传记来勾勒英尼斯的性格特征,不难判断出他绝不是一个贸然向读者展开颠覆性"攻击"的人。作为儿子、父亲和社会人的英尼斯的确喜欢恶作剧,但没有任何一篇传记将他描述成一个有控制欲的人(Cooper,1977)。不但如此,他还十分关切读者对自己作品的接受情况:在《传播的偏向》及其他一些演讲和文章的开篇,他便冒着"斯文扫地"的危险,努力向读者阐述自己要做什么以及将会如何去做。他在自己的文本与回忆中表达了对西方文明命运的殷切关怀;他非常严肃地对待学术问题,对知识的受众怀有深刻的敬重,决计做不出让读者大失所望的"恶毒"举动来。

不过,在努力对英尼斯文本的特征作出解释的过程中,切不可过分倚赖人物传记。而这,恰恰是第一套说辞竭力实现的。将英尼斯视为一个虽年老体衰却仍念兹在兹地通过传播研究来为西方学界争脸,从而罔顾作品的连贯性与可读性的学者的观点,并不能简单地拿来作为考察《传播的偏向》以及其他英氏作品的依据。从书中包罗万象的文献引用和精心雕琢的语言特征来看,作者绝非处于某种急功近利的重压之下。在正式进入传播研究领域之前,英尼斯即搜集了海量的参考资料,同时还列出雄心勃勃的规划,要撰写一部"传播史",这都体现出某种学者式的冷静和审慎的思考过程。

显然,在从经济史向传播史转向的过程中,英尼斯认为自己有必要对写作风格进行一番"剧烈的"变革。于是,我们看到,适宜用来考察传播史的方法与风格与适宜用来考察鳕鱼或海獭运输业的方法与风格是截然不同的。英尼斯独特的传播史研究模式体现了其与旧式经济史研究模式

---

① 犹太教经典《塔木德经》(The Talmud)即呈现了一种容易把握的模式。关于口头传承的《塔木德经》的文本特征,请参见 Menahem Blondheim, Shoshana Blum-Kulka and Gonen Hacohen, "Traditions of Disputes," 即将发表于 Journal of Pragmatics; 以及我对 Marvin J. Heller, Printing the Talmud 一书的评论,刊载于 Papers of the Bibliographical Society of America, 94 (3) (2000), pp.437—440。

的彻底决裂。相应而来的,就是行文风格和观念传播模式的激进变迁。

无论具有多大的解释力,上述两种旨在说明《传播的偏向》一书缘何缺乏内在连贯性与一致性的说辞均与"经典"这个概念密切相关。尽管两种观点针锋相对,却均承认英尼斯独特的文风为其理论观点涂上了"玄学"色彩。这一局面的形成,无论是出于作者的本意抑或仅仅是无心之失,无论是"忙中出错"还是"刻意为之",英尼斯的追随者们都应从自身的感受、想象、环境与关怀出发,对英氏著作作出修正和改写——这既是他们义不容辞的责任,也是一种宽广博大的自由。①

在英尼斯早年发表的关于加拿大经济史的论著中,情况截然不同。他对加拿大商品出口情况和市场运行机制的总结,直至今日,仍被认为是条理清晰、论述充分的典范。然而,明晰也就意味着掣肘,诚如哈罗德·布鲁姆(Harold Bloom)所言:"书是上架了,但我们也失去兴趣了。"《传播的偏向》以及英尼斯的其他传播学著作,尽管晦涩暧昧、充满不确定性,却为后人对理论的发展和拓充预留了空间,仿佛英尼斯本人根本就期待着读者们能够与自己"合力"创作。这一姿态蕴含着深刻的意义,集中体现为文本可被读者随时修改。英尼斯开创了一种独具特色的类型学,具有不可预见的应用价值,这使他的著作得以适应种种迥异于彼此的环境。英尼斯此举带动了其他学者不畏争议、积极探索与创立自己的写作风格,从而避免掉入紧随大师亦步亦趋的窠臼。然而,后世那些富有新意的、赋予人类传播以宗教仪式般功效的理论进展,大多以自己的方式宣示了与英尼斯思想的决裂。尽管马歇尔·麦克卢汉(1951)谦称自己的作品顶多只能为英尼斯的书作注脚(p. ix),尽管詹姆斯·凯瑞(1975)强调其影响深远的论述只不过是对英尼斯的"温和扩充"(p. 30),我们都得承认这两个后来人所建立的理论模型确已超越了英尼斯思想遗产的界限。②

---

① "相比任何其他重要学者而言,英尼斯的著作或许是最'残缺'的……不过,这种'残缺'内部蕴藏着巨大的空间,供后人学者作出种种颇富新意且切实可行的探索。"(Heyer, 1972, p.258)在 Heyer 看来,这是一种审慎的不确定性;正是这种不确定性使英尼斯"避免陷入精神的泥淖之中"(p.250)。

② 凯瑞所著之其他影响深远的、对英尼斯进行"阐释和拓展"的作品还包括"Harold Adams Innis and Marshall McLuhan"(1968)以及"Culture, Geography and Communications"(1981)。凯瑞还对后者进行了修订,发表时的题目改为"Space, Time and Communications"(1992)。另可参见 Carey and J. J. Quirk, "The Mythos of the Electronic Revolution"(1992)。

然而，尽管麦克卢汉和凯瑞都成了独当一面的传播学者，我们仍不能否认他们或多或少地从英尼斯的著作中汲取了养料，哪怕只是一页的内容、一个脚注。在《传播的偏向》开篇，英尼斯将自己关于传播与文化的理论思考与阿尔弗莱德·路易斯·克鲁伯（Alfred Louis Kroeber）的《文化增长模式》（Configurations of Cultural Growth）联系在一起。他断言："我只想为（克鲁伯的）理论**添加一个注脚**，除此之外别无他求。这种方式足够让我就传播对于文化特性的强化和衰退可能具有的重要性展开讨论了。"（p.33）此外，我们还应注意到，英尼斯在这篇序言中引用了芝加哥学派社会学家查尔斯·霍顿·库利（Charles Horton Cooley）一篇论文的题目：《传播的重要性》（"The Significance of Communication"）。相应地，凯瑞将自己的论文集命名为《作为文化的传播》（Communication as Culture）（1992），似乎也是在向英尼斯的上述言论致敬。就连凯瑞那番"对英尼斯的温和扩充"的表白，也不过是在拾英尼斯的牙慧罢了——在《帝国与传播》中，英尼斯谦恭地声称自己的作品"仅仅是对格雷厄姆·沃拉斯（Graham Wallas）与厄尔维克（E. J. Urwick）著作的补充"（p.9）。这一系列的脚注、扩充与互相引用，构成了一个小小的"王国"，展示了所谓"经典文本"的仪式般的特征：一方面，每一位学者都通过与这条"锁链"发生关联的方式来确定自身的权威性；另一方面，"锁链"仅仅具有参考意义，甚少令理论研究者感觉束手束脚。经典文本之所以值得尊敬，恰在于其自身拥有温和、中立的特性与潜在的自我更新能力；其启发性功效集中体现为研究者能够从经典文本之中不断引申出新的内涵来。

如前文所述，《传播的偏向》一书的读者所产生的关于理论连贯性的困惑是在两个层面上显现的。首先，在对文本进行精读的过程中，读者会不断遭遇前后矛盾与叙事断裂；为了解决这个问题，他努力去寻求一套论述逻辑来解释细节上的错乱；在这一过程中，他又遇到了一个更严峻的问题，那就是作者在处理史料时采用的过于宏阔的视角和过于琐碎的呈现。总之，英尼斯在《传播的偏向》中发表的言论和探讨"同时受到向前、向后、向旁三股力量的牵引"。于是，读者被绕糊涂了，开始怀疑书中是否存在真实、牢固的理论内核——是否存在造物主。最终，读者无可奈何地发现，自己必须挺身而出，扮演造物主的角色。

就这样，英尼斯将其追随者引领到了一片喧嚣的边缘之壤，而那些人却发现自己正置身于一片极富创造力的土地。"喧嚣的边缘"不同于"喧嚣"本身，它为"各种各样创造性的互动和转变"提供场域；于此处，人们可以"在最大限度上变得强大与高效"。诚如凯斯特勒(Arthur Koestler)所言："此前毫无关联的两种技能或两套思想的矩阵突然间发生了连锁反应。"就这样，读者们找到了救命的处方，可以解掉"喧嚣"之毒——尽管英尼斯的著作包含着种种逻辑矛盾与冲突，甚至连事实和史料的呈现都"凌乱不堪"，但其理论体系在总体上呈现出高度的内部连贯性(Lissack and Roos, 1999)。

事实上，许多接受挑战、勇于对《传播的偏向》作出主动性解读的人都发现这本书带给自己的乃是一种独一无二的思想体验。他们将阅读英尼斯的著作喻为观看现代视觉艺术：只有懂得欣赏马赛克和点彩法(pointillism)的人，才能从罗莎哈测试(Rorschach)的水墨点中汲取灵感。无论如何，文本本身只不过是一种挑战或一味催化剂，阅读者必须通过建构自己的格式塔(gestalt)来对其作出回应。这样看来，英尼斯的著作的确蒙上了玄学的面纱，但同时又具有重要的参考价值：正因《传播的偏向》允许，甚至促使读者根据自己的时空体验来发展自己的观点，它才最终成为不可取代的经典之作。

英尼斯的读者随他"闯荡"了传播史的喧嚣宇宙，他们从他的书中提炼出具有凝聚力和连贯性的观点，并最终将这些观点融入了标准传播学理论的版图，使之成为浩瀚无边的人类传播思想的一个部分。尽管英氏理论带有强烈的实验色彩与幻觉色彩，却仍有许多研究者努力迎接着挑战。他们去粗取精、去伪存真，而支撑他们完成上述工作的，毫无疑问，是对英尼斯的欣赏和尊敬。

● 崇高性：被经典化的英尼斯

我们在本书中专门辟出一章来讨论《传播的偏向》，或许表明英尼斯的著作完全有资格跻身传播研究经典文本之列，无论人们采用何种标准来界定"经典"一词。英尼斯究竟说了些什么？绝大多数传播学标准教科书里都给出了总结与介绍。用英尼斯自己的话说，"被编入教科书"是特定观念与意识形态得以以结晶形态嵌入现有知识体系的重要标准。①除此之外,英尼斯的"经典性"还体现在大量探讨其理论与著作的书籍和论文、被其他学者引用的次数、大学系科的课程设置以及搜索引擎的点击数量上。当然,还有多伦多大学出版社因出版其作品而赚来的大把银子——该社几乎拥有再版与发行英尼斯全部著作的独家授权。综上,我们不妨认定,英尼斯的著作已经成为其他学者从事相关领域研究的重要参考文献。

教科书、课程表、论文脚注和百科全书中的"英尼斯"看上去似乎是一个连贯的整体,这可比《传播的偏向》中存在的种种"凌乱"令人愉悦得多。如此"被经典化"的英尼斯理论既不存在内在矛盾,也没拿"开放式结局"让读者乱猜,而是被呈现为一整套包罗万象的传播思想体系。更令人震惊的是,原著中那些晦涩艰深的观点竟然被"整理"得既简洁且易懂,天衣无缝地嵌合在现有的传播理论版图内。英尼斯究竟是如何"被经典化"的?换言之,英尼斯的观点是怎样被人们加以提炼与凝缩,从而与其他业已成形的传播理论"和谐相处"、共同构建传播学的学科地图的?这本身就是一个非常值得研究的问题。也许有人会说,英尼斯的著作实在太复杂,我们不得不对其进行大刀阔斧的删减,以将其"整合"为一个明晰的理论体系。事实上,许多人也乐意接受一个经过必要修订与整理的、"兑了水的"英尼斯,毕竟,阅读晦涩的原著实在令人伤神(Westfall, 1981, p.38; Stamps, 1995, p. xiv)。因此,若要指出《传播的偏向》一书所体出的最具特色的辩证法,莫过于其显著的开放性竟"迫使"后人在原著基础上去创作更加澄澈的学术图像,因为只有如此,英尼斯的观点才能被正式纳入"传播学经典"之列。

被经典化的英尼斯涵括了一系列为英尼斯本人和他的读者共同认可的要素。首先,是英尼斯所采用的研究方法及其研究和理论中承载的历史真实性基础。英尼斯的传播观源自其对历史中传播现象及人类传播行为的历史的考察——正是这双重"历史"支撑着他头脑中"传播"这个概

---

① 英尼斯在许多著述中讨论过"教科书"的问题,如"The Teaching of Economic History in Canada"(1958, p.3); Idea File, p.286. 鉴于英尼斯对教科书在知识体系中扮演的角色问题给予了大量关注,我们不妨对他本人所编写的教科书做一考察。他所出版的教科书分为两种类型,第一种是将一手文献略做编辑,结集出版,如 Innis and Lower(1929, 1933);第二种则是直接参与撰写的著作,如专门为工程师所写的 Engineering and Society: With Special Reference to Canada, Part II, with J. H. Dales (Toronto, 1946)。另可参见 Neill, 1972, pp.27—28。

念。此外,还应指出,在英尼斯的视野中,技术在很大程度上驱动着历史。第二,是英尼斯对媒介——一种技术制品——的格外关注;他认为媒介在传播过程中发挥着重要作用,从而极大影响了传播的社会效果。① 在某一社会中,成为支配性媒介样式的传播技术为该社会里人类的传播行为提供了必要条件,从而也就深刻地影响了与传播相关的社会文化机构的运行。最终,就连其他更广泛意义上的社会格局都要受到传播技术的支配。鉴于英尼斯如此强调媒介对社会传播系统与机构的决定性作用,人们便顺理成章地为其理论贴上了"技术决定论"的标签。② 由是,就连最受尊敬的一本大众传播理论教材都为讨论英尼斯的那一章拟定了"技术(媒介)决定论"的小标题。在这本教科书中,作者对英尼斯的《传播的偏向》作出如下总结:

> 说到媒介决定论,体系最完备、影响力最深远的论著莫过于加拿大经济史学家哈罗德·英尼斯的作品……对此,马歇尔·麦克卢汉曾做过专门的推介。英尼斯将一系列古文明呈现出的特征归结于各个文明内居于主导或宰制地位的传播方式,从而指出不同的媒介依其自身的"偏向"而对社会形态产生不同的影响。(McQuail, 1994, pp. 97—98)

关于英尼斯理论体系的两大基石,即历史主义与技术决定论,马歇尔·麦克卢汉(1951)在为《传播的偏向》所做序言中一语道破天机:"他(指英尼斯)发明了一种方法,将历史情境视为'实验室',并于其中来检测技术究竟如何影响了文化的形态。"(p. xi)须知,麦克卢汉的这篇序言是旨在将英尼斯推上"传播学大师"的宝座的。

第三点,也是英尼斯思想遗产中最为人们广泛应用的一点,就是他关于知识垄断的阐述。③ 通过将"垄断"这个经济学概念引入传播——关于知识的产品与技巧——领域,英尼斯优雅地捍卫了自己的媒介决定论思

---

① 关于"言谈"是否可被视为一种技术,学界仍然存在激烈的争议。问题的关键在于应当如何定义"技术"这个概念(可参见 Beniger, 1986; Ong, 1982)。不过,就算将口语排除在技术范畴之外,我们仍可将其视为评估其他必须基于技术的传播媒介的基准线。正因如此,我们可以说,口语传播与技术分析之间具有非常密切的关系。

② 亚瑟·克罗可(Arthur Kroker)对英尼斯理论的探讨刻意回避了技术决定论的问题,转而强调英尼斯只是将技术视为一种"启发的策略"。参见 Kroker, 1984, pp. 87—122。

③ 若有初学者想迅速了解关于"知识垄断"的代表性观点,不妨参见 Marshall Soules, "Harold Adams Innis: The Bias of Communication and Monopoly of Power"。

想。当某些媒介或知识产品在社会传播环境中占据了统治地位,寡头垄断机制就会发挥作用,阻滞竞争者的出现,竭力强化并维护上述媒介或知识体的特权地位,从而最终支撑着垄断媒介与技术加诸社会及政治文化领域的效应。

最后,人们普遍认为,英尼斯为勾勒与分析纠结于历史中的、错综复杂的传播媒介设立了一套行之有效的标准体系,对传播系统、社会以及传播中的文化都产生了影响。这套标准体系就是"时间—空间"的二分法。英尼斯就是运用这一体系对各类媒介及相关的传播技术作出评估的。在他看来,某些媒介可以更加有效地在时间的延续中传承知识——从过去到现在以及从现在到未来——而有些媒体则更擅长在空间范围内散布知识。"口语"和"书面"则是传播的两种基本模式,同样重要的还包括上述时空媒介观的历史起源。

以"时间—空间"为坐标轴来区分单个媒介乃至多种媒介聚合的差异,这是被经典化的英尼斯理论的主要特征。在英尼斯的引领下,后来的学者们相继考察了可以与"时空"体系相提并论的其他变量,如社会、政治、经济、宗教、法律、行政、管理,等等,他们将这些变量天衣无缝地嵌合在对社会及其偏向的总体性描述之中。在相互冲突的时间与空间坐标系里,更为重要的因素是知识与获取知识的天性,包括对意识的表述(Christian, 1977; Stevenson, 1994, pp.115—116)。[①] 而且,事实上,英尼斯对这一核心观点的阐述是相当清晰的。他在《传播的偏向》第一段中即指出,任何一种传播媒介

> 都对于在时间或空间范畴内传播知识发挥着重要的作用……若某种媒介本身很重、不易腐坏,那么它更适宜在时间的延续中保存与传递知识;若某种媒介很轻且方便运输,则它更适宜在空间范围内散播知识。(Innis, 1951, p.33)

绝大多数人赞同英尼斯上述观点的合理性和适用性。事实上,我们似乎只能找出一个反对的声音,站出来挑战英尼斯关于媒介"寿命"与"时—空"体系之间关系的理论。在讨论埃及从古王朝向中王朝演进的过程时,一位学者声称:

> 中央集权渐趋倾颓。昔日的王朝多强调对广袤空间的控制,这

---

① 凯瑞对时间与空间体系的建构尤其具有启发性,参见 n.16。

集中体现在金字塔这一事物身上;而新的王朝转而将注意力集中在延续性和宗教事务(也就是时间的要素)上,因此书写和纸莎草方才大行其道……这一过程弱化了国家对空间的控制。

上述言论似乎对英尼斯的理论持完全相反的态度:具有持久性的媒介如金字塔是用来控制空间的,而轻盈、不易保存的纸莎草反而拥有了时间的偏向性。事实上,提出上述"反证"的学者正是英尼斯本人,这番论调见于《空间的问题》("The Problem of Space")一文(1951, p.95)。

一方面,我们自然可以将英尼斯的"自相矛盾"视为一位热情洋溢却负担过重的老人在竭尽全力向世界展示自己伟大发现的过程中出现的"短路"现象。可另一方面,将此举看作"伟大导师"英尼斯刻意为之以"挑逗"与"激活"读者的"开局弃子策略",亦未尝不可。但无论如何,最有可能的是英尼斯的的确确表达了自己的真实想法,并试图通过对观点进行释经般的讨论来获取真相。这样一来,人们就必须对"时间媒介—空间媒介"这一二分法定律持有基本的怀疑态度,而不至于不加思考地全盘接受。问题的出现源自"口语"这种传播方式的特性。众所周知,从《传播的偏向》到《帝国与传播》,尤其是在《密涅瓦的猫头鹰》("Minerva's Owl")(1951, pp.3—32)和《时间的诉求》("A Plea for Time")(1951, pp.61—91)两个章节中,英尼斯反复强调的一个观点即是,人类社会倾向于将口语文明和书写文明对立起来。在英尼斯看来,口语传播并不是空间性的,而是时间性的。这样一来,"时—空"公式的空间一端似乎显得很有分量了,毕竟人类的声音很难逾越物理上的障碍以实现在广袤空间中的传播;而且,口语中承载的知识往往在从一地传到另一地、从一人传到另一人的过程中变质,这也导致口语媒介的空间性相对较弱。然而,口语在维系空间方面的羸弱力量并不必然表明其传播的信息具有时间上的延续性。事实上,情况恰恰相反:口语丝毫不具备金字塔、石碑和黏土板的沉重和持久性特征,可英尼斯却偏偏将口语视为偏向时间的传播模式的典范。

若要解答上述谜题,我们似乎得到人类对各种媒介自身局限性的适应机制中寻找答案。鉴于口头知识转瞬即逝、昙花一现的特征,为了保存这些知识,传播者只能努力将其内化于心,并且通过翻来覆去向自己及他人讲述的方式来强化记忆。由是,为使口头传播的知识传承不断,人类必须不间断地对后辈讲述这些知识,不间断地对这些知识加以消化理解并使之与自己的认知相结合。如此,我们才能认定口头传播是时间性的,因其在人类的观念中建立了一种"存留"的意识,即努力将有用的知识不间断地传递给下一代,并竭力让这些知识在时间的流逝中保持鲜活。对于那些关于过去、来自过去的知识而言,想要在缺乏持久性媒介的环境中生存下去并保持活力,就必须倚赖这种代代相传的毅力。借此,人类才得以让过去和现在联结起来——恰恰是"转瞬即逝"的口头知识才将以口语为主要媒介的古代社会嵌入了绵延不断的历史长河之中。

在上述辩证模型的帮助下,我们轻易解决了《传播的偏向》中的英尼斯和《空间的问题》中的英尼斯之间那些"阴魂不散"的自相矛盾。沿着口语的时间性特征和结构,英尼斯使我们明白:若某一社会政治系统擅长对广袤空间加以控制,那么该系统的"软肋"就必然是时间的延续性问题——"空间性"媒介总是要面对在时间上难以为继的困境。假如统治者意识到上述缺陷的危险性,他们多半会投入相当的精力去发展时间性媒介,即开始关注或"偏向于"时间维度。同理,若某一社会文化系统精于运用时间性媒介来践行统治,则统治者会将注意力集中在对空间性权力的攫取上。总而言之,一种偏向的盛行往往会导致与其相反的另一种偏向的出现——后者对前者进行补偿,从而维持着媒介力量的平衡。

在《传播的偏向》一书中,英尼斯在考察了媒介的"时间—空间"二分法之后,用了一整页的篇幅对上述"倒决定论"(inverted determinism)机制进行了阐述。在描述古埃及早期王权的崛起时,英尼斯指出:"王权的成功之处体现为其在空间范围内实现了对埃及的统治,因此延续性,或时间性的危机,就成了统治者需要格外关注的问题。"正因如此,古埃及王朝才发明了旨在使人肉身不腐的木乃伊技术,兼大兴土木修建金字塔,以此来"强调权力统治在时间上的延续"(p.34)。与之类似,在公元前16—17世纪中叶,当埃及赶走希克索斯(Hyksos)人、重新建立自己的广袤帝国之后,恰恰是"对空间问题的解决迫使国王开始尝试解决帝国的延续性问题"(p.35)。

倘若我们将上述"倒决定论"逻辑认定为英尼斯的主要诠释框架,那么就连麦克卢汉在《传播的偏向》的序言中明确指出的自相矛盾之处也便无甚稀奇了。麦克卢汉是被英尼斯在《工业主义与文化价值》("Industrialism and Cultural Values")(1951,pp.132—141)一章中的论述给弄糊涂了。在这一章中,英尼斯强调希腊人发明字母表并通过增补元音的方式对其加以改进,体现了耳朵对眼睛的胜利——可事实上,谁都知道人们必须依靠眼睛去识别并阅读那些元音。不过,在对《传播的偏向》进行文本细读之后,我们会发现英尼斯对古希腊社会口头传播与书写传播问题的讨论是在采纳了"倒决定论"框架之后进行的。他的本意是,随着偏向空间的改良版字母表的出现,希腊人才开始将注意力转移到偏向时间的口头传统上。依"倒决定论"逻辑来看,只有当希腊人成功发明了一种行之有效的空间性媒介,他们才有心思考虑媒介环境的平衡问题,亦即通过对声音和耳朵的强调来保存原始的"时间偏向性"。这是一个不可避免的过程。

当英尼斯广泛应用上述逻辑来阐述问题却疏于对逻辑本身作出详细说明时,呈现在读者面前的理论体系自然就显得含混暧昧了。事实上,英尼斯是在用某种"脑筋急转弯"来对经典思维方式中的对立关系的机制作出回应。彼时,英尼斯深受典型西方世界观的影响,将时间与空间视为矛盾对立的双方,而两者之间的关系是错综复杂的;这缘于它们既是概念,又是实际存在的现象。尤其是,包括英尼斯在内的很多人都接受黑格尔的哲学,倾向于认为在某些极端情况下,矛盾双方会发生互相转化,从而也便再次强调了柏拉图的基本观点:变化即意味着从矛盾的一方转移到矛盾的另一方。因此,尽管英尼斯对媒介作出了时间性和空间性的区分,却也不得不承认两种偏向之间将会不可避免地发生易位。

英尼斯坚信,在时间偏向和空间偏向之间维持一种平衡状态是可以实现的,而且在历史中的某些时期、某些地点,人类社会的确达成了这种平衡,比如古希腊的雅典和中世纪早期的拜占庭。对于自己所处的现代西方世界,英尼斯则提出了批评,认为在当下社会中,天平的指针已严重倒向了空间一边。既然矛盾双方的相互转化是不可避免的,那就意味着随着不平衡状态的加剧,转化的过程也会变得愈发激烈。英尼斯是一个悲观主义者,他担心最终的结果就是整个西方文明的倾覆。

正是在上述"倒决定论"的逻辑框架内,英尼斯对知识垄断问题的关注才显得格外重要。从本质上说,媒介乃是人类心灵和外界事物交互作用的场所,是为观念的生活世界(lifeworld of ideas)提供给养的技术资源。随着垄断的发生,某种特定的媒介或许会成为社会传播的唯一实在机构,从而也就完全控制了知识的特性与扩散。这种关乎人类心智的垄断机制不但能够不断加固自身的地位,更可从根本上左右社会关注,为世界赋予某些对自己有利的图景并维护社会权力结构的现状。当知识终于被某些特权者完全垄断,整个社会的寡头垄断机制就会超越为其提供支持的技术资源,变得更加强有力;若知识的垄断者是一个高度密集且效率极高的组织,情况则会进一步恶化。无论如何,知识垄断所带来的最危险的后果即是心灵的贫瘠和意识形态的骤变。在绝对垄断的庇佑下,权力所有者得以蒙蔽个人与社会,使他们对哪怕最清晰的失衡状态也视而不见,遑论认清这一状态的危险性和探索改变现状的可能性了。将社会传播的模式钉死在某一个维度上——无论时间还是空间——都会扼杀社会的自我修正与自我调整功能,从而使"倒决定论"失效,令平衡状态的回归难上加难。①

然而,若英尼斯上述关于在时间和空间的矛盾对立中寻求"平衡"的理论是站得住脚的,那么关于其研究路径的最为广泛认可的假设就遭遇了挑战:英尼斯到底是不是一个技术决定论者?所谓技术决定论,通常包括三个重要命题。第一,技术,作为科学的衍生物,是一种自洽的力量,可以自行生产新观念而不必倚赖其他社会要素。第二,在社会平稳发展的前提下,技术是促使人类生存状况发生变迁的首要动力。第三,在社会平稳发展的前提下,由新技术导致的变迁往往对社会产生巨大的影响并可改变社会的形貌。②

英尼斯本人在《传播的偏向》一书前两页的第一自然段中似乎默认了外界贴在自己身上那不无争议的技术决定论者的标签。他如是写道:"任何一种传播媒介都对知识的扩散发挥着某一方面的重要作用……只有深入考察媒介的技术特性,方能对媒介的文化功能作出准确的评估。"(p.33)事实上,对媒介技术进行如此细致的研究极有可能导致戏剧性的后果:

> 若某一种传播媒介在相当漫长的时期内被人们持续使用,那么这种媒介便可以于很大程度上决定知识在传播中的属性。最终,宰制性的媒介技术让自己的影响力遍布整个社会,从而使人类的生命力和适应力渐渐在当下的社会文明中变得难以为继。到了这个时

---

① 英尼斯发现民族国家对这种不平衡状态格外关注,这或许因为一切民族国家都建立于历史意识中形成的民族身份和拥有特定的、排他的地理空间的基础之上。由是,在上述两个要素之间寻求平衡对于现代国家的良性发展而言就显得格外重要了。若要了解民族主义在时间与空间偏向中的状况,可参见 Stevenson, 1994, pp.116—117。这种平衡对于加拿大的民族主义而言尤其重要,缘于加拿大的短暂历史和广袤国土。关于加拿大的民族主义与传播的关系,Deutsch (1966)的观点产生了深远影响。另可参见 Fortner, 1900, pp.24—31。

② 关于技术决定论与社会建构论的构成,可参见 Smith and Marx, 1996。

候,一种新的媒介会横空出世,其身上势必具备某些旧媒介无法企及的优点,并可以将人类引领至一个崭新的文明之中。(p.34)

同理,新文明的特征也是由占据统治地位的媒介技术决定的。由是,历史便在技术的推动之下周而复始,如车轮般向前演进。

不过,前文论述过的"倒决定论"却可以阻止悲剧的发生,从而将英尼斯从技术决定论的泥淖中"解救"出来。如果英尼斯坚持认为社会有能力自动平衡时间与空间偏向之间的矛盾,并通过着力发展和采纳新传播技术的方式遏制霸权媒介的垄断倾向、阻止社会进入僵化的"不应期",那么我们就不能将他归入技术决定论的阵营。恰恰相反,毋宁说其论点体现出彻头彻尾的社会建构主义色彩,坚信社会的策略与选择才是导致技术变迁的决定性力量。① 是社会,而非技术,决定了有多少文学遗产可以进入口头传统、应该在时间偏向和空间偏向之间作出何种选择、复印机和《真理报》孰优孰劣、美剧《宋飞正传》(Seinfeld)的卫星接收信号强度如何,以及地方清真寺、犹太会堂和基督教教堂哪个布道声最嘹亮,等等。经由倒决定论"消毒"之后的媒介决定论开始假定:如果社会是条狗而技术是它的尾巴,那么应当是狗摇尾巴,而非尾巴摇狗。

因此,在英尼斯看来,无论一种传播技术是如何进入社会的,它都绝不可能是社会变迁的首要动力。在《传播的偏向》一书中,英尼斯以极其丰富的史料证明了导致社会变迁的因素往往是因时、因地而异的,如尼罗河洪水、外族入侵、战争胜负,以及新神祇与新观念的出现等等新奇事物的"介入",都可以反映和影响社会的变迁。技术扮演社会变迁推动者的角色只能是特例,而不可能是常态。事实上,在英尼斯博大精深的思想体系中,只有一个方面隐约流露出技术决定论的意味。前文曾指出,技术决定论认为对新技术的发明和使用可以消弭社会中的宰制性偏向,从而实现社会的自我调节功能。就算技术完全是由社会来驱动的,就算社会对技术的采纳只是为了应对其他因素导致的变故,我们仍无法否认,一旦某种传播技术进入了社会结构,就一定会发挥重要的作用、产生强大的效果。在这个意义上,说英尼斯是一位传播技术决定论者也未尝不可。

不过,在这一点上,我们有必要添加一个小小的注脚,对这一说法稍

---

① 威廉·韦斯特福(William Westfall)(1981,p.43)指出:英尼斯在考虑"偏向"这一概念的内涵时总是纠结于神学的争论之中,无法在"人类的自由意志"与"上帝的历史计划"之间作出选择。决定论与"倒决定论"之间的矛盾正是体现了上述神学命题的逻辑。

事扩展或略加修正。尽管英尼斯在考察人类历史的时候仅仅将传播技术视为导致社会变迁的动因之一而非决定性因素,但他的确对技术问题投入了相当多的关注,并鲜明地指出在传播技术中蕴含着巨大的"爆发力"。不过,在处理"传播"和"技术"这对复杂的概念组合时,英尼斯最终还是将强调的重点放在了前者身上。因此,依我说,英尼斯乃是一位**传播**决定论者而非技术决定论者。在他看来,对社会特征与人类历史产生巨大影响的是传播过程以及与之相关的种种机制。

● 革命性:《传播的偏向》与传播决定论

假如"经典"意味着某种革命性创新,那么英尼斯的伟大发现就是传播决定论。他揭示了"传播的重要性",亦即人类文明"深受传播行为的影响,且传播方式的变迁必然带来重要的后果"(1951,p.3)。这位经济史学家发现:是传播,而非金钱,维持着整个世界的运行。既然传播史对于世界史而言至关重要,英尼斯自然要在对传播行为的考察中研究人类历史的演进,正如他早年在政治经济学的框架内把握加拿大本国史一样。故而,在某种意义上,英尼斯在传播理论上的重大发现即是确证存在"传播理论"这个事物;同理,他作为一位传播理论家所取得的革命性成果便是让自己成为了一位"传播理论家"。[①] 如前文所述,在正式开始对传播领域的探索之前,英尼斯便已列出海量参考文献,试图从中觅求灵感,而其中很大一部分内容即以引用或脚注的形式构成了《传播的偏向》中收录的各篇论文。尽管被英尼斯引用过的文献无论在标题还是副标题中均不见"传播"或"媒介"的踪影,他却仍将传播过程单独剥离出来,并通过赋予其历史文化重要性的方式,对观念、事物以及两者之互动机制作出了全面的解码。在这个意义上看,英尼斯的著作是极具革命性的。

若对20世纪末21世纪初社会与学术生活中的偏向问题做一观察,便不难发现英尼斯所谓"传播的重要性"其实已不算什么新鲜事。既然传播学已经变成了学术世界的一个合法领域并拥有了自己的大学系科、专业组织、学术期刊与教材,我们便自然可将"传播"视为一种拥有独立边界的社会经验了;更进一步,就算我们把"传播"当作理解其他领域的

[①] "我们有充分的理由认定英尼斯是将传播视为一个独立领域,并在社会与经济发展的后果中对其加以把握的第一人。他对该领域的探索和考察是开创性的。"(Heyer,1972,p.250)

工具,似也未尝不可。这种为传播赋予极高乃至中心地位的做法,如今早已显得乏善可陈。尤其是,人类社会在上个世纪后半叶经历了一场绝无仅有的生活经验领域的变迁,那就是传播的大发展。人们将这一过程称为"传播革命",并认定其导致了"信息时代"的到来。因此,在当代传播学学术研究与其所处时代的偏向中再看英尼斯的理论贡献,似乎就显得不那么"惊世骇俗"了,而至多是对"真理"的微小阐释罢了。

在《传播的偏向》一开篇,英尼斯就展示了自己的发现。如前文所述,他习惯于在文章一开头就明晰无误地揭示自己的主要观点和目标,并以之统摄全文。尽管《传播的偏向》本是英尼斯于1949年在密歇根大学提交的一篇论文,却也拥有"开门见山"的特点。在第一自然段里,英尼斯就以"提议"的方式阐述了自己的动机:

> 克鲁伯教授在其《文化增长模式》一书中对西方文明史不同时期内文化现象的总体风貌作出了描绘。尽管他用一系列观点对文化的变迁兴衰进行了阐释,却并未就这一问题展开更深入的讨论。在本文中,我将对传播在文化特征的潮起潮落中可能发挥的重要作用作出一番考察,唯盼能够为克鲁伯的思想做一注脚,别无他求。

事实上,英尼斯著作的革命性特色正是在其与克鲁伯理论的关联之中体现出来的。与活跃于两次世界大战期间的其他杰出学者一般,克鲁伯也将"文明"作为自己理论体系的分析单位(Sanderson, 1995)。他指出,面对伴随着各大文明同时迅速崛起的文化潮流,应当首先进行分门别类,再对其展开深入细致的剖析。他将文化发展划分为如下几个主要分支,分别是哲学、科学、文学、美术以及表演艺术。尽管英尼斯谦称自己只愿为克鲁伯的思想"做一注脚",但他的野心可远远不止于将传播列入上述"名单"。在他看来,传播是一个更加宏大的范畴,不但能够与其他因素协同促进文化发展,更能在很大程度上左右文化的整体进程。所以说,对于英尼斯所做的这个"注脚"我们必须予以高度认真的对待,不能因为英尼斯自谦了一番,就顺理成章地认为其思想只不过是拾人牙慧而已。恰恰相反,英尼斯为克鲁伯的发现提供了更加坚实的理论后盾,使其向前迈进一大步,并最终将其囊括于自己的思想体系之内。①

切不可将英尼斯对克鲁伯的恭维简单视为"站在巨人肩上"的权宜之计。事实上,英尼斯不但在研究视角与研究方法上与后者截然不同,就连其自身的学术身份也发生了激烈的变化。在《文化增长模式》中,克鲁伯试图从人类学理论出发来挖掘历史,期望能够证明自己关于文化发展结构的种种假说的有效性。英尼斯发现自己与克鲁伯一样,面临着严峻的方法论选择问题,不过他最终采纳了与克鲁伯完全相反的策略:不是从一般理论到历史,而是从历史到一般理论。这样一来,英尼斯就能再一次运用自己熟稔于胸的黑格尔哲学了。黑格尔将历史研究分为三个层次。首先是"原初的历史",即对一手史料的撰录;其次是"反省的历史",即后来的历史学家对历史加以消化、赋予意义的过程;最后是"哲学的历史",即通过对历史的阐释来建立理解全人类发展问题的一般理论。在黑格尔看来,哲学的历史就是应用历史研究中的发现来探求整个世界的普遍意义。最重要的是,他将某些领域的专门史,如艺术史和宗教史,视为联结"反省的历史"与"哲学的历史"的桥梁,因其持有"普适性论点"。至于始终努力为传播建构宏大理论的英尼斯,早已清醒地跨越了两种历史之间的樊篱,实现了从历史到理论的进化。

英尼斯将自己的身份定义为"历史哲学家",这对于我们理解其思想遗产,乃至《传播的偏向》一书的晦涩文风,均有重要意义。前文曾经指出过英尼斯著作中存在的一个难以解释的问题,即为何他早年从事经济史研究时总是引用一手材料,而转向传播学研究后竟开始无一例外地参考二手文献了。如果我们将英尼斯的行为理解为对黑格尔的效仿,则很多谜题都能顺势解开。由于黑格尔辩称哲学的历史是一门具有普遍意义的独立的历史,而反省的历史则为其提供了资料,因此英尼斯在从事宏大传播理论研究时改变方法论、全部引用二手文献,也就可以理解了。英尼斯独具特色的叙事风格,即对历史资料的条分缕析和对分析评论的兼容并蓄,反映了他始终在有意识地遵循着哲学史研究的原则与方法。他依照时间线索对史实加以细致呈现,并以哲学家的姿态对其作出个人化的

---

① 在《新闻业:20世纪经济史中一个被忽视的行业》(*The Press: A Neglected Factor in the Economic History of the Twentieth Century*)(1949)一书的开篇,英尼斯使用了类似的"伎俩":"我深知,本书只配给格雷厄姆·华莱士(Graham Wallas)的作品做一个注脚。"当然,结果就是,这个注脚最终对华莱士的理论作出了相当激进的拓展。

评价。通过此种方式，他得以将分析的重点聚焦于自己感兴趣的话题，即传播与文化的机制。

相应地，英尼斯的"历史哲学家"身份也为其著作内部包孕的内在矛盾问题提供了新的解释，那就是矛盾的来源以及矛盾双方的兼容问题。《传播的偏向》中存在的那些显见的冲突，以及《帝国与传播》中体现出的系统性冲突，只不过反映了英尼斯所引用的资料之间的冲突。鉴于历史哲学家英尼斯已经超越了历史研究的前两个层次，自然不必再去尽心竭力地撰录精确史实，而只需对其加以记录和呈现即可。至于前人学者的观念分歧，并不是英尼斯需要调和的问题。更为重要的是，矛盾双方的观点对于《传播的偏向》的理论突破而言都至关重要，因为它们最终殊途同归地证实了"传播的重要性"。对观点阐释中的矛盾问题亦可作出相同理解：英尼斯关于传播技术的后果与效应问题的阐述尽管时常多变且自相矛盾，但这并不要紧，因为英尼斯的目的仅在于表明后果与效应不但存在，而且很重要。

● 革命性："偏向"的起源

关于英尼斯的思想源于何处，以及他究竟经由何种过程认识到"传播对于人类发展的重要性"，我们无法获知确切答案，这真是一件令人讶异的事。解决上述问题的一种方法是对英尼斯著作的内部演化历程加以详察，并梳理其间蕴含着的关于"传播"的内容。如此，我们就必须假定英尼斯的革命性研究视角是自成一派的，且与其本人复杂的精神成长过程密不可分。还有一种方法，是对与英尼斯同时代的其他学者展开研究，找寻外部世界加诸其思想的影响。这样一来，就必须对芝加哥学派的理论观点予以足够的重视，因为在英尼斯活跃的时代，正值该学派的诸位巨擘震撼社会思想界，并孕育了最早一批关注传播问题的杰出学者。英尼斯与芝加哥大学颇有渊源，不但曾在该校读书，而且差点留校任教。鉴于此，假定芝加哥学派对英尼斯产生了一定影响似乎是一件合情合理的事。

上述第一种方法认为，英尼斯早年关于加拿大日常必需品的著作与晚年关于全球传播问题的著作之间存在明显的断裂——承认这一点是至关重要的。① 在从经济史转向传播史——从历史转向"哲学的历史"——的过程中,英尼斯的研究路径的确发生了剧烈的变化,这一现象似乎确凿无疑地支持了"断裂说";然而英尼斯历史哲学的基本假说,即"传播的重要性",却自始至终贯彻其整个学术生涯,是一个"雷打不动"的稳定内核。该"倒决定论"的辩证逻辑或许能够在"两个阶段"之间扮演桥梁的角色。

其实,早在刚刚踏入学术界之时,英尼斯便已经开始对传播问题的关注。他在自己的第一部重要著作,即那部关于加拿大太平洋铁路的"反省的历史"中,即已将传播视为某种时空关系中的特殊媒介。另外,在他与罗尔(A. R. M. Lower)共同编撰的两卷本加拿大经济史批判文选中,更可管窥某些"传播决定论"的端倪。第一卷主要由罗尔负责,传播于其中只扮演了鸡肋的角色;第二卷改由英尼斯主编,总计包括四个部分,分别涵盖了加拿大的四个区域,而每个部分的第一小节,都是关于"交通与传播"问题的翔实论述(Innis and Lower, 1929, 1933)。由此可见,早在从事经济史研究时,英尼斯即已充分意识到传播的重要性了。

尽管"传播"在英尼斯的经济史研究中的地位并不显著,但其重要性却是毋庸置疑的。在广泛意义上,英尼斯的经济学理论体现了他对弗雷德里克·杰克逊·特纳(Frederick Jackson Turner)的边境理论(frontier thesis)的批判性回应。② 在特纳看来,"边境"虽然是一个空间概念,却对时间维度的变迁产生着持续的影响,从而导致个体、社区和社会的传统遗产发生严重的断裂;而英尼斯则对欧洲和美国东部的制度习俗如何应对

---

① 这一问题引发了激烈的争论。克莱格顿(Creighton)(1981)是上述"断裂说"最为坚定的支持者。有趣的是,他从加拿大商业研究转向传播学研究的过程,恰好与英尼斯学术生涯的两个阶段相吻合(可参见 Berger, 1976 以及 Pal, 1977,后者强调英尼斯认为"做学问"和"做学术"是两个截然不同的概念,而从经济史向传播学的转化正体现了他努力把自己从"学问家"升级为"学术家"的努力)。此外,沃岑(Watson)(1977)对"两个阶段"的讨论也相当具有启发性。尼尔(Neill)(1972)为关于"延续性"的讨论铺设了广泛的基础。帕克(Parker)(1981)阐述了商业研究与传播政治经济学研究之间的相关性;在《哈罗德·英尼斯:日常必需品、传播与容量经济、日常开支、短缺以及偏向》("Harold Innis: Staples, Communications, and the Economics of Capacity, Overhead Costs, Rigidity, and Bias")一文中,他指出英尼斯在传播研究中的种种发现与经济学理论的某些基本问题之间存在千丝万缕的联系。

② 凯瑞曾精确指出英尼斯的传播思想与特纳的边境理论之间的关联。参见 Carey, 1981, pp. 80—84,及其关于英尼斯的其他看法(参见注释16)。关于边界理论的相关文献极多,较好的导论性著作包括 Billington, 1973、Bogue, 1998 以及 Taylor, 1972 中收录的论文。

边境的挑战更感兴趣。在他的"倒决定论"体系中,边境的"遥远"与"孤子"特征虽源自"断裂"和"分离",却同时激发了某种对于"联系"与"延续"的主动回应。① 经过一系列的搭建和完善工作,"交通和传播"已然变成某种高效的工具,促使全球商业主义思潮完成自东向西的扩张——从欧洲穿越大西洋、横贯新大陆,最终抵达太平洋。人类渴望征服空间障碍的欲求,最终在建立于交通与传播媒介基础之上的宏大的、空间偏向的社会经济系统内得到了满足——是边境所具备的确定性潜力导致了商品经济的出现。

英尼斯通过研究北美史中"传播的重要性",对特纳于1893年发表的革命性论文《边境在美国史中的重要性》("The Significance of the Frontier in American History")作出了毫不含糊的回应。最终,英尼斯得以将传播及其创造的制度习俗视为理解整个人类社会的一般工具,从而就传播在文明中扮演的角色问题建立起了独具特色的原创性理论体系——这些成就,集中体现在《传播的偏向》一书之中。将历史发展锚定于传播过程中加以理解是英尼斯首创的研究路径,是他在对商品和观念的流通过程的毕生钻研中孕育出来的。

当然,这并不意味着英尼斯丝毫没有受到其他学者的影响,"芝加哥学派"或许就是其思想的一个最主要的来源。早在英尼斯"发明"传播决定论之前,约翰·杜威(John Dewey)与罗伯特·帕克(Robert Parker),以及赫伯特·米德(Herbert Mead)和查尔斯·霍顿·库利便已将传播过程视为社会组织的重要来源和组成部分,并以此为基础开创了一系列理论。如前文所述,库利所著之短文《传播的重要性》先于英尼斯的《传播的偏向》问世,亦即比英尼斯更早地强调了传播是理解社会与文化发展的关键因素。②

库利对传播的关注是格外强烈的。在他看来,传播过程涵盖了人类表达与接受意义的全部行为,而意义则等同于人类意识的起因和效果。

---

① 这一观念最早可追溯至英尼斯对加拿大太平洋铁路的研究。在那部著作中,他或许也以难于察觉的方式借鉴了特纳的观点,参见 1971, p.287。

② 关于芝加哥学派的先驱对英氏思想究竟产生了多大的影响,从事英尼斯研究的权威们从未达成共识。麦克卢汉认为英尼斯的著作是芝加哥学派传统的延伸,并将英尼斯尊奉为"芝加哥学派中自罗伯特·帕克以降最杰出的大师";而凯瑞则指出芝加哥学派对多伦多学派的影响力是非常有限的。除此二人外,其他学者的观点大多在两个极端之间摇摆(Stamps, 1995, pp. 51—56; Neill, 1972, pp.25—34)。

如英尼斯一般,他认为媒介是至关重要的,因为意义——意识的起因和效果——的生成和流动是以媒介为渠道的。库利的父亲是一位专事铁路研究的著名学者,因此他和英尼斯一样将铁路交通视为理解北美经济发展的关键因素。① 尤其重要的是,库利提出了界定传播过程的四大基本要素,其中格外强调了时间和空间的维度。这四大基本要素分别是表达性、持久性("对时间的征服")、迅即性和扩散性(将空间范围作为衡量受众群大小的标准)。在此,时间和空间正式成为构成传播矩阵的基本变量。

尽管库利和英尼斯均认为传播是联结时间与空间的桥梁,但在某些至关重要的问题上,两人却"分道扬镳"了。库利将全部精力集中于人类历史不可抵挡的前进步伐上,认定随着时间的推移和空间的拓展,人类必须要牺牲一部分幸福以确保历史的进步。至于传播的进化,情况也大同小异:从"迅即性"到"扩散性"再到"持久性"的前进步伐是一往直前、无法阻挡的;事实上,在库利眼中,传播全球化进程对空间的征服和整合并没有什么不妥。退一步讲,就算库利相信在空间和时间之间存在某种交互作用机制,他对强大的新式空间媒介的迅速发展的狂热态度也不会消减半分。在库利看来,"进步"这个着眼于未来的概念无法从时间——记忆、延续性和历史——中汲取半分养料。

对此,英尼斯提出了尖锐的反对。于他而言,若要维持媒介发展的"迅即性",就必须在"持久性"问题上作出牺牲,最终也就危损了"稳定性"的地位。鉴于时间媒介与空间媒介之间存在交互作用,社会的发展必然是不平衡的、兼具峰谷的波浪式前进。总体上,英尼斯对保守派的历史观毫不买账,对过于理想主义的进步主义乌托邦亦不屑一顾;笃定的历史主义立场使他坚信文明并不总是上升和前进的,而会时常发生衰落与倒退。在某种程度上,英尼斯是一个悲观主义者,因此他对媒介进化的危险性始终保持着警惕。在他眼中,维持平衡比强调进步更加重要;而他的终极意图,即在于有意识地完成秩序的重建。他的世界观根植于历史意识、传统和记忆之中,而不甚关心未来的事。因此,尽管英尼斯对传播、社会与政治体制的分析思路师承自芝加哥学派,但其得出的结论却与库利这般狂热的进步主义者大相径庭。表面上看,英尼斯是芝加哥学派诸位传

---

① 请参见 Peters, 1999, pp.184—188 对库利的理论体系作出的简短而极具权威性的总结。

播理论家的学徒;可实际上,他已经"背叛"了自己的导师,独辟蹊径地提出了崭新的革命性理论。他播散着关于历史与时间的新福音书,让芸芸众生明白"回头看"其实也是一种前进的方式。

● 拓展性:"偏向"、现在与未来

经典文本的相关性主要体现在两个方面,分别是持续的启发性和持续的解释力。相对而言,英尼斯的著作所体现出的"启发性"远远高于其"解释力"。如前文所述,《传播的偏向》以及其他英氏传播学著作是极具启发性的,它们与生俱来的玄学色彩和不确定性鼓励乃至"诱使"后人对其作出创造性的"误读"、拓展与优化。对于传播技术的发展,对于知识的垄断(最终被纳入批判理论范畴),对于在广泛的社会、政治和文化框架内理解传播现象,英尼斯的思想都具有高度的相关性。然而,与之形成鲜明对照的是,面对媒介及其制度环境伴随着叵测的社会、政治及文化版图经历了前所未有的剧烈变动,英尼斯的理论却渐失总体上的解释力。

不过,尽管世所公认英尼斯的著作启发了后辈学人对传播与文化问题的思考,我们却仍忽视了其思想体系中的一项重要遗产。在教科书中,在学术论文的注释中,在大学的课程设置和讲义中,英尼斯的历史观从未受到应有的重视。英尼斯的历史观主要由两个互为犄角的部分组成:第一,在确凿史料的基础上建构传播理论或传播哲学,即将历史视为培育并检验传播思想的实验室;第二,反过来将传播视为解读历史的关键要素。上述两种方法论均未在传播学界引起足够的重视。

如此看来,英尼斯似乎有点"生不逢时",他的观点对于这个世界而言,既显得太草率,又仿佛很过时。对于传播研究和历史研究而言,英尼斯的方法论显然不合时宜,因为学界逐渐接受其理论观点之时,传播学早已在行为社会科学领域内完成了学科建制,并小心翼翼地与历史、人文研究保持着距离。在历史学内部,所谓"宏大史观"和"普适视角"也已是明日黄花,史学女神开始将触角探入尖锐反省的阶段,转而强调对特定时间、特定空间和特定议题的历史细节加以深掘和细察。更重要的是,随着上述两个学科进入新的发展阶段,在行为社会科学和人文科学之间迅速形成了学术壁垒,将分属两大阵营的历史学和传播学泾渭分明地区隔开来。20世纪七八十年代的"跨学科"风潮反而加固了学科之间的界限,因为所谓"跨学科"强调的是不同学科之间的求同存异,以确保每个学科都能够在清静的氛围里生产及交换知识。所以说,"跨学科"的前提乃是维护各个学科的独特性而非努力将其融为一体。

英尼斯试图将历史和传播两大领域整合为某种总体性理论的做法亦显得不够成熟,无论历史学还是传播学均很难接受。一方面,历史研究发展至今,尚无力为所谓的"传播的哲学史"提供充足的给养;另一方面,英尼斯也缺乏足够多的、优质的历史数据来支持自己的理论创新。尤其矛盾的是,尽管英尼斯堆砌了大量二手史料来支撑自己的传播理论,却不知这些史料只会更多地揭示出传播知识于历史研究中的匮乏而非丰盈。毕竟,以前的历史学家们从未将传播视为具有重要作用的独立变量,遑论如英尼斯一般将传播作为一个"主题"来考察了。鉴于可供参考的理论观点甚少,英尼斯只能通过深掘史料的方式想方设法令自己的传播理论有据可查。兼英尼斯所参考的大多是二手的历史文献,其内容广袤驳杂、良莠不齐,对媒介的关注又往往只是"转瞬即逝",故他不得不将绝大部分精力置于甄别筛选与去芜存菁之上,于是,可想而知他最终获得的数据将会多么前后矛盾了——在英尼斯的著作中,不仅史料的准确性常见纰漏,就连对史料的种种诠释也不可避免地发生龃龉。由此,英尼斯著作中那些频繁的观念冲突、似是而非的结论和显著的玄学色彩,其实反映着他所引用的历史数据的缺陷。

鉴于英尼斯试图以历史为地基建构传播理论的努力并未取得良好效果,故后世的传播学者与传播理论家也便自然而然地得出结论:历史无法为理论建构提供坚实的基础;反之亦然,英尼斯建构的理论也无法为历史研究提供坚实的基础。所以说,英尼斯的做法还是"不够成熟":他的哲学尚未发展至足够稳健的程度,难以支持他随意抛出的关于历史的假设与臆测。至于"在传播的引导下从事历史研究",则近乎天方夜谭了。

不过,这并不意味着英尼斯的历史观注定只是一种遭人遗忘的失败尝试。恰恰相反,此种独特的历史研究方法或许是英尼斯思想体系中最具实用性和启发性的遗产。在他的引领下,有越来越多的历史学家开始将传播视为构成日常生活的重要元素,从而在据有一手材料的基础上日渐展开专门针对传播问题的具体研究。在过去十年中,这些研究已然蔚为大观,不但在很大程度上完善了关于传播的宏大历史框架,更为传播理论的建构与检验铺设了可靠的基石。

相应的,传播理论也不再若英尼斯那一代学者筚路蓝缕、开疆拓土时那般粗糙与玄幻，而是在半个世纪的发展历程中逐渐转化成引导历史研究的可靠信源，并最终得以帮助人们更好地理解人类历史。英尼斯的期冀——详尽考察传播的历史与传播在历史中发挥的作用——随着整个学界迈进所谓"后跨学科"阶段而逐渐变为现实。此时，各学科间的壁垒亦被夷平，并未如字面所示出现旨在"跨越"的桥梁。在这一问题上，英尼斯无疑扮演了拓荒者的角色，不但于精神上引领后人去打通历史学和传播学的边界，更以若干部经典巨著为历史与传播研究的范式定下了基调。

如前文所述，面对当下瞬息万变的媒介环境，英尼斯的思想似乎在整个传播学理论体系中处于非常边缘的位置，这也就意味着其著作的经典性其实是"打了折扣"的。在过去半个世纪里，甚少有人引用他的观点来对传播环境的迅猛变迁作出诠释。令人惊讶的是，或许英尼斯这种"今不如昔"的残缺史观反而解释了为何其传播理论在遇逢当下和未来问题时出现的"水土不服"。毕竟，历史是对"变迁"的研究，而作为历史学家的英尼斯通过一种独特的研究方法，小心翼翼地将历史——一种动态机制——与结构性、系统性的理论创新联结为一体。决定论与"倒决定论"的纠结是英尼斯思想体系中最具活力的元素，而后人却总有意无意地对其视而不见，甚至在总结英尼斯传播理论的经典性特征时将其摒除。

面对自己汪洋恣肆的观点竟被人们矮化为一个呆板的模型，英尼斯本人亦应负有一定责任，只因公务缠身的他在发表学术观点的时候体现出了一种类似"底气不足"的情绪——这是令人震惊和遗憾的。显然，他并未充分意识到自己过于宏大的学术观点和理论框架会对读者的世界观产生多么深远的影响；他让我们明白无论媒介传播何种信息，社会和个体都有能力和意愿对其作出回应。最好是，当社会系统过分强调时间，从而为其赋予了垄断地位时，人们就会清醒地将注意力转向空间维度；反之亦然，若空间维度有垄断社会视野的倾向，人们又会转过头去强调时间。当社会的中心位置被某种垄断趋势所占据，那些处于边缘地带、被压制的反对趋势就会重新向中央舞台冲刺——这是一件自然而然的事。而最糟糕的状况，莫过于社会的失衡问题已然达到无比尖锐的程度，从而导致某些实体出现机能障碍，只有通过外部敌对力量的粗暴干涉方可重建秩序。

至于当代，英尼斯则不无悲观地预感到社会对空间维度的过分偏向极有可能威胁到社会体系的良好运行。空间已经占据了垄断地位，逐渐将整个西方文明，尤其是加拿大，拖入无尽空间的绝路。在此意义上，英尼斯与芝加哥学派的保守主义传播发展观彻底决裂——后者坚信传播技术与传播制度的发展势必导致社会状况的改善。毋庸置疑,传播越多,其产生的效果也越强;但这种效果是好是坏,则是见仁见智的问题。深切关注公共事务的英尼斯忧心忡忡于"坏效果"的存在,并用自己的理论为浑然不觉的人们敲响了警钟。

英尼斯的悲观情绪并非空穴来风。当他思考时空偏向问题之时,西方社会的确正长驱直入地迈进空间疆域,各个国家都在忙不迭地实现空间的扩张,一如英尼斯所析。上个世纪中叶,适逢美苏两大帝国角逐世界霸权,双方各以意识形态为据将更多的国家纳入自己的势力范围,最终形成两大对立的阵营。实验科学的发展迎来空前繁荣,很快即被用以壮大美苏两国的军威,并在全球范围内促进经济力量与工商企业的膨胀。随着空间偏向的极速扩展,人类的物理活动范围亦突破极限,标志性事件即是千百年来的登月幻想终成现实。相应地,娱乐业和文化工业亦呈现出蓬勃面貌,诱使人类放弃对艰深复杂的宗教、传统与历史问题的思索,转而拥抱"今朝有酒今朝醉"的消费主义浪潮。大型企业集团纷纷将巨资投向娱乐业,因其深知在这个行当里赚钱就像天上掉馅饼一样容易。面对此种状况,英尼斯作出如下预言:在未来几十年里,必然出现美利坚帝国一家独大的局面,而美国势必利用自己的全球影响力来建构政治经济新秩序,同时设定价格与价值体系的通行标准,最终将整个世界变成一个巨大无比的娱乐工业。总而言之,整个过程呈现了黑格尔派史学家所津津乐道的"历史的终结";而用英尼斯自己的话来说,则是"时间的终结"。

然而,作为理论家而非关注公共事务的悲观者的英尼斯,势必期望自己的观点能够激发读者们的反应,从而最终导致时间维度的复兴;而其历史观中那些最具活力的元素亦为种种发端、修正与秩序重建预留了空间。在他看来,个体与社会始终享有自由的尊严,完全有能力决定自身的命运、塑造周遭的环境,并最终通过规制媒介生态的方式驱动历史。如今,凭借"事后诸葛亮"的精神,我们已然明白英尼斯所言不虚。伴随着空间偏向的全球化浪潮,一股反对势力悄然兴起,并于诸多地点呈现出各式各样的文化表达。这一新动向重点强调弱势文化的独立性,强烈拥护所谓的"多元文化主义"(multiculturalism)和"多语主义"(multilingualism)。与此同时,人们重燃对宗教与神秘主义的兴趣,试图通过此两者的复兴来恢复社会对时间偏向的关注。一种全新的、内省式的主体哲学思想四下蔓延,其信仰者对现代主义意义上的客观科学(objective science)不屑一顾。随着整个社会朝向时间维度进行自我矫正,原教旨主义和部族主义遂祭起传统、历史与时间的大旗,将原本完整的政治与行政单位击碎为最纯粹、最基本的形态。

  英尼斯对整个世界,以及加拿大政治、经济和意识形态的关注与其对传播技术发展的分析是分不开的。如若我们虑及英尼斯所处时代的媒介环境,便不难发现他的悲观情绪是可以理解的。终其一生,英尼斯所见之一切媒介发展历程无不沿着空间的维度膨胀。在书写—印刷模式的引领下,似乎一切新媒介都试图建立更强悍的权威,以更疏远的方式来联结更多的人。电话似乎是最后一种基于双向口头传播的媒介,在《传播的偏向》问世之前已发展至第三代。自电话以降,仿佛媒介发展的轨迹就单纯变成了空间、范围无限扩大与同步性无限增强的过程;人们说得越来越少,听得越来越多,而质疑、应答和反馈则渐趋销声匿迹。首先是海量发行的全国性杂志和大型报纸网络的出现,随后则是基于无线电、最初是一种双向传播媒介的广播的诞生。及至英尼斯开始撰写传播学著作时,电视则已踏上了崛起之路,并在不久的将来俨然成为西方国家日常生活中的主要元素。电视的诞生标志着整个媒介环境在时空坐标轴中的失衡达到了最糟糕的程度,空间得到前所未有的重视,而时间则被流放至媒介环境的边地。单个的、未经检验的信息可以跨越日益广阔的空间范围、在同一时间内抵达每一位受众。与麦克卢汉的结论恰恰相反:是演讲淘汰了对话。

  按照英尼斯关于修正与秩序重建的"倒决定论"观点,现在应是时间偏向反戈一击、推翻空间偏向的统治地位的时候了。事实也是如此。没过多久,传播史便悄然变更了前进的方向,这印证了英尼斯传播理论的逻辑。在空间型媒介的发展进入难以企及的巅峰期时,与之针锋相对的时间媒介正在暗中崛起;这些偏向口头传播和时间维度的新媒介采纳了20世纪无比强大的空间媒介通用的技术,它们的出现旨在挽救当代社会因时空失序而导致的危机。录像带与录像机、语音邮件与电子邮件、录音电话与个人电脑,等等,都可被用来反抗令人窒息的空间同步性。技术的改进增加了网络带宽和频道数量,令声音、视讯和数据传输朝更有利于"窄播"(narrowcasting)的方向发展。这样,昔日铁板一块的"大众"——乃至"全球"——逐渐被肢解为紧密型社区(Teheranian, 1979; Mowlana, 1986; Blondheim and Caplan, 1993)。卫星实时转播的视讯会议、基于计算机的网络聊天与小组讨论,以及互动电视的最终诞生,无不将矛头直指广播媒介的单向性特征。简而言之,随着一类日益强调全球信息环境的整体性和同步性的媒介迅猛发展,另一类旨在强化时间偏向的传播媒介也以令人咋舌的追赶速度对前者提出挑战(Blondheim,1995)。若英尼斯亲眼见到现代社会中最集权化、最偏向空间的官僚机构——国家安全系统——竟然颠覆了其传播网络的中心化、等级制结构,并开始大量采用互联网这种去中心化、去等级化、强调边际传播的新媒介,从而将原有的空间决定模式(若存在的话)"颠倒"过来的话,他一定会非常得意吧!

然而,英尼斯的颓废情绪为人们对于传播、社会和文化问题的思考提供了新的挑战。他的理论关注两组"发展线索",即社会与政治组织的变迁以及媒介增殖过程的变迁,这主要缘于两个方面:第一,社会机构的全球化与碎片化(fragmentation)仿若两条并行不悖的潮流;第二,全球性媒介的发展也是与小范围、非同步、多向互动的"小媒介"的发展如影随形的。社会、政治与文化组织的剧烈变迁,一方面与当代媒介地图的构成密切相关,另一方面也是一个关于特性与交互影响的因果关系问题。鉴于此,英尼斯所著之《传播的偏向》深刻阐释了当代西方社会中存在的问题。他对"传播的重要性"的发掘,以及他所开创的传播决定论视角,为人们思索当下世界中媒介与社会并行发展的前因后果提供了可贵的参考。

参考文献

Beniger, J. R. (1986) *The Control Revolution*. Cambridge, MA: Harvard University Press.

Bercovitch, S. (1967) Typology in Puritan New England: The Williams Cotton Controversy Reassessed. *American Quarterly*, 19, 166—91.

Bercovitch, S. (1978) *The American Jeremiad*. Madison: University of Wisconsin Press.

Berger, C. (1976) *The Writing of Canadian History: Aspects of English-Canadian Historical Writing, 1900—1970*. New York: Oxford University Press.

Billington, R. A. (1973) *Frederick Jackson Turner: Historian, Scholar, Teacher*. New York: Oxford University Press.

Blondheim, M. (1995) Knowledge, Communication and Society in the Superhighway Age. *Meida Vesafranut*, 21, 19—26.

Blondheim, M. and Caplan, K. (1993) The Evil Broadcasters: Communications and Cassettes in Ultra-Orthodox Jewish Society. *Qesher*, 14, 51—68.

Bogue, A. G. (1998) *Frederick Jackson Turner: Strange Roads Going Down*. Norman: University of Oklahoma Press.

Carey, J. W. (1968) Harold Adams Innis and Marshall McLuhan. In R. Rosenthal (ed.), *McLuhan Pro & Con*, Baltimore: Penguin Books, 270—308.

Carey, J. W. (1975) Canadian Communication Theory: Extensions and Interpretations of Harold Innis. In G. J. Robinson and D. F. Theall (eds), *Studies in Canadian Communications*, Montreal: Programme in Communication, McGill University, 27—58.

Carey, J. W. (1981) Culture, Geography, and Communications: The Work of Harold Innis in an American Context. In W. H. Melody, L. Slater, and P. Heyer (eds), *Culture, Communication, and Dependency: The Tradition of H. A. Innis*, Norwood, NJ: Ablex, 73—91.

Carey, J. W. (1992) Space, Time and Communications: A Tribute to Harold Innis. In *Communication as Culture: Essay in Media and Society*, New York: Routledge, 142—72.

Carey, J. W. and Quirk, J. J. (1992) The Mythos of the Electronic Revolution. In J. W. Carey, *Communication as Culture: Essay in Media and Society*, New York: Routledge, 113—41.

Christian, W. (1977) The Inquisition of Nationalism. *Journal of Canadian Studies*, 12 (5), 62—72.

Christian, W. (ed.) (1980) *The Idea File of Harold Adams Innis*. Toronto: University of Toronto Press.

Cohen, H. (1993) Review of Dependency/Space/Policy: A Dialogue with Harold A. Innis, ed. I. Angus and B. Shoesmith. Perth: Center for Research in Culture and Communication. http://www.cjc-online.ca/~cjc/BackIssues/22.1/dorland.r.html.

Cooley, C. H. (1998) The Significance of Communication. In H-J. Schubert (ed.), *On Self and Social Organization*, Chicago: University of Chicago Press, 100—9.

Cooper, T. (1977) *The Unknown Innis*. Journal of Canadian Studies, 12, 111—18.

Creighton D. (1957) *Harold Adams Innis: Portrait of a Scholar*. Toronto: University of Toronto Press.

Creighton, D. (1981) Harold Adam Innis—An Appraisal. In W. H. Melody et al., *Culture, Communication, and Dependency: The Tradition of H. A. Innis*, Norwood, NJ: Ablex, 13—25.

Davis, T. M. (1972) The Traditions of Puritan Typology. In S. Bercovitch (ed.), *Typology and Early American Literature*, Amherst: University of Massachusetts Press, 11—45.

Deutsch, K. (1966) *Nationalism and Social Communication*. Cambridge, MA: Harvard University Press.

Even-Zohar, I. (1990) Polysystem Studies. *Poetics Today*, 11, 15—26.

Fortner, R. S. (1979) The Canadian Search for Identity, 1846—1914: Communication in an Imperial Context. *Canadian Journal of Communications*, 6, 24—31.

Heyer, P. (1972) Innis and the History of Communication: Antecedents, Parallels, and Unsuspected Biases. In Melody et al., *Culture, Communication, and Dependency*, 247—59.

Innis, H. A. (1930a) *The Fur Trade in Canada: An Introduction to Canadian Economic History*. New Haven: Yale University Press.

Innis, H. A. (1930b) *Peter Pond, Fur Trader and Adventurer*. Toronto: Irwin and Gordon.

Innis, H. A. (1949) *The Press: A Neglected Factor in the Economic History of the Twentieth Century*. London and New York: Oxford University Press.

Innis, H. A. (1951) *The Bias of Communication*. Toronto: University of Toronto Press.

Innis, H. A. (1958) The Teaching of Economic History in Canada. In *Essays in Canadian Economic History*. Toronto: University of Toronto Press.

Innis, H. A. (1971) *A History of the Canadian Pacific Railway*. Toronto: University of Toronto Press.

Innis, H. A. (1972) *Empire and Communication*. Toronto: University of Toronto Press.

Innis, H. A. and Dales, J. H. (1946) *Engineering and Society: With Special Reference to Canada*, Part II. Toronto: University of Toronto Press.

Innis, H. A. and Lower, A. R. M. (1929, 1933) *Selected Documents in Canadian Economic History*, vols 1 and 2. Toronto: University of Toronto Press.

Isaac, R. (1982) *The Transformation of Virginia, 1740—1790*. Chapel Hill: University of North Carolina Press.

Kammen, M. (1994) *A Machine that Would Go of Itself: The Constitution in American Culture*. New York: St. Martin's Press.

Kroeber, A. L. (1994) *Configurations of Cultural Growth*. Berkeley: University of California Press.

Kroker, A. (1984) *Technology and the Canadian Mind: Innis, McLuhan, Grant*. New York: St. Martin's Press.

Lissack, M. and Roos, J. (1999) *The Next Common Sense: Mastering Corporate Complexity through Coherence*. London: Nicholas Brealey.

McDonald, F. (1985) *Novus Ordo Seclorum: Intellectual Origins of the Constitution.* Lawrence, KS: University Press of Kansas.

McLuhan, M. (1951) Introduction. In H. A. Innis, *The Bias of Communication*, Toronto: University of Toronto Press.

McQuail, D. (1994) *Mass Communication Theory: An Introduction.* London: Sage Publications.

Mowlana, H. (1986) *Global Information and World Communication: New Frontiers in International Relations.* New York: Longmans.

Neill, R. (1972) *A New Theory of Value: The Canadian Economics of H. A. Innis.* Toronto: University of Toronto Press.

Ong, W. J. (1982) *Orality and Literacy: The Technologizing of the Word.* London: Methuen.

Pal, L. A. (1977) Scholarship and the Later Innis. *Journal of Canadian Studies*, 12 (5), 33—44.

Parker, I. (1981) A Theoretical Aspect of Canadian Political Economy, in Melody et al., *Culture, Communication, and Dependency*, 127—43.

Parker, I. (1985) Harold Innis: Staples, Communications, and the Economics of Capacity, Overhead Costs, Rigidity, and Bias. In *Explorations in Canadian Economic History: Essays in Honor of Irene M. Spry*, Ottawa: University of Ottawa Press, 73—93.

Peters, J. D. (1999) *Speaking into the Air: A History of the Idea of Communication.* Chicago: University of Chicago Press.

Sanderson, S. K. (ed.) (1995) *Civilizations and World Systems: Studying World-Historical Change.* London: Altimira.

Smith, M. R. and Marx, L. (1996) *Does Technology Drive History? The Dilemma of Technological Determinism.* Cambridge, MA: MIT Press.

Soules, M. Harold Adams Innis: The Bias of Communication and Monopoly of Power. http://www.mala.bc.ca/~soules/media212/Innis/Innis.htm.

Stamps, J. (1995) *Unthinking Modernity: Innis, McLuhan, and the Frankfurt School.* Montreal: McGill-Queen's University Press.

Stevenson, N. (1994) *Understanding Media Cultures: Social Theory and Mass Communication.* London: Sage.

Taylor, G. R. (ed.) (1972) *The Turner Thesis.* Boston: Heathe.

Teheranian, M. (1979) Iran: Communication, Alienation, Revolution. *Intermedia*, 7 (2), 6—12.

Theall, D. F. (1981) Explorations in Communications since Innis. In W. H. Melody et al., *Culture, Communication, and Dependency: The Tradition of H. A. Innis*,

Norwood, NJ: Ablex, 225—34. Also in Stamps, 1995, pp. 90—96.

Watson, A. J. (1977) Harold Innis and Classical Scholarship. *Journal of Canadian Studies*, 12 (5), 45—61.

Watson, A. J. (1981) Marginal Man: Harold Innis' Communication Works in Context. Ph. D. dissertation, University of Toronto, 1981, as summarized in Stamps, 1995, p. 68.

Westfall, W. (1981) The Ambivalent Verdict: Harold Innis and Canadian History. In W. H. Melody et al., *Culture, Communication, and Dependency: The Tradition of H. A. Innis*, Norwood, NJ: Ablex, 37—52.

第10章

经典反文本：
马歇尔·麦克卢汉的《理解媒介》

约书亚·梅洛维茨(Joshua Meyrowitz)

在20世纪60年代早期,赫伯特·马歇尔·麦克卢汉(Herbert Marshall McLuhan)声称:由于电视等电子媒介的四下蔓延,印刷文化正在"走上绝路";相应地,由印刷文本孕育的思考、感知与社会组织方式也呈现出日渐倾颓的趋势。因此,《理解媒介》(*Understanding Media*)一书(一种印刷品)被人们归入经典**文本**行列一事,在麦克卢汉看来,似乎颇具讽刺意味。不过,尽管麦氏著作时常自相矛盾,尽管麦氏文风存在种种解读障碍与限制,尽管不计其数的学者与文学评论家曾对麦克卢汉其人展开刻薄的攻击,我仍认为《理解媒介》对一切媒介研究者而言都是当之无愧的必读文本——抑或,用更恰当的说法,反文本。

● 麦克卢汉对文本分析的拒斥

在麦克卢汉看来,基于文本的思维方式无异于:(1)对某种"固化观念"全盘接受并试图寻求一个确凿无疑的"真相";(2)执迷于线性的逻辑推演;(3)强调客观机制而忽视有机体功能;(4)将行动与反应、思想与情感剥离开来;(5)对社会"中心"给予过分关注从而对"边缘"地带漠不关心;(6)对客体、动物、人类与观念分类归等;(7)为一切事物划分领地以使之安分守己。

麦克卢汉从事文学研究出身,自然将自己视为印刷文化的产物;他在私人通信与学术对话中毫不避讳地指出:基于印刷术的思维及经验方式优于基于电子媒介的思维及经验方式。然而，若抛开麦克卢汉对印刷文化的迷恋不谈，单就其正式出版的著作而言，便不难发现他其实一直在努力跳脱印刷文本标准模式的窠臼。**而且，在很大程度上，他成功了。**

麦克卢汉竭力令自己的理论体系富有有机性，而不仅仅是一套僵化的机制。即便是《古登堡星汉灿烂》(The Gutenberg Galaxy, 1962)和《理解媒介》([1964]1994)这两部最出色、最"正规"的麦氏著作，也决不包含任何索引和脚注，我们所见的只有对内容框架的扼要归纳。尽管《理解媒介》划分了章节(《古登堡星汉灿烂》连章节都没有)，但各个章节之间似乎并无清晰关联，遑论互为犄角地构成总体结构、得出确凿结论了。麦克卢汉的行文甚少线性色彩，而更近乎"迂回式"；他时常刚刚开始对甲问题的讨论，就突兀地跳转到乙问题上，阐述过半或临近尾声时，又重新回到甲，并得出或完整或残缺的结论来。麦著中的很多部分读来更似对即席演讲稿的誊录，而非传统意义上的学术文章。

"探索" vs. 科学结论

对于想知道应如何对某一理论体系加以证伪的学者而言，麦克卢汉实在令人头痛(卡尔·波普尔[Karl Popper][(1935)1959]用"可证伪性"这个概念来区分科学理论与一般信念)；他明确拒斥任何一成不变的观点，对学术争论的逻辑推演不屑一顾，更声称自己决然无意建构任何可测理论，而毋宁说只是呈现一盘"杂烩"或一种"探索"以助众人观察世界。为达此目的，纵令观点朝秦暮楚、互相抵触，亦无不可。显然，麦克卢汉在用上述办法规避反例证伪和理论攻击，从而也令诸多传统学者选择对其著作敬而远之。

宣告 vs. 劝说

麦克卢汉从不为追求传播效果而向自己的思维方式稍作妥协，他通常不会试图**劝说**读者，而宁愿直接**宣告**诸如"媒介的影响力与其承载的讯息无关"这类命题，同时对其他视角嗤之以鼻。例如，他声称："我们习惯于认为一切媒介只有在被使用时方有效，这简直就是技术白痴的一派胡言。"(p.18)① 此外，他还将专注媒介内容研究的人比作家养看门狗，只要窃贼丢来一片生肉，就会全然忘我，干脆对关键问题视而不见了。只是，诸如此类的"火暴"言论并未促使学人对麦氏理论展开冷静的研究与

---

① 若无特别标明，本文中一切引用均来自1994年出版的《理解媒介》30周年纪念版。

审视,而麦克卢汉本人亦于修辞把戏之中不断自我膨胀,进而把包括内容研究在内的其他媒介分析路径全盘否定了。

含混的术语

在遣词造句的风格上,麦克卢汉亦与传统学术写作策略分道扬镳,因其时常罔顾语汇的多义性特征,且从不对自己采纳的专业词语作出界定。不仅如此,他还常用混合了俏皮话与打油诗的粗质口语来阐释科学问题。他从未发明过任何新词汇,而毋宁说通过扩充大家耳熟能详的日常词汇(如"热"与"冷"、"开"与"关"、"外爆"与"内爆",以及"视觉"与"触觉",等等)的意义来表达惊世骇俗的观点。此外,他亦甚少明确介绍自己**如何**运用各类术语。不难想象,这样做的后果必会引发争议:接受其理论的人要么不费吹灰之力地读懂了他的文章,要么干脆不假思索地对其观点照单全收;而与麦克卢汉持不同媒介观的学者与文化批评家则可轻而易举地反驳其观点,原因就在于麦克卢汉呈现观点的**方式**毫不严谨。

方法论"地图"缺席

麦克卢汉从不希图自己有任何追随者,这与其他学术大师截然不同。他的著作,除术语含混、结论残缺外,还缺乏清晰完整的方法论地图。在著作中,他只是循着一个大致的方向大唱高调而已。他要人们把目光集中在感官平衡与人文环境上,而非纠缠媒介讯息的无谓功效(如劝服或模仿);至于怎样如他所述地展开对"感觉中枢延伸"问题的考察,或研究者到底应该如何行事,他却语焉不详。例如,我们应当如何研究因电子媒介的盛行而"在总体上生活于幻境当中"的人类?我此前曾论述过,麦克卢汉对人际传播及社会角色结构性特征的广泛涉猎是明智之举,因为只有如此他才能对媒介变迁如何形塑日常行为和社会现实作出深刻分析(Meyrowitz, 1985)。

绝对主义

专断色彩使麦克卢汉的著作相当引人入胜,却也同时预示着哪怕最低限度的严谨考证也足以将他的论点及论据推翻。难道电子媒介真如他在《理解媒介》开篇所言那般"废止"了时间与空间吗?抑或时间和空间只是遭遇"降格"、缩小了决定人类互动的范围而已?论及托克维尔(Alexis de Tocqueville)时,麦克卢汉竟发表了如下匪夷所思的观点:"只有他(指托克维尔)一人懂得排版的语法"(p.15;黑体系后加);至于威尔伯·施拉姆(Wilbur Schramm)的《电视之于儿童的日常生活》(*Television in the Lives of Our Children*），麦克卢汉则如是评价：施拉姆开始关注电视内容之时，"就是他**江郎才尽之日**"（p.19；黑体系后加）。此外，他还声称，人类在理解新媒介影响力问题上的失败，是一个"总体性"态势（p.20）。这些言论不具备学术出版物的严谨逻辑与论证过程，而更似激动人心的演讲或单口相声，足见麦克卢汉并不想用文绉绉的词句去引导或劝服读者。他这种开门见山、标语口号式的风格预示着人们对其观点要么全盘接受，要么嗤之以鼻；至于对其展开应用或深入探索，则是千难万难。

学术领域模糊

从其他方面看，麦克卢汉对媒介的论述也并不符合学术著作的传统标准。从始至终，他未曾持续关注任何一个领域；之所以出现此种"注意力分散"现象，是因为麦克卢汉在从事文化分析时向来重视"边缘"甚于"中心"，更罔顾两者之间关系的变动；至于各个文化元素之间的相互作用，他亦极少涉猎。尤其是，麦克卢汉将自己的著作视为"整个知识体系的内部变革，旨在让各个学科重新归于分散之前的整体状态"（p.35）。知识体系的碎裂，在他看来，是印刷媒介"外爆式"发展的结果，而电子媒介的"内爆式"力量却可重新消解学科间的边界。

麦克卢汉的文风是内爆式的。他从不纠缠于某一个题目或展开任何线性推理。其思想几可用"杂乱无章"来形容，其著作则缺乏明晰的结构。以印刷媒介的标准逻辑看，哪怕是在一篇文章、一个章节，乃至一个段落或一个句子中，麦克卢汉所表达的观点也是毫无规律可循的。他给我们留下了成百上千个引人入胜却半生不熟的理论；这些理论似乎与世间万物都有关系——从手抄本到电子讯息、从牙齿到打字机、从汽车到异化、从核心家庭到核子弹，等等。无所不包的野心使麦克卢汉的理论体系存在诸多纰漏与错误，这就不可避免会遭受各个领域内传统专家的诟病。而且，坦率地说，大大咧咧的麦克卢汉有时的确对自己所陈述的事实以及历史事件的前后次序问题持无所谓的态度；不过，若我们追随麦克卢汉的脚步，不再在某个特定问题上纠缠不清，而是从整体上观察世界，则一定会"开发"出更清晰、更引人入胜的理解模式来。

● 麦克卢汉式的历史

尽管麦克卢汉对自己世界观的呈现是天马行空般的,但我们仍可用更加传统的形式对其理论要点作出总结。他将历史划分为三个主要时期,每一时期都由一种占宰制地位的传播形式塑造而成,这三种传播形式分别是口语传播、书写/印刷传播,以及电子传播。在麦克卢汉看来,每一时期的主要特征都是由人类感知系统的相互作用决定的,而各时期也便有了独特的思考与传播方式。

口语文化

口语社会盛行一种强调即时性、循环性与沉迷性的"听觉文化"。听觉不择方向,具有流动和连续不间断的特征(我们不能像闭眼睛一样"闭"耳朵)。由于传播的首要形式是演讲,故口语世界的整合是同时在信息和感觉两个层面上实现的。在知识的获取和传播的内容方面,人与人之间没什么不同。此外,在口语社会中,人的生活经验是神话般富有深度的,各大感觉系统亦处于相对平衡的状态中。多重日常经验与人际互动将视觉、听觉、味觉、触觉与嗅觉全面融为一体。基于口语的部族世界是一个"封闭的社会",人与人之间互相倚赖的程度很高,而个人主义则是并不存在的。

文学文化

伴随着以语音为基础的字母表的发明,"书写"逐渐盛行起来,并终于演进为"印刷"这一更具影响力的媒介。从此,部族社会的平衡被打破,"眼睛取代了耳朵",视觉占据了统治地位,而听觉、触觉等其他感觉则被边缘化。与其他感觉器官不同,眼睛不但可以远距离观察世界,更兼有"冷峻"的特点;这种"冷峻"是由一套在语义上毫无意义的符号系统催生的,人们就用这些符号代替声音来制造词汇、句子和段落。与早期的表意符号不同,语音符号在字面上与人类多重感官中的物质生活经验毫无关联,而毋宁说只是一种约定俗成的音义捆绑。为表达口语交流中的一个音调或一个手势,书面文化往往要用一系列词汇(这些词汇本身也均由一系列约定俗成的符号构成)来描述和界定。随着表音文字的扩散,口语世界轰然坍塌:过去,身处一地的人往往拥有共同的生活经验;如今,人类却被强行划分为"识字"与"不识字"两类。就连识字的那群人,也依读什么类型、什么级别的文本而分裂为不同的小群体。

个人化书写与缄默式阅读的盛行促进了内省、个体性、"合理性"与抽象思维的发展，部族的共享经验与以家庭为核心经验的凝聚力则逐渐消亡。一个又一个字母符号系统顺次出现，将人类拖入永无止境的编码与释码活动中。以"循环"为特色的口语世界——强调四季轮回、反复吟诵与宗教仪式——随时间推移渐次被一个线性的世界取替。在新的世界里，流水线、单线剧情和"理性"思维方式才是主流。生机盎然的"听觉空间"换成了强调"大局"与"顺序"的"视觉空间"，并最终为一种程式化且不无造作之意的观念的滋生提供了土壤。在印刷术治下，再广袤的范围也能屈从于同质性实践(如民族主义、标准法、定价系统、统一的智商测试标准，等等)的控制。在声音的世界里，人们群居在圆形村落的圆形茅屋里；而进入视觉的世界后，屋外有了笔直的围墙，村里铺设笔直的道路，就连城市也被规划成棋盘格子似的模样。原有的"同步性"特征不复存在，现在的世界强调的是专心致志和有条不紊。神秘感亦被破除，因果分析大行其道。简而言之，在印刷文本的世界里，人类的身体、社会与精神世界全部按照字母表式的流水线风格运作着。

电子文化

电子媒介避开了印刷媒介的线性风格，并在一定程度上体现了口语交流直白、迅速与同步的特点。由是，人类"重新部落化"(retribalized)。尽管电子媒介让我们重返村落式的口语传播形态，但这个"村落"其实涵盖了整个地球。电子媒介的肇兴极大削弱了印刷媒介的影响力，在人与人之间重新建立了联系。在区域地理范畴内，移情式的交流再度出现。广播、电视与计算机的风靡致使印刷媒介主导的文化结构日渐倾颓，理性逻辑、学科分界、等级体系与代议制度亦不断衰微。取而代之的，是"对强盗逻辑的厌恶情绪"，以及人们对"总体性"和"深度知觉"的渴求(p.5)。

● 主要原理

有几个关键原理支撑着麦克卢汉的历史观。

"媒介即讯息"

通过这一最著名的论断，麦克卢汉一反绝大多数媒介批评家及研究者只关注媒介内容的狭隘视野，越过"劝服"和"模仿"等媒介效果问题，代之以考察人类传播的**方式**——媒介本身——所具备的远甚于特定"内容"的影响力。事实上,是媒介自身的属性决定了"内容"如何以最佳方式实现传播。尤其重要的是,媒介编码与释码的行为塑造了媒介使用者的感觉系统。总而言之,麦克卢汉坚信任何人造物——无论是否被界定为传播媒介——的盛行都会将人类的思考、行为与交流规范为某种特定的类型,从而也就向整个文化传递了"讯息";无论人类出于何种"目的"使用上述人造物,都不会对其总体功效产生影响。麦克卢汉曾举例:铁路导致了"新型城市、新型劳动及新型休闲方式"的蓬勃发展,但这与"将铁路架设在热带地区抑或苦寒之地毫无关系……与其运输什么货物,亦即铁路媒介的内容,也并不相干"(p.8)。在论及"印刷文化"与"电子文化"的发展时,麦克卢汉亦指出,书上印了什么内容、电视播着什么节目,并不在自己的考察范围之内。此处我用单数的"媒介理论"(medium theory)来描述麦克卢汉的视角,皆因其着重研究的是每一种媒介的特殊属性,即媒介的**类型**(Meyrowitz, 1985, p.16)。

麦克卢汉的分析方法在其他领域内引发广泛争议。对于赤足农民来说,一双鞋定然远比一把榔头更有用,无论那鞋是手工缝制的还是机械生产的;但在经济史家眼中,从手工作坊式生产到大众化生产的变迁势必影响到社会的诸多方面,包括没鞋穿的人占总人口的比例。无独有偶,麦克卢汉本人也曾表达过对特定电视节目内容的好恶(*Playboy*[1969]1995),但他又同时坚称"电视文化"并非节目内容的简单加和。不过,许多批评家无论如何都无法原谅麦克卢汉对媒介内容的轻视,这或许因为他们多系匠人(在此意指作家)出身,本身就在从事新型的文学创作,如电视节目脚本。对于麦克卢汉的分析方法,他们或恶语相向,或冷嘲热讽,总之就是一副"顺我者昌、逆我者亡"的架势。一如《纽约客》(*New Yorker*)那位自以为是的媒介评论家迈克尔·阿尔伦(Michael J. Arlen)所言:"别忘了,令人生厌的老古登堡印刷机印出的第一本书是《圣经》,而电视馈赠给我们的第一个礼物则是米尔提大叔*。而且,现在看来,没有任何必要因为后者的出现而摒弃前者。"(1968, p.85)

"媒介是人的延伸"

在麦克卢汉看来,之所以说媒介(或其他技术)即是讯息,是因为每

---

* 指著名电视喜剧演员米尔顿·伯尔(Milton Berle)。——译者注

一种媒介都延伸了一种人类感官或感觉过程。车轮是双脚的延伸,麦克风是耳朵的延伸,诸如此类。由是,任何一种媒介的广泛引用都会改变人类感官系统的力量对比。具有讽刺意味的是,延伸程度越高,人对这种延伸的效果就越浑然不觉,这是因为"自我截除"(auto-amputation)机制发挥了作用,媒介所带来的感官刺激被消声了——这也是人类在极端重压之下的通常反应(pp.42—44)。麦克卢汉清醒地发表上述惊世骇俗的言论,意在将文化从"麻醉与自恋"中唤醒(p.41)。换言之,他试图让我们明白日常生活中的一切技术貌似独立存在,其实始终牢牢"包裹"着我们;技术是人的延伸与反映,时时刻刻改变着人的生活。

"热"媒介与"冷"媒介

麦克卢汉一直努力找寻一种方法来解释缘何媒介的感官特性与其承载的具体讯息无关,最终他对媒介究竟如何延伸了人的感觉作出了清晰度的划分。例如,在他看来,广播是"热"媒介,因为广播对听觉的延伸是具有高清晰度的。举例来说,如果在A房间放广播,B房间里的人完全有可能误以为A房间里有个真人在讲话。而电视则是"冷"媒介,因为电视图像是模糊不清的(从1948年开始,美国的电视信号系统只有525线扫描的清晰度,无论多大的电视都是如此,而高清信号系统直到21世纪才诞生)。35毫米电影是比电视更"热"的媒介,尽管没人会把电影中的人误认为真人,但至少电影图像的清晰度远高过电视图像。同理可推知,在麦克卢汉眼中,大幅度提升了图像清晰度的新型高清电视(HDTV)也绝不仅仅是"电视的升级版",而是一种"更热"的新媒介。

麦克卢汉还声称,若要让媒介发挥效果,就必须依其冷热程度来采取相应的传播策略。例如,对于电视来说,播放某交响乐团纰漏百出的彩排过程要远比播放其一丝不苟的表演场景更容易引起受众的兴趣(p.31),而广播的情况则恰恰相反。同理,希特勒与罗斯福那风格简洁、内容抽象的演讲也更适宜在广播中放送,若出现在电视的近景镜头中,效果必定大打折扣;与之相对,风格更"酷"、更具虚幻色彩的肯尼迪(以及后来的里根与克林顿)以及脱口秀主持人杰克·帕尔(Jack Paar)(及其继任者强尼·卡尔森[Johnny Carson]、杰·雷诺[Jay Leno]以及大卫·莱特曼[David Letterman]等)则更适合出现在比较"冷"的电视画面中。此外,麦克卢汉还指出,高清晰度的"热"媒介容易让受众变成被动无力的讯息消费者,而"冷"媒介则鼓励受众"填充"缺失的信息。这样一来,电视就比广播更加强调人的"参与性"，就像研讨会比演讲更强调人的"参与性"一样。

媒介作为其他媒介的内容

　　麦克卢汉声称，当人们使用一种新媒介时，往往将某种旧传播模式照搬为新媒介的内容。例如，最古老的书写文献大多是诗歌与对话——这可都是对**口语**形式的照搬。同理，大多数最早印刷的书籍也都是手抄文献的翻版——对**书写**形式的照搬。最早的电影拍摄的大多是杂耍表演或戏剧——对**舞台艺术**的照搬。到后来，电影开始将小说改编为剧本，甚至出现了专门为拍电影而写的小说。由是，在麦克卢汉看来，媒介都是"成双结对"存在的，一种传播的形式可以成为另一种传播的内容，其间暗含着如下观点：文化甚少充分发现新媒介的潜能，而时常将新媒介视为旧传播形式的延伸加以使用。

后视镜

　　麦克卢汉理论的另一关键命题是：人们倾向于穿越当下、直接进入未来，再通过后视镜往回看。亦即，新媒介及相关现象往往是在旧框架中被人们接纳的。例如，在20世纪50年代的美国，社会强调文化的单一性与意识形态的纯洁性，鼓励人们忠于政府、雇员忠于老板，可此时诞生的电视却在各类节目中大肆宣扬19世纪"西部蛮荒"式的粗犷个人主义。同理，在电视诞生初期，受众往往通过"剧场效果"和"新闻质量"这些适用于旧媒介的标准来评判其影响力。麦克卢汉强调，随着电子时代的到来，我们都生活在一个"虚构的整体"世界里；于其中，行动与反应往往同时进行，而"我们却总是按照前电子时代的陈旧时空观念思考问题"（p.4）。此外，麦克卢汉还指出，尽管绝大多数社会成员透过过去的滤镜来观察当下，但艺术家却有能力更加清晰地理解现在和未来。

　　在《理解媒介》中还包含着许多其他论断。至于书中提及的某些扼要观点，麦克卢汉在其他著作及演讲中则作出了更加深入的探讨，比如对"承光"（light on）媒介（如绘画与电影）和"透光"（light through）媒介（如彩绘玻璃与电视的荧光屏）的区分，以及媒介进化的"四元"辩证法：延伸、退化、恢复、逆转（McLuhan and McLuhan, 1988）。此外，细心的读者会发现，麦克卢汉举出了大量案例来证明在媒介内部，以及媒介与不同文化类型之间存在复杂的互动机制；这些案例无可辩驳地否定了评论家们关于麦克卢汉的理论只是一种简单、线性的技术决定论的谬判。

● 麦克卢汉的声望沉浮

随着《理解媒介》一书的出版,麦克卢汉那惊世骇俗的言论和异于常规的思维引起了很多商业企业的兴趣——这些企业都希望他能帮忙预测技术产品的前景与潜力;传媒机构则松了口气,因为麦克卢汉并未像其他批评家一样对媒介内容大加挞伐;此外,在知识界中亦有为数不少的人关注麦克卢汉,其中汤姆·沃尔夫(Tom Wolfe)发表于1965年的杂志文章加速了他的成名过程。在文章中,沃尔夫如是写道:"乍听上去,麦克卢汉简直是继牛顿、达尔文、弗洛伊德、爱因斯坦和巴甫洛夫之后最伟大的思想家——如果这是真的,我们该怎么办?"(1967, p.31)有那么一段时间,麦克卢汉几乎成了一切杂志的常客——或被人撰文攻击,或亲自撰文——包括《服饰与美容》(Vogue)、《生活》(Life)、《看》(Look)、哈泼斯(Harper's)以及《新闻周刊》(Newsweek)。他频频现身各种电视栏目,接受《花花公子》(Playboy)的采访,成为《纽约客》漫画的主角,并被人誉为"电子时代的先知"、"水瓶座圣人"以及"流行文化的史波克博士*"。一些"麦氏口号"与术语(尤其是"媒介即讯息"、"热"媒介与"冷"媒介,以及"地球村")开始广为人知,尽管时常伴随着世人的误解。伍迪·艾伦(Woody Allen)在1977年的影片《安妮·霍尔》(Annie Hall)中用一系列视觉幽默(sight-gag)探讨了是否有人真能读懂麦克卢汉晦涩文风的问题。在这部影片中,艾伦用一系列冗长拖沓的无声视像对麦克卢汉的理论作出了"解说",并让麦克卢汉扮演本人出场,高调声明:"你对我做的事一无所知!"

不过,总体上,文化界与学术界对麦克卢汉的评价基本是负面的,攻击的目标既有其理论的内容,亦包括他阐释理论的方式。毕竟,《理解媒介》问世之时,人们对关于电视智力竞猜节目的丑闻**仍记忆犹新,而许多学者亦支持联邦通讯委员会(FCC)主席牛顿·迈诺(Newton Minow)在1961年作出的关于电视是"无垠荒原"的评论。在学术圈内,麦克卢汉关于电视与流行文化研究的严肃方法(公然忽视电视节目的种类和质量)竟被视为一种罪过,需要"施法祛除"。对此,麦克卢汉早有预料,他曾写

---

* 史波克系科幻电视剧《星际迷航》中的人物。——译者注
** 指发生于20世纪50年代美国的一系列电视竞猜节目作弊事件。——译者注

下这样一段文字："我们这个时代的高级文化人在面对我的著作时难免出现道德恐慌。"(p.82)不过，并非所有人都对麦克卢汉嗤之以鼻，相当一部分作者发表了非常积极的评论(如 Kostelanetz, 1968; Culkin, 1968)，有些人则在极端的褒贬之间作出平衡(如 Boulding, 1967; Weiss, 1968; Nairn, 1968)。就连最刻毒的评论者也至少对麦克卢汉的创造性和勇气表示了赞许，哪怕只是微不足道。不过，总体上，麦克卢汉所言之"道德恐慌"的确概括了绝大多数人对其观点的反应。

大多数评论麦克卢汉的文章极尽讽刺之能事，字里行间透露着轻蔑之意。这些文章的作者对麦克卢汉的风靡与成功嗤之以鼻，并将其支持者视为自我感觉良好的邪教信众。雷蒙德·罗森塔尔(Raymond Rosenthal)(1968)，即《麦克卢汉的是与非》(*McLuhan: Pro & Con*)一书的编者，在其撰写的序言中对麦克卢汉大加挞伐，称其为"哗众取宠的野兽派"，批评其对理性不够尊重，并指出麦克卢汉所倡导的"狂欢体系终将毁灭我们所知晓的人性"(pp. 4—5)。德怀特·麦克唐纳(Dwight Macdonald)(1968)则写道：《理解媒介》只是"掺杂着感官刺激的杂乱狗屁"(p.31)。约翰·西蒙(John Simon)声称："麦克卢汉大玩观念史游戏……玩得还很蹩脚。"(p.97)杰弗里·瓦格纳(Geoffrey Wagner)(1968)批判麦克卢汉对"印刷术的疯狂诋毁"，并指出"媒介即讯息"这种押头韵*的表达本身就很可疑，因其象征着听觉对其他知觉的宰制(p. 153)。本杰明·德莫特(Benjamin DeMott)(1967)将麦氏理论戏称为"麦克卢汉式狂想"，带来的结果就是"心灵责任感的全线撤退"(p. 248)。安东尼·伯尔盖斯(Anthony Burgess)(1968)将麦克卢汉的观点斥为"异端邪说"，因其"拒绝承认观念比媒介更强大"以及"媒介的影响力……是有限的"(p.233)。此外，伯尔盖斯还质疑麦克卢汉与天主教之间的对话导致其放弃了"思索生命的意义"(p. 230)。西奥多·罗斯扎克(Theodore Roszak)宣称麦克卢汉只不过在用"自以为是的狗屁"去讨好大众，从而达到一夜成名的目的(p.258)；此外，他还说："我听说过许多将人类的社会行为归因于单一因素的理论，而麦克卢汉的'媒介说'是其中最愚蠢的。"(p. 268)

在马克思主义者、批判理论家和文化研究学者看来，麦克卢汉简直就是统治阶级的卫道士乃至代理人，因其著作全然忽视经济问题、权力结构

---

* 指 media 与 message 两词均以辅音 m 开头。——译者注

以及阶级斗争的存在。例如,雷蒙德·威廉斯(Raymond Williams)(1975)就指出麦克卢汉的观点乃是一种"决定论……不但默许当下社会的文化现状,更对文化内部的权力纷争置若罔闻"(p. 127)。与之类似,斯图亚特·霍尔(Stuart Hall)称《古登堡星汉灿烂》与《理解媒介》只不过是现代媒介的"狂欢",而麦克卢汉"一动不动地任凭媒介操纵自己的思想"(Grossberg, 1996, p. 134)。霍尔罔顾麦克卢汉提出的各种问题(关于媒介与媒介的不同之处),只是简单将他归入"后现代主义理论家"阵营,指责其一切花样不过是为了宣称历史的终结(Grossberg, 1996, p. 134)。至于詹姆斯·凯瑞(James Carey)(1968),尽管对麦克卢汉的理解程度远胜于其他人,却仍指出麦氏理论扭曲了哈罗德·亚当斯·英尼斯(Harold Adams Innis)的重要观点,将其转变为某种乌托邦式神话,仿若"日日祈祷技术……能够消除人类对社会前进方向不明的恐惧"(p. 303)。总而言之,社会科学界大体上对麦克卢汉持拒斥(或干脆视而不见)的态度,这是因为他的研究缺乏操作性定义、清晰的方法论,以及通过调查或实验搜集的科学数据。

麦克卢汉的"声名狼藉"或许与他对学界恶评作出的反应有关。他曾指出,传统学术分析视线性思维方式为通向理性的**唯一**路径,这是由书写和印刷的盛行所致的谬误。在麦克卢汉看来,于某种意义上,印刷术"覆盖"并遮蔽了口语形态的理性,而电子媒介亦以类似的方式驱逐着印刷术治下的思维方式并呼唤着口语形态的理性在人类意识与逻辑体系中的复兴。多数学者与文化评论家用基于印刷术的传统思维模式来评价麦克卢汉天马行空的思想,殊不知采纳这种思维模式的必要性和适用性本身就很值得商榷。不难预料,批判的效果颇有讽刺意味:那些对麦克卢汉横加指责的人往往体现出偏激与情绪化的特点,而且在很多时候极**不理性**。

乔纳森·米勒(Jonathan Miller)(1971)身兼医师、作家、演员与导演等多重角色,他对麦克卢汉的理论框架先提出了严苛的指责,又肆无忌惮地揶揄了一番。例如,关于麦克卢汉提出的语音书写与阅读行为的盛行改变了既有感觉系统的力量对比,米勒不以为然;他声称麦克卢汉"根本没说清楚'感觉系统的力量对比'究竟是什么意思,而在界定含混的情况下贸然讨论'力量对比'问题是毫无意义的"(p. 86)。他的结论就是:麦克卢汉的著作只不过是一个"庞大的谎言系统"(p. 124)。肯尼斯·伯尔克(Kenneth Burke)(1968)洋洋自得地指出,麦克卢汉口口声声称我们已从机械文化转向了电子文化,但当自己在词典中查阅"电动发电机"一词的含义时,却发现源源不断生产着电流的根本就是一种机械(p.169)。由是,在伯尔克看来,根本就没发生过什么技术转型。至于麦克卢汉所强调的当一种技术发展到极致时会质变为另一种技术的观点,伯尔克却仿佛视而不见(pp.33—40);对于机械设备和电子媒介所造成的人类互动模式的迥然差异,他也完全置若罔闻。

综上,不难看出,早期那些针对麦氏言论及著作的批评家大多根本没弄懂麦克卢汉的观点,而只是一味从自己的固有思维模式出发横加指责。例如,当麦克卢汉声称印刷术正在"渐遭废弃",许多批评家立刻跳出来说他断言印刷术即将消失,简直是疯了,并认定其"支持消灭印刷术"的想法是十恶不赦的。除此之外,还有批评家认为,既然麦克卢汉通过"写作"与"出版"畅销书的方式来传播自己的观点,那么他关于"电子媒介取代印刷媒介"的命题也就不攻自破了。其实麦克卢汉所强调的仅仅是印刷媒介所创造的**文化类型**即将随着电子媒介的崛起而日渐式微,而不是印刷媒介本身即将消亡。恰恰相反,他曾公开表明,现在出版的书籍比以往任何时候都多(p.82)。持上述观点的代表人物即是刘易斯·芒福德(Lewis Mumford)(1970),他认为在毁灭书籍文化方面,麦克卢汉比纳粹有过之而无不及——纳粹的公开焚书"只是无害的故作姿态",因为他们"所焚毁的书只是全世界藏书总量的沧海一粟";而麦克卢汉所拥护和鼓吹的则是"完全的文盲状态,除却计算机硬盘中储存的数据外,其他一切记录资料都不作数,而计算机系统也只对一小撮拥有授权的人开放"(p.249)。

与之类似,西德尼·芬寇斯坦(Sidney Finkelstein)(1968)也根本没搞懂麦克卢汉究竟说了什么——他声称麦克卢汉所谓书写使部落人"用眼睛替代了耳朵"完全是鬼话,因为即使人们学会了阅读与写作,也并不会就此放弃听与说。这番言论的可笑程度简直无异于断言"社会学这个学科建立在工业化进程的影响之上",只是一派胡言,因为"即使有了工业化人们仍然通过种地来获取食物"。至于麦克卢汉关于"旧媒介**形式**可以转变成新媒介**内容**"的观点,芬寇斯坦更是摸不着头脑了——他竟声称麦克卢汉错在尽管有某些小说被改编成了电影,但也有很多小说没有被改编,而最好的影片往往拥有原创性内容(Dwight Macdonald,1968,也作出了同样的误读)。

当麦克卢汉声称我们居住在"地球村"中时,批评家们再度掀起诋毁的浪潮,指责他编造了全球和谐的乌托邦。其实,麦克卢汉只想表示电子媒介导致了边界的淡化,并无意强调全球和谐程度发生了转变;而且,他也曾公开表明,即使在地球村中,也一样存在着新形态的冲突、对峙与暴力(参见麦克卢汉对杰拉德·斯特恩[Gerald Stearn]的批评,Stearn, 1967,p.272)。当麦克卢汉提议中小学改进教学方式以适应电子时代,批评家们又污蔑他妄图把所有教师踢走,换成电视机来教孩子——其实他只是呼吁应当让教育更引人入胜、更具参与度、更个人化罢了(Meyrowitz, 1996)。

就连麦克卢汉那句最著名的格言"媒介即讯息",也让许多保守派学者大惑不解。例如,威尔伯·施拉姆便不明就里地评论道:这句话在逻辑上是完全说不通的,因为,很显然,信息就是信息,媒介就是媒介。为了表明麦克卢汉的这个观点多么空幻,施拉姆(1973, p.128)举了一个例子:绝大多数美国人听闻肯尼迪总统遇刺的消息时,其惊愕之感是别无二致的,无论消息的来源是日常对话、广播、电视还是报纸。然而,施拉姆的这个例子忽视了另一个麦克卢汉式的要点:人们之所以对这则消息深感错愕,是因为业已存在的电视媒介系统已经使人们对肯尼迪及其家族产生了熟悉感与亲密感。早在肯尼迪与尼克松进行那场著名辩论时,不同媒介所产生的不同效应就已昭然若揭了:通过广播收听辩论过程的人大多认为尼克松占据上风,而通过电视收看辩论过程的人则认为肯尼迪更具说服力。在肯尼迪个人形象的塑造上,电视媒介显然发挥了至关重要的作用。

一些批评家甚至盲人摸象般地总结出了所谓"麦克卢汉主义",并对其大加挞伐。例如,詹姆斯·莫罗(James Morrow)(1980)声称,"麦克卢汉主义认为,当儿童沉迷于电视的时候,他们在潜意识里吸收了一整套关于镜头语法的实践知识,"从而得出结论:如若麦克卢汉所言非虚,则每一个爱看电视的儿童都可以独立拍摄电影了(p.2)。事实上,麦克卢汉从未发表过类似的观点。尽管关于电影制片的知识并非严格意义上的媒介"内容",我们也不能就此将其归入麦克卢汉所谓之媒介环境范畴(关于媒介研究的三种方法——内容分析、语法分析和媒介分析,请参见Meyrowitz, 1998)。年轻人出生并成长于某种特定的媒介环境里,势必会对此种媒介环境的刺激作出反应,但这并不意味着他们都要成为熟练从事媒介生产的专业人士。

最古怪的一种批评方式,是试图用完全支持麦克卢汉观点的例子去驳斥麦克卢汉。为攻击麦克卢汉关于"识字"(literacy)的理论,米勒(1971)声称:尽管书写和阅读大行其道,人们却始终坚持着面对面的交流,而文学则在其中"史无前例地激发了对个体性情的一切细微变化的兴趣"(p.104)。事实上,对个体性与个体变化的关注正是麦克卢汉眼中印刷术所具备的关键特征。他还指出,电子媒介使得"少数人"逐渐被边缘化,而狭义的"工作"(jobs)则逐渐为包罗万象的"角色"(roles)所取代。例如,对于女性来说,"家庭主妇"并不是一个必须接受的"工作",而是某种更广泛意义上的社会"角色"。不过,莫罗(1980)也曾以近乎幸灾乐祸的语气写道:"历史狠狠抽了麦克卢汉一个耳光,因为他的预言统统不准……他在《理解媒介》讲述电视的那章中宣称视觉影像会导致'角色涉入',只是一派胡言,因为当代妇女并未从妻子和母亲这两种角色中得到完全满足(睁眼看看女权主义运动!)。"(p.1)更近的例子是杰弗里·舒尔(Jeffrey Scheuer)于1999年出版的《名言社会》(The Sound-Bite Society)一书的广告文案,写着"麦克卢汉弄错了:媒介**歪曲**讯息"——这简直就是对麦克卢汉基本观点的复述,哪里是什么批判呵(书中也只是偶尔提及麦克卢汉而已)!

学界与文化界的误读极大损害了麦克卢汉的声誉。当初,他以明星学者的身份出现在公众的视野中,却不知"光明"的前途中处处燃着诋毁的火焰。他成了书籍、报纸和杂志等大众媒体上的常客,他关于电视与广播的理论引发了众人的瞩目,但所有一切都如同一把双刃剑。一方面,"麦氏风潮"在20世纪60年代末及70年代初使非内容分析的媒介理论进入了公众的视野;而另一方面,麦克卢汉关于媒介效果的惊世骇俗的观念使其他学者未能以严肃的态度检阅他的理论。及至69岁的麦克卢汉于1980年12月31日那天过世,他在媒介分析与效果分析两大领域均已失去了影响力。他提出的很多概念研究者们仍耳熟能详,但在应用时却又总是歪曲他的本意。在学术界,麦克卢汉的理论实际上已惨遭"驱逐"。到80年代末,《理解媒介》以及其他相关著作也停止了再版与印刷。尤其是,当有学者试图为麦克卢汉"平反",或在麦克卢汉的理论框架内从事研究时,往往会遭到同辈学人的猛烈抨击。

● 复　兴

峰回路转,进入20世纪90年代后,麦克卢汉理论竟然奇迹般复兴。

人们发现，麦克卢汉生前的种种预言在他过世十几年后竟然统统变成了现实，于是在学界迅速出现了大批麦氏思想的拥趸。麦克卢汉关于青少年"重新部族化"的论述早在伍德斯托克音乐节（Woodstock）和MTV电视台诞生前几十年便已名满天下。面对柏林墙的坍塌与冷战的终结，各类"专家"早已惊得目瞪口呆，而麦克卢汉在25年前即已指出边界的消解与社会体系的变迁必会导致此类事件的发生。30多年前，麦克卢汉就描绘了"虚幻"的电子世界，而如今，人们正是按照他预言的方式终日通过键盘与"虚幻"的网友交流。至于"地球村"这个概念，更是比CNN和互联网不知早问世多少年。

在《理解媒介》的第一页，麦克卢汉即为世人展示了一幅由卫星电视和互联网主宰的全知图景；他告诉我们，电子技术延伸了人的神经系统，使之"属于全球，并废弃了我们这个星球所能想象的一切时间与空间"（p.3）。此处，又是"废弃"这种过于绝对化的表述妨碍了学界对麦克卢汉理论的接受；但同时，也正是此种思路让他攫取了所谓"全球化"过程的精髓——对于这一过程，几乎所有麦克卢汉的反对者都毫无觉察。所以，当创办于1993年的杂志《连线》（Wired）将麦克卢汉尊称为"守护神"时，无人提出异议；而麦克卢汉的著作亦再度现身图书市场。一如刘易斯·莱潘（Lewis Lapham）在其为《理解媒介》三十周年纪念版所写序言中所称："在1994年再看麦克卢汉的观点，要比1964年时更具解释力。"（p.xi）事实上，学界近来对赛博空间（cyberspace）的关注也证实了麦克卢汉的观点。互联网的影响力并非来自电邮讯息或网站内容，而是"网"本身就成了一种新型的社会环境——这极其有力地支持了麦克卢汉关于传播技术的理论体系。

如今，人们所关心的问题已变成是否应该阻止以及怎样阻止音乐、文本、图片和其他资料在计算机用户之间的传输，这使得麦克卢汉的地球村理论不再显得那样空幻。现在的学生往往一边写作业、一边通过即时通信软件与网友聊天；当他们想听什么音乐，就通过在线广播系统搜索；写报告时，则直接下载文本与图片，因为超级链接可以在网络上的任意内容之间建立关联——上述生活体验充分印证了麦克卢汉的世界观，而那些批评麦克卢汉的保守派学者则显得无比不合时宜。"万维网"（World Wide Web）这个表述本身就蕴含着浓厚的麦克卢汉主义色彩。

就连麦克卢汉的反对者也不得不承认，《理解媒介》一书深刻影响了我们对"媒介"以及"信息时代"的理解与接受。该书的草稿写就于1959

年(是麦克卢汉专为美国全国广播教育学会设计的高中媒介课教程),甫一问世即引发热议:不少评论者指出"媒介"一词对于普通中学教师而言过于陌生,需要作出更加清晰的界定——这在今天简直是难以想象的(Gordon, 1997, p. 181)。与之类似,早期的一些批评家在提到复数媒介(media)与单数媒介(medium)的时候,往往用引号引起来,用以表明麦克卢汉对二词的使用是离经叛道的行为(参见 Wagner, 1968; Burke, 1968; Roszak, 1968)。对麦克卢汉持批判态度的休·坎纳尔(Hugh Kenner)(1968)就公然声称"媒介"这个词以及相关的一系列话题都是麦克卢汉凭空"发明"出来的(p. 24)。就连乔纳森·米勒(1971)这类曾对麦克卢汉表示过些许好感的评论家也指出,读过麦克卢汉的书之后,连印刷术、摄影术、广播与电视这些寻常可见的概念也都显得十分可疑了(pp. 123—124)。

好在麦克卢汉当初的预言如今都成了现实,社会的转型恰是按照他所"规划"的路线前进的,这使得早年看来"离经叛道"的麦氏著作渐渐实现了"正常化"。1967 年,《新闻周刊》指责麦克卢汉的著作"啰里啰嗦、含混暧昧、专断跋扈";30 年后,保罗·莱文森(Paul Levinson)(1999)则盛赞:"他极富爆发力的警句风格尽管仍旧让评论界深感不悦,却完美地适应了互联网时代的大环境。"(p. 30)此外,他还补充道:

> 读者可以翻开书,随便从哪一页开始读,都不会影响到对总体的理解……某一章节的主题和引述,对于另一章节而言发挥着快速通行证的功效。换言之,每一个章节中都包含着整本书的蓝图,就像每一个细胞中都包含着可以反映整个有机体情况的 DNA,或每一块全息照相版(holographic plate)都包含着足以复制原版上的整个三维图像的信息一般。(p. 31)

与之类似,詹姆斯·莫里森(James Morrison)(2000)也指出:"麦克卢汉的思维方式与写作风格是超文本(hypertext)式的,他竭力编织多线程的网络并于其中强调复杂多变的现象之间的联系。"基于印刷术的思维方式只会"将现象与现象隔绝开来、分门别类,再在千篇一律的线性逻辑中对其加以考察"(pp. 4—5)。无论在内容上还是形式上,麦克卢汉的著作都体现了我们如今耳熟能详的后现代式风格(Grosswiler, 1998, pp. 155—181)。

在 20 世纪 60 年代,麦克卢汉的反对者似乎"高屋建瓴"地揭露了其理论远远超越了技术在当时发展的程度（莱文森出色地批驳了上述言论的局限性）。然而，刚刚进入 21 世纪，技术的日新月异即支持了麦克卢汉的理论框架，并将不怀好意的反对者远远甩在历史的烟尘中。在《数字麦克卢汉》(Digital McLuhan)一书中，莱文森（1999）条分缕析地展示了麦克卢汉理论的跨时代性：比起麦克卢汉生活的时代，这些理论更加适合赛博空间的世界。

新一代批判理论家中亦有为数不少的人重新审视了麦克卢汉的观点。在过去几十年里，批判理论及其衍生学科——文化研究——曾对麦克卢汉提出了相当令人信服的批评，一针见血地指责其（不同于哈罗德·亚当斯·英尼斯）罔顾政治权力和经济利益对传播技术发展和媒介使用的影响。当然，麦克卢汉只不过是通过这种"忽视"策略来揭示政治经济批判的普遍弱点，即对不同媒介形式的不同特征及影响的忽视。

唐娜·弗雷翰（Donna Flayhan）(1997)号召将马克思主义与麦克卢汉等人的媒介理论融为一体，建构一种既强调媒介影响力，又关注更加宏大的资本主义体系，同时也呼吁人们积极开展社会政治活动的总体性框架。她声称，媒介理论的唯物主义基础与马克思主义历史观不谋而合；尽管她批评麦克卢汉对经济与人类能动性的忽视，却也承认《理解媒介》比同年出版的重量级批判理论著作——赫伯特·马尔库塞（Herbert Marcuse）的《单向度的人》(One-Dimensional Man)——更为精准地预测了社会变迁的趋势。另外，具有讽刺意味的是，她也指出媒介理论在总体上比绝大多数高呼辩证法口号的批判理论更具辩证精神（尽管不易察觉）。由是，在她看来，批判理论时常被简化为"遭意识形态宰制的沉闷与痛苦……除令人犬儒、悲观与挑剔之外，别无他用"(p. 222)。相形之下，媒介理论更具乐观精神，它给人类带来希望，鼓励大家采取实际行动追求社会进步。

保罗·格罗斯韦勒（Paul Grosswiler）(1998)也发表过类似的观点。他认为麦克卢汉媒介与社会变迁理论的决定论色彩远非马克思主义及非马克思主义评论家所说的那样强烈——事实上，麦克卢汉的方法论与马克思早期的人文主义辩证法有异曲同工之妙。此外，他亦期待着文化研究与后现代主义能够"重新评估并重新尊崇"麦克卢汉与马克思的辩证法及其关于技术与社会变迁的理论，而约翰·汤普森（John B. Thompson）(1994)与尼克·斯蒂文森（Nick Stevenson）(1995)的著作已经在该领域内取得了一些进展。

美国文化研究学者詹姆斯·凯瑞(1998)的观点与弗雷翰和格罗斯韦勒不谋而合。近来,他修正了自己对麦克卢汉的评价,指出随着时间的流逝,麦氏的卓越才能和巨大贡献方逐渐为众人所知。另外,杜伦(Durham)与凯尔纳(Kellner)主编的《媒介与文化研究重要著作》(*Media and Cultural Studies: Key Works*)(2001)专为麦克卢汉开辟了"媒介即讯息"一章。对此,两位编者如是解释:"麦克卢汉是媒介与计算机时代的先知,他很早即意识到……日新月异的文化及观念形式如何构成了所谓的'信息时代'。"(pp.112—113)

学界从权力角度重新评价麦克卢汉思想的一个重要原因,或许是出于某种恐惧——担心在广播与电视时代行之有效的信息及思想控制机制无法应付个人电脑、互联网、便携式录音机、行动电话以及其他新媒介勃兴的局面。事实上,有相当数量的弱势群体已经开始运用新技术来反抗商业与政府的宰制性力量,从而再次有力地支持了麦克卢汉的观点:电子媒介的确能够激励人抗争,消弭中心与边缘的界限,从而摧毁社会等级制。

● 结论:不可或缺的反文本

简而言之,麦克卢汉的《理解媒介》已然跻身媒介研究经典文本之列。尽管风格上略显怪异,但作者于书中的理论突破与"杂学旁收"为我们提供了一种在传统社会变迁理论里极为罕见的视角。抛开著作自身艰深晦涩的特点不谈,麦克卢汉确实清晰揭示了社会与世界事务激动人心的结构变迁过程——时空经验的变迁、边界与边境的变迁、公共与私人意识的变迁,以及媒介内容的变迁——这足以使他在同辈学人中鹤立鸡群。

当然,不得不指出,麦克卢汉的某些具体及"可测"的预言,如"电视转播会导致棒球比赛的终结"(pp.239,326)等,最终没有成真(不过,坚定的麦克卢汉支持者会指出,尽管棒球运动并未因电视转播的出现而消亡,但它必须改变视觉风格以适应近景镜头、慢动作以及即时重播等电视转播的媒介特征,从而在电视上与其他运动展开竞争);但除此之外,麦克卢汉的绝大多数预测都是准确的。他清晰地预见到:技术的进步势必导致企业领导者去干以往只有仆人和秘书才干的工作(p.36)、少数族裔和年轻人的文化不再被主流文化排除在外(p.5)、学科间的界限逐渐消亡(pp.35—36)、"高级"文化与"低级"文化间的区隔日趋淡化(p.282)、计算机使不同语言间的互译更快捷(p.80)、电视的盛行把电影变成书本大小能随身携带且便于在家观看的物件(我们熟悉的录像带)(pp.291—292),以及"参与"的概念史无前例地跨越一切国界,成为全人类共通的感觉(这一思路贯串麦氏著作始终)。

无论麦克卢汉具体预言了什么,无论他的观点是清晰准确还是含混扭曲,我们都应从中学习一个至关重要的观点,那就是不但要使用"工具"去塑造世界,还要时刻思考"工具"如何塑造了我们自身。麦氏著作的权威性并非体现为对具体变迁过程的分析,而在于对"变迁的变迁",即变迁过程本身的特征的考察:变迁的速率、类型、评判标准与描述方式等等,发生了怎样的变化。上述问题不但吸引了麦克卢汉追随者的注意力,亦引发了为数众多的反对者的思考,就连对麦克卢汉不甚了解的人也会时不时地思忖这些问题。我曾在一篇文章中讨论过麦克卢汉理论与教育发展的问题(Meyrowitz, 1996)。在我看来,教育理论家和实践者所掀起的很多变革运动都是麦克卢汉曾经呼吁过的,尽管整个教育界丝毫未曾意识到麦克卢汉对该领域作出的贡献。这些变革包括开放教室、互助式学习、放宽年级标准、共享决策过程、淡化性别差异、采纳批判式与后现代式教学法、反对素质及智力评判的单一标准,以及摒弃种种所谓传统"经典"。

若麦克卢汉所言一切都是真理,则我们似应干脆推翻"经典文本"这个概念。不过,就算他在某些地方犯的错误足以令世人忽视关于"经典"问题的种种争端而继续沿用旧的"经典",我仍坚信他在其他地方的正确之处足以让他当之无愧地跻身"经典"之列。[①]

参考文献

Arlen, M. J. (1968) Marshall McLuhan and the Technological Embrace. In R. Rosenthal (ed.), *McLuhan: Pro & Con*, New York: Funk & Wagnalls, 82—7.

Boulding, K. (1967) It is Perhaps Typical of Very Creative Minds... In G. Stearn (ed.), *McLuhan: Hot & Cool*, New York: Signet Books, 68—75.

Burgess, A. (1968) The Modicum is the Message. In R. Rosenthal (ed.), *McLuhan: Pro & Con*, New York: Funk & Wagnalls, 229—33.

---

① 在此,感谢芮内·卡朋特(Renée Carpenter)与本书的诸位编者就本章提出的宝贵评论与建议。

Burke, K. (1968) Medium as "Message." In R. Rosenthal (ed.), *McLuhan: Pro & Con*, New York: Funk & Wagnalls, 165—77.

Carey, J. (1968) Harold Adams Innis and Marshall McLuhan. In R. Rosenthal (ed.), *McLuhan: Pro & Con*, New York: Funk & Wagnalls, 270—308.

Carey J. (1998) Marshall McLuhan: Genealogy and Legacy. *Canadian Journal of Communication*, 23 (3), 293—306.

Culkin, J. (1968) A Schoolman's Guide to Marshall McLuhan. In R. Rosenthal (ed.), *McLuhan: Pro & Con*, New York: Funk & Wagnalls, 242—56.

DeMott, B. (1967) A Literary Self... In G. Stearn (ed.), *McLuhan: Hot & Cool*, New York: Signet Books, 240—8.

Durham, M. G. and Kellner, D. M. (2001) *Media and Cultural Studies: Key Works*. Malden, MA: Blackwell.

Finkelstein, S. (1968) *Sense and Nonsense of McLuhan*. New York: International Publishers.

Flayhan, D. P. (1997) Marxism, Medium Theory, and American Cultural Studies: The Question of Determination. Unpublished Ph. D. dissertation, University of Iowa (UMI #9731793).

Gordon, W. T. (1997) *Marshall McLuhan: Escape into Understanding*. New York: Basic Books.

Grossberg, L. (ed.) (1996) On Postmodernism and Articulation: An Interview with Stuart Hall. In D. Morley and K-Y. Chen (eds), *Stuart Hall: Critical Dialogues in Cultural Studies*, London: Routledge, 131—50.

Grosswiler, P. (1998) *The Method is the Message: Rethinking McLuhan through Critical Theory*. Montreal: Black Rose.

Kenner, H. (1968) Understanding McLuhan. In R. Rosenthal (ed.), *McLuhan: Pro & Con*, New York: Funk & Wagnalls, 23—8.

Kosterlanetz, R. (1968) A Hot Apostle in a Cool Culture. In R. Rosenthal (ed.), *McLuhan: Pro & Con*, New York: Funk & Wagnalls, 207—28.

Lapham, L. (1994) The Eternal Now. Introduction to the MIT Press edition of Marshall McLuhan, *Understanding Media*, pp. ix—xxiii.

Levinson, P. (1999) *Digital McLuhan: A Guide to the Information Millennium*. New York: Routledge.

Macdonald, D. (1968) Running it Up the Totem Pole. In R. Rosenthal (ed.), *McLuhan: Pro & Con*, New York: Funk & Wagnalls, 29—37.

Marcuse, H. (1964) *One-Dimentional Man*. Boston: Beacon Press.

McLuhan, M. (1962) *The Gutenberg Galaxy: The Making of Typographic Man*.

Toronto: University of Toronto Press.

McLuhan, M. (1994) *Understanding Media: The Extensions of Man*. Cambridge, MA: MIT Press (original published in 1964).

McLuhan, M. and McLuhan E. (1988) *Laws of the Media: The New Science*. Toronto: University of Toronto Press.

Meyrowitz, J. (1985) *No Sense of Place: The Impact of Electronic Media on Social Behavior*. New York: Oxford University Press.

Meyrowitz, J. (1996) Taking McLuhan and "Medium Theory" Seriously: Technological Change and the Evolution of Education. In S. T. Kerr (ed.), Technology and the Future of Schooling, 95th Yearbook, National Society for the Study of Education, Chicago: University of Chicago Press, 73—110.

Meyrowitz, J. (1998) Multiple Media Literacies. *Journal of Communication*, 48 (1), 96—108.

Miller, J. (1971) *Marshall McLuhan*. New York: Viking.

Morrison, J. (2000) No Prophet without Honor. In *New Dimensions in Communication*, vol. 13, Proceedings of the 57th Annual Conference of the New York State Communication Association, Monticello, New York, 1—28.

Morrow, J. (1980) Recovering from McLuhan. *AFI Education*, 3(5), (May-June), 1—2.

Mumford, L (1970) *The Pentagon of Power*. New York: Harcourt Brace Jovanovich.

Nairn, T. (1968) McLuhanism: The Myth of Our Time. In R. Rosenthal (ed.), *McLuhan: Pro & Con*, New York: Funk & Wagnalls, 140—52.

Playboy ([1969] 1995) Interview: Marshall McLuhan. In E. McLuhan and F. Zingrone (eds), *Essential McLuhan*, New York: Basic Books, 233—69.

Popper, K. (1959) *The Logic of Scientific Discovery*. London: Routledge. (Originally published in 1935.)

Rosenthal, R. (ed.) (1968), *McLuhan: Pro & Con*, New York: Funk & Wagnalls.

Roszak, T. (1968) The Summa Popologia of Marshall McLuhan. In R. Rosenthal (ed.), *McLuhan: Pro & Con*, New York: Funk & Wagnalls, 257—69.

Scheuer, J. (1999) *The Sound Bite Society: Television and the American Mind*. New York: Four Walls Eight Windows.

Schramm, W. (1973) *Men, Messages, and Media: A Look at Human Communication*. New York: Harper & Row.

Simon, J. (1968) Pilgrim of the Audile-Tactile. In R. Rosenthal (ed.), *McLuhan: Pro & Con*, New York: Funk & Wagnalls, 93—9.

Stearn, G. E. (1967) *McLuhan: Hot & Cool*. New York: Dial Press.

Stevenson, N. (1995) *Understanding Media Cultures: Social Theory and Mass Communication*. London: Sage.

Thompson, J. B. (1994) Social Theory and the Media. In D. Crowley and D. Mitchell (eds), *Communication Theory Today*. Cambridge: Polity, 27—49.

Wagner, G. (1968) Misunderstanding Media: Obscurity as Authority. In R. Rosenthal (ed.), *McLuhan: Pro & Con*, New York: Funk & Wagnalls, 153—64.

Weiss, I. J. (1968) Sensual Reality in the Mass Media. In R. Rosenthal (ed.), *McLuhan: Pro & Con*, New York: Funk & Wagnalls, 38—57.

Williams, R. (1975) *Television: Technology and Cultural Form*. New York: Schocken Books.

Wolfe, T. (1967) Suppose He Is What He Sounds Like... In G. Stearn (ed.), *McLuhan: Hot & Cool*, New York: Signet Books, 31—48.

第五部分

英国文化研究

概　　述

"文化研究"作为一个学科于20世纪60年代晚期在伯明翰大学当代文化研究中心(CCCS)完成建制,并在70年代蔚为大观,成为显学。其理论先驱大多拥有文学批评、社会史研究及语言学背景,其中尤以理查德·霍加特(Richard Hoggart)、雷蒙德·威廉斯(Raymond Williams)与斯图亚特·霍尔(Stuart Hall)最具影响力。不过,与法兰克福、哥伦比亚或芝加哥等学派不同的是,媒介研究者从未正式用"伯明翰学派"这个称谓指称文化研究,这在一定程度上或许因为文化研究"侵入"其他学科的态势迅猛,包括英语文学、艺术、音乐、历史等,而传播学只是其中之一。另外,尽管文化研究已或多或少成为一个历史概念,但其未来发展的方向仍是当代学术讨论的热门话题。

无论如何,我们必须重返伯明翰去发掘先驱们关注的事项、研究的动机,以及构成这一学科的重要观念。首先,是对"文化"的重新定义。在伯明翰之前,美国(阿多诺[Theodor Adorno]与霍克海默[Max Horkheimer])与英国(利维斯夫妇[Q. D. Leavis and F. R. Leavis])的文化评论家将文化等同为(或轻视为)"工业"文化。他们采纳美学与道德诸标准,将精英文化(好的、"我们的"文化)、"有机"或"民间"文化(好的、"他们的"文化)与"群氓"文化(坏的、"他们的"文化)视为互相对立的概念。而霍加特和威廉斯却摒弃了"固有或永恒价值"(有多好?),转而考察"社会关系的总体地图"(符合谁的利益?)(O'Sullivan et al., 1994)。概念的颠覆使得文化研究者发明了一种全新的方法论:将人类学方法、历史研究方法与传记式方法相结合,从而聚焦于文化实践与文化产品如何成为"我们日常生活的原料……如何影响我们的吃穿住用行,以及我们看待自己与他人关系的方式"(Willis, in Turner, 1979, p. 2)。

与此同时,一度仅关注遥远地方部族生活的人类学开始将兴趣转向本国的弱势群体,先是工人阶级,后逐渐波及少数族裔、女性与非异性恋者。由是,研究者与研究对象的关系从"谈论他者"转变为"谈论自己"。此外,为避免将英国工人阶级文化过分浪漫化(对霍加特和威廉斯而言,工人阶级文化就是他们自家的文化),文化研究采纳了一种新马克思主义的葛兰西式视角；据此，不言自明的实践不再是"自然而然"之物，而是建构的结果，同时服务于精英统治者的利益。最终，大众传媒亦不再是控制人类观念的首要决定因素，而只是诸多因素之一，而受众完全有能力抵抗乃至颠覆媒介传播的讯息(Hall, 1980; Morley, 1980)。

文化研究的尴尬之处在于，既想将认知与价值标准加诸活文化，又要同时揭露活文化的压制性特征，这在英国有史以来播出时间最长的肥皂剧《加冕街》(Coronation Street)的案例中得以充分体现。该剧勾勒出一幅工人阶级社区的怀旧图景，描绘了邻里团结、温暖人心、"丰裕富足"的生活画面，而公共文化(包括酒吧、地方报纸与教堂唱诗班)则与家庭角色、性别关系、语言风格以及社区"共识"有机地融为一体。不过，我们亦可将上述刻意美化普通人日常文化的行为视为另一种专断，因为它从另一个极端体现了"阶级、性别、种族及其他不平等现状在文化的氛围中被去政治化的过程，从而维护了经济与政治不平等的现状"(O'Sullivan, 1994, p.71)。事实上，该剧通过将现实世界与肥皂剧世界混为一谈的方式实现了不平等现状的"自然化"，从而也就否定了剧中人物向社会上层流动的可能性(Liebes and Livingstone, 1992)。

一些批评指出，英国文化研究的学者也曾犯过同样的错误，即混淆总体性(togetherness)与文化霸权的关系。不过，就算文化研究放弃了争取平等的斗争，转而营造舒适安逸的幻觉，该学科亦同时为某些社会问题的讨论提供了场所，并尝试着探求解决方案。毕竟，在文化研究看来，文化是"各种弱势群体赖以生存并据此反抗压迫的工具"(O'Sullivan et al., 1994, p.42)。

英国文化研究的诞生迫使媒介研究面对受众解读的问题。由是，威廉斯强调观念和感觉是被社会与家庭生活塑成的，霍尔声称同一文本可依不同代码被解读为不同的意义，而墨维(Laura Mulvey)尽管未对受众展开经验研究，却也提出了文本与受众的互动为男性的凝视提供了场所。这三位学者的成果激发后人对各式各样的社区进行民族志研究。在20世纪六七十年代，无论传统社区还是海外流散社区，无论真实社区还是虚拟社区，只要涉及"不言自明"的权力的分野(种族、族群、性取向等)问题，文化研究学者就会饶有兴致地介入。

英国文化研究成为显学的最重要标志，即在于随着时间的推移，"英国"这个定语逐渐被人们摒弃(尽管其历史重要性仍在)，从而使"文化研究"成了一个最新的普适性研究范式。在媒介研究领域，一旦研究者查明了社区的群体身份,即可应用文化研究的理论与方法对其永不止息的流动过程加以考察。

参考文献

Hall, S. (1980) Encoding/Decoding. In Hall et al. (eds), *Culture, Media, Language*, London: Hutchinson, 128—38.

Liebes, T. and Livingstone, S. (1992) Mothers and Lovers: How American and British Soap Operas Cope with Women's Dilemma. In J. G. Blumler, J. M. McLeod and K. E. Rosengren (eds), *Comparatively Speaking*, London: Sage, 94—120.

Morley, D. (1980) *The "Nationwide" Audience*. London: British Film Institute.

O'Sullivan, T. et al. (1994) *Key Concepts in Communication and Cultural Studies*. London and New York: Routledge.

Turner, G. (1996) *British Cultural Studies*, 2nd edn. London and New York: Routledge.

第11章

昔日之丰裕：
雷蒙德·威廉斯的《文化与社会》

约翰·杜伦·彼得斯（John Durham Peters）

无论从哪个角度看，《文化与社会》(Culture and Society)都与媒介研究无关。书中引用并提及的文献，也大多与英语学界传统意义上的媒介与社会研究传统相去甚远。不过，该书问世之时，西方学界已进入继20世纪20年代之后传播研究的又一个百花齐放的繁荣时期——20世纪50年代，而威廉斯（Raymond Williams）便在自己的著作中对这一时期各派的基本思想立场作出了总结。其时，只有极少数著作为从社会、文化与政治等角度全面分析媒介问题提供了理论框架，而《文化与社会》正是其中之一；它不仅仅是英国文化研究的宝贵遗产，更与德国批判理论和美国主流媒介社会学建立了密切关联——这一结论或许令人震惊，因为上述关联相当不易察觉。此外，英国其他左派文化与社会研究著作还包括理查德·霍加特（Richard Hoggart）的《识字的用途》(The Uses of Literacy)(1957)、E. P. 汤普森（E. P. Thompson）的《英国工人阶级的构成》(The Making of the English Working Class)(1963)以及雷蒙德·威廉斯的续作《漫长的革命》(The Long Revolution)(1961)，而《文化与社会》无疑是该谱系中的佼佼者。在其引导下，大量探讨如媒介文本、受众与传媒机构等具体问题的著作应运而生，研究者亦不囿于伯明翰，更包括莱斯特、米尔顿-凯恩斯（Milton Keynes）、伦敦、教堂山（Chapel Hill）、悉尼与台北等。这些著作的问世反过来帮助读者在更丰富的意涵与层次上理解《文化与社会》。

《文化与社会》通过大量例子展示了"昔日之丰裕"的阐释原则：后代

完全能够左右祖先的生活。如今,威廉斯说过的话都成了经典名言;可在他说这些话的时候,听者尚寥寥。1958 年的涓涓细流及至 2002 年竟化作宽广无垠的思想江源。尽管无人能预测历史究竟会如何臧否一部著作,但《文化与社会》却享尽了身后的荣耀。离开了同一时期的其他作品,它也绝不会拥有今天的影响力。总而言之,《文化与社会》蕴藏(或承载)着大量思想 DNA,一刻不停地重塑着媒介研究的领域,是当之无愧的经典之作。

● 作为社会理论的思想史

《文化与社会》是对 18 世纪晚期至 19 世纪中期英国精神生活的拓展研究。在书中,威廉斯并未试图兜售任何凝缩的历史观,而代之以考察,乃至"发明"了一种沉思与批判的传统,正是这一传统主导了现代英国生活的社会及文化转型。书中涉及诸多历史人物,包括埃德蒙·伯克(Edmund Burke)、浪漫派诸诗人、密尔(J. S. Mill)、托马斯·卡莱尔(Thomas Carlyle)、马修·阿诺德(Matthew Arnold)、D. H. 劳伦斯(D. H. Lawrence)、T. S. 艾略特(T. S. Eliot)以及乔治·奥威尔(George Orwell),看上去很像一本文学评论史的教科书;不过诚如威廉斯所言(1990,pp. v—vi),在他写作本书时,英国思想界尚未意识到"文化与社会"传统的存在。通过这部著作,威廉斯试图将传统意义上的保守派思想家——伯克、柯勒律治、卡莱尔、劳伦斯与艾略特等——纳入共同文化的范畴,并将他们视为 20 世纪 50 年代英国左派思想家协力参与的文化批评"改造运动"的创始人(Mulhern,2000,p. 67)。威廉斯对上述历史人物的解读不但富有洞见、细致敏锐,更体现出一种"创造性的混乱",这使《文化与社会》直至今日仍是了解英国社会思想,以及威廉斯本人思想体系的必读文献。

威廉斯开创的"文化观念史"本身便体现了他的某种文化与政治意图。该书的德文版将标题改为《作为社会理论的思想史》(Intellectual History as Social Theory),恰如其分地揭示了他的创作目标与研究方法。"《文化与社会》在'锁定'一种传统的同时,将自身也'锁定'在该传统之中。"(Eagleton,1976,p. 26)作为一位文化批评家,威廉斯始终在寻觅适用于自己的其他"头衔"。尤其是在该书精彩的结论中,威廉斯如社会学家一般关注民主,如人文学家一般关注言论自由,更如道德家一般关注人类选择的虚假与庞杂。这一结论"旨在就总体质量问题作出评估",体现了阿诺德与密尔、伯克与科贝特(William Cobbett),以及艾略特与利维斯的影响,而这些思想家正是威廉斯在书中作出过评价的。此外,上述结论反映了威廉斯对"文化与社会"传统的吸收与改造,他本人俨然就是"他所评价的那一系列人物的最后一个代表,像一位独角戏演员"(Eagleton,1976, p.23)。他所发表的只是自己的声音,而非指手画脚的评论;其著作中涉及的若干人物也曾作出各式各样的回应,有就事论事的,也有言之无物的。

● 20世纪50年代的大众传播理论化

如果我们说威廉斯的结论在很大程度上是对彼时围绕"大众传播之意义"的争论的反应,也许很多人不会相信。《文化与社会》是少数几部从国际思想潮流(或如威廉斯后来所言之"国际重要性")出发反思大众传媒的政治、社会与文化意义的著作之一。在20世纪50年代的美国,媒介社会学的两位代表人物分别是保罗·拉扎斯菲尔德(Paul Lazarsfeld)和查尔斯·赖特·米尔斯(C. Wright Mills),二人均供职于哥伦比亚大学社会学系,却对彼此的理论观念不以为然。拉扎斯菲尔德专事经验性量化研究,大多接受其他机构的资助,政治倾向上亦靠拢主流意识形态。在他看来,民主是一个自治的系统,无须公民积极参与,而更多取决于不同利益集团之间的共识性平衡。这一观点在其与贝雷尔森(Bernard Berelson)和迈克菲(William McPhee)合著的《投票》(*Voting*)(1954)中得到清晰阐释。我们在拉扎斯菲尔德的著作中几乎看不见任何关于媒介工业与技术环境的讨论,但这并不意味着他从未思考过类似的问题,这在他与罗伯特·默顿(Robert K. Merton)合作的研究(Lazarsfeld and Merton, 1948),以及他本人的其他著作(Lazarsfeld, 1948)中有所体现。通过揭示心理及社会因素对传播效果的干预,拉扎斯菲尔德的应用社会学研究所"捍卫了"普通人独立思考、谈论与结成社会网络的能力[*]。西蒙森(P. D. Simonson)(1996)曾指出,伊莱休·卡茨(Elihu Katz)与保罗·拉扎斯菲尔德合著的《个人影响》(*Personal Influence*)(1955)展示了人如何诠释、过滤、忽略,乃至抵抗媒介的影响力,从而表达了"民主的歉意"。在两位

---

[*] 指传播对个体影响的有限性。——译者注

作者看来，人们言谈以及缔结社会关系的能力决定了传媒既不像法兰克福学派所批判的那样坏，也不如芝加哥学派所期盼的那样好。统计数据是很有说服力的，卡茨和拉扎斯菲尔德最终指出，上述两大学派表面上看似乎针锋相对，实际上却殊途同归，即均认定媒介效果无比强大，不过都是大众社会理论的应声虫罢了。

与之相反，米尔斯分别汲取了芝加哥学派和法兰克福学派的理论观点，为我们勾勒出一幅远为晦暗的图景。1944年，米尔斯在伊利诺伊州的迪凯特(Decatur)展开田野调查，并从所获数据中提炼出关于权力、影响力、社会结构与群体纽带的一系列观点。在《权力精英》(The Power Elite)(1956)的第13章中，米尔斯极大扩充了大众社会理论的内涵，从而也就站到了拉扎斯菲尔德，尤其是其代表作《个人影响》的对立面。此后，在《社会学的想象力》(The Sociological Imagination)(1959)一书中，米尔斯继续攻击拉扎斯菲尔德的"方法论至上主义"。在《权力精英》中，米尔斯指出：媒介并非仅仅影响人的投票行为、潮流时尚、行动方式以及购物选择，而是为普通人带来希望、赋予身份，甚至直接构成生活经验。显然，对米尔斯来说，媒介效果（尽管他从未使用过这个表述）是无所不在的，不像某些人强调的那样"有限"。为证实自己的观点，米尔斯广泛考察了现代公众结构转型的历史语境，并深受沃尔特·李普曼(Walter Lippmann)和约翰·杜威(John Dewey)的影响：传媒填补了因个体异化、社会动荡与教育等机构倒退而导致的历史罅隙。米尔斯呼吁社会学应当同时展开批判研究与经验研究，将传记与史料视为主要数据来源，并致力于追求理性的发展与人性的解放。他坚信（如雷蒙德·威廉斯一般），社会学的使命与文学研究的发展一脉相承，均在于将现代社会秩序引入想象性的自我世界，最终强化人类对于事实与经验的责任。

米尔斯与拉扎斯菲尔德在20世纪50年代的论战，以及阿多诺(Theodor Adorno)与拉扎斯菲尔德在40年代的论战，最终于70年代晚期被冠以"批判研究与经验研究之争"的命名（吉特林[Todd Gitlin][1978]支持阿多诺与米尔斯，而莫里森[D. E. Morrison][1978]则站在拉扎斯菲尔德一边），成了大众传播理论发展史上一个自觉的事件。交战双方的代表性观点直至今日仍左右着媒介及媒介史研究的主调，具有不可忽视的历史及政治意涵。尽管过去20年(乃至60年)中很多优秀的著作试图避免卷入上述纷争，但一切媒介理论似乎均或多或少地徘徊于两个范式之间：有限效果与强效果、对大众意识的乐观主义与绝望态度、量化方法与质化方法、赞同政治与批判政治,等等。长期以来人们认为,一旦跟定了哪一头,就务必"打包"接受一系列框架;例如,若你相信普通人的智慧,就必然对文化工业持赞同观点并采用量化调查的方法收集数据。不过,两大阵营的某些观点确实存在异曲同工之处,尽管极不易察觉。事实上,两者的对立关系并非天生注定、人力难以左右。

● 批判性与经验性之间

本节的标题就是威廉斯的一个观点。他对大众传播问题的立场醒目地介于美国学界自20世纪50年代始逐渐分化的两极之间。再次强调,威廉斯的思想是国际思想潮流的一部分,其反思、回溯色彩要远远强于其时效性。《文化与社会》出版同年,汉娜·阿伦特(Hannah Arendt)的《人的境况》(*The Human Condition*)(1958)与奥尔德斯·赫胥黎(Aldous Huxley)的《美丽新世界(修订版)》(*Brave New World Revisited*)(1958)相继问世;《漫长的革命》(1961)出版后一年,于尔根·哈贝马斯(Jürgen Habermas)的《公共领域的结构转型》(*Structural Transformation of the Public Sphere*)(1962)横空出世;再接下来,就是美国新左派运动宣言"休伦港声明"(Port Huron Statement)的发表。在马克思主义阵营中,有独立激进者如米尔斯,也有人文主义温和派如阿伦特与赫胥黎;他们将传播或视为现代社会的疾病,或当作治愈疾病的良药;无论如何,大众传媒均扮演了特殊的角色,有时还会被当作反面角色加以批判。他们的思想均直面大众社会的威胁,探讨孤独人群的处境,并努力重建更具活力的民主体制;他们的著作则诞生于新左派运动的感召之下,以寻求人道、进步、团结的社会正义为共同目标。仿照吉特林的说法(1995),上述文本昭示着共同梦想的黎明。哈贝马斯的公共领域、阿伦特的言论与行动领域,以及威廉斯的共同文化理念,均指向一种充满活力的民主政治。尽管这些思想家在某些历史、政治与原则细节上观念向左,但其总体旨趣却是殊途同归的。

尽管我们为某一学科归纳"经典"在某种程度上是出于良好的愿望或想象,却并不能草率地将威廉斯的思想定性为"大众传播理论"。威廉斯本人并不避讳"大众传播"这一表述,《文化与社会》中有两个小节的标题就分别为"大众传播"(pp. 300—305)和"传播与社区"(pp. 313—319)。在介入50年代大论战(这场论战重新思考了批判理论与经验方法的区别,令后人获益良多)的同时,威廉斯提出了自己的原创性观点。他在媒介研究领域内最著名的成果莫过于在70年代对电视与马克思主义文化理论的考察。不过,通读《文化与社会》之后不难发现,威廉斯其实代表了一种新的思潮:对于大众文化,他既不推崇备至,亦非深恶痛绝,而更多保持着清醒的中立态度。这在50年代晚期的西方学界是极罕见的。

威廉斯、阿伦特与哈贝马斯之辈有一个强烈的共识,即词语的变迁秘密记录着一切社会转型过程。在他们的著述中,"文化"、"公共"与"大众"等词汇折射出整个人类抗争与社会变迁的历史。事实上,多才多艺的威廉斯从事过史书、评论、小说、理论著作以及散文等多种文体样式的创作,词典亦是其中之一。自写作《文化与社会》始,他即一直准备编纂一部词典,而最终的成果就是那部影响深远的《关键词》(*Keywords*)(1985)。于威廉斯而言,词语的历史反映着感觉结构的变迁。与哈贝马斯和阿伦特一样,威廉斯反对将历史视为从一个波峰到另一个波峰的跳跃式前进,而更愿意在社会权力斗争的语境中对历史作出解读。这三人均认为辞典编纂学应服务于社会文化史。通过对某些词语的考察,我们可以迅速掌握人类经验的剧变过程。而人类理解的方式则受社会条件的严格制约,一如威廉斯那句名言所称:"世上根本没什么大众,只有某些人将另一些人'视为'大众而已。"(1990,p.300)我们看待问题的方式与我们的社会经验既互相渗透又互相帮助,协力塑造着我们与他人之间可能发生的关系。无论文学、新闻和戏剧,抑或社会科学、历史与统计学,都将讲故事作为想象与建构社会世界(social world)的工具。

正因如此,威廉斯才会对"娱乐"作出积极评价,他将其视为建立社会联系的潜在形式。尽管娱乐业带给我们的只是些廉价、愚蠢、逃避现实的经验,但对于生活在21世纪的人来说,该产业取之不尽、用之不竭的戏剧素材极大强化了人与人之间的关联与纽带,这一观点在1974年威廉斯于剑桥大学所做之就职演说——《戏剧化社会中的戏剧》("Drama in a Dramatised Society")——中得到佐证(O'Connor,1989)。鉴于"一切货真价实的传播理论都必然是社区理论"(Williams,1990,p.313),作为脑力劳动的学术研究必然要在社会描述与社会批判问题上扮演主要角色:"从经验中汲取意义并使之保持鲜活,就是学者成长的过程。"(p.338)"无论面对什么问题,我们都必须做到竭尽全力、事无巨细,并保持适宜的圆融。"(p.338)"细致入微+圆达通融"恰如其分地概括了威廉斯的研究风格;这是一种政治理念与精神态度,为威廉斯、米尔斯、阿伦特与哈贝马斯所共享。这些学者共同引领了一股将社会科学方法与人文科学方法相融合的思想潮流,一如卡茨(1959)在 50 年代末期所积极倡导的那样。

威廉斯的大众传播理论小心翼翼地回避着技术决定论与受众无用论,威廉斯本人亦绝非什么媒介理论家。"在我看来,技术最坏也只是无关宏旨而已。"(p.301)而在最好的情况下,新技术至多改变社会行为与社会关系中的主从次序,而绝不会掀起任何革命。在《电视:技术与文化形式》(*Television: Technology and Cultural Form*)(1974)一书中,威廉斯对麦克卢汉大加挞伐,并指出技术并非自给自足,而始终为社会语境所形塑——社会最终决定着是否采用某种技术以及如何控制这种技术。威廉斯坚信,将技术视为左右社会发展的决定性因素是危险的,极易导致我们掉入某种"自然进化"的谬观,得出非历史的结论。的确,许多大众媒介具有单向传播、非个人化的特点,但决不能就此认定受众只能"束手就擒"、陷入麻痹:"受众对信息的接收与反馈也是传播过程的重要环节,且完全不受技术的支配。"(1990,p.302)在威廉斯看来,大众传播沿多条线路进行,是一种符号传递模式;这些符号最初是印刷在纸张上的,后来则变成广播电视的无线讯号。此种"多路传播"模式的社会意义往往是含混暧昧的。威廉斯发现了一个极富讽刺意味的现象,那就是历史的发展会令人类"史无前例"地接触到越来越多的文化资料,而很多人却认为这给人类带来了伤害。在威廉斯看来,"大众传播"(mass communication)这个概念本身就意味着对受众的轻视与贬低,因其将受众描绘成不名一文的**群氓**(masses)。传播具有哪些抽象形态无关紧要,关键问题在于传播行为与社会关系背后存在何种深刻的意图。

对于大众社会理论视受众为沉迷者或受害者的观点,威廉斯与《个人影响》(Katz and Lazarsfeld, 1955)一书持相似的批判观点,只不过他的政治意图更加明显罢了。他的那句"传播不仅是传递,更是接收与反馈"(1990,p.313)揭示了人们如何接收、应答、吸纳与拒斥媒介讯息,在过去 40 年里始终被英国文化研究奉为圭臬。如哥伦比亚学派一般,威廉斯也反对媒介强大论,尽管其理念比前者远具批判色彩。在他看来,传播强大与否固然关键,但更重要的是某些关于传播的思维定势已经强大到占据了"宰制性"地位,这是非常危险的(p.313)。媒介只是影响人类心智的诸多因素之一:"在很大程度上,错综复杂的社会及家庭生活模式一直在塑造着人的观念与感觉。"(p.308)妄想控制大众心灵的企图"已然失败,且永远不会得逞,因为媒介所面对的不是不明就里的群氓,而是沉静审慎、经验丰富的公众"(p.313)。大众媒介绝不可能凭空批量生产出观念来。然而,若我们就此夸大威廉斯与拉扎斯菲尔德在总体视角与政治意图上的亲缘性,却也大错特错,尽管两人在阐释受众如何抵制传媒影响力时采用的逻辑结构十分相似。哥伦比亚学派重视心理选择性因素,擅长渠化数据并青睐初级群体,而威廉斯更多关注经验、实践与社会关系。无论从政治还是文化角度看,威廉斯的语汇都更加丰富;而拉扎斯菲尔德则偏重科学性与可复制性。两者的共同敌人是大众社会理论(其存在甚少发挥积极作用,只是个现成的靶子而已)。无论《文化与社会》还是《个人影响》都对文化悲观主义持不信任态度,拒绝将人视为没有灵魂的躯壳。在两者看来,或许文化的倾颓是社会经验发展的客观规律;但若就此认定前途晦暗、抵抗无望,却也是杞人忧天。

通过考察大众文化崛起的过程,威廉斯全面驳斥了大众社会理论的历史悲观主义论调,却并未提供一种更具乐观精神的"解决方案"。在威廉斯看来,那些认定"黄金时代"只存在于过去——如英国小说发展繁荣的 18 世纪——的观念在很大程度上倚赖后人存留的历史记录。例如,至今仍在读者中流通的 18 世纪小说只是同类中凤毛麟角的佼佼者,而绝大多数不那么出色的作品则被遗忘。至于今日,情况恰恰相反,人们无法就品位的标准达成共识,这导致文化领域出现鱼龙混杂的局面。威廉斯绝非文化达尔文主义者,从不认为文学作品可仅仅依靠其自身的美学价值流芳百世。在他看来,历史框架对于文化的发展更为重要。为了证明现代文化正在走向倾颓,研究者往往需要找到一个由盛而衰的转折点,而不同学者在这一问题上的不同看法往往极大地影响着各自的结论。我们可以认为转折发生于 1870 年或 1740 年,或如威廉斯在《乡村与城市》(*The Country and the City*)(1973)第二章中所说的那样,我们可以考察伊甸园般和谐快乐的乡村生活如何渐渐消亡。威廉斯对修史者的小把戏保持着高度警惕。他指出,要认定现代生活导致了审美趣味的恶化,必须首先澄清几个问题:第一,为何有些文本得以存留至今,有些则早已销声匿迹?第二,恶化的起始点在哪里?以及第三,也是最重要的一点,如何解释现代生活拓展而非限制了文化这个显见的事实?如拉扎斯菲尔德和默顿(1948)一般,威廉斯小心翼翼地将绝对变迁与相对变迁区分开来:"当然,无论在什么时期,严肃文化所占的比例都无法令人完全满意,但我们绝不能干脆忽视这一比例的存在。"(Williams,1990,p.308)或许对于具有批判倾向的思想家而言,威廉斯的观念最为"异端"的一点在于其丝毫不反对商品化。面对"消费主义消弭了激进政治"的指控，威廉斯回应道："竭尽所能获取生活资料是无可厚非的。"（p. 324）购买电冰箱和收音机并不必然导致购买者丧失斗志；恰恰相反，他们通过消费的方式获得了"使用的对象"（p. 323）。再次强调，威廉斯既非倡导进步的乐观资本主义者，亦非一意孤行的狂热消费主义者。他只是一个对现代性问题持有不同观点的人。

威廉斯明确拒斥一切绝望、怀旧与狂热态度，这使他在歇斯底里的媒介批评家中显得独树一帜。他既反对固执信奉人类智慧与美德的"旧民主主义"，又批评深切怀疑现代民主制并惶惶不可终日的"新怀疑主义"。在他看来，上述两种极端态度——分别以杜威和李普曼为代表——将社会分裂成社群主义与现实主义两大阵营，必将导致骗子艺术家与文化商贩大行其道。与贝雷尔森、拉扎斯菲尔德与迈克菲的《投票》（1954）以及李普曼的《公众幻象》（*The Phantom Public*）（1925）不同，威廉斯认为公共利益与公共信息自身的缺陷并非与生俱来，而是政治与历史建构的结果。换言之，无论公众体现出"兴致勃勃"抑或"漠不关心"，都是在社会组织的驱动下发生的（1990，p. 310）。就算公众变得沉默寡言，那也是社会造成的，绝不是什么乌合之众的天然属性（p. 316）。不过，与哥伦比亚学派一样，威廉斯亦反感犬儒主义："很多人什么都不信任，这在某些情况下或许有助于预防危机，但总体看来是外强中干的表现。"（p. 316）他提醒我们，在看待民主制度时，既要防范现实主义（犬儒主义），又要避免狂热与盲信。极端的天真与极端的世故都会导致政治领域门户洞开，为不怀好意的机会主义者创造便利条件。

威廉斯与哥伦比亚学派共同持有的基本社会学理念同样体现在两者对受众解读行为的考察上。在《文化与社会》中，威廉斯尚未建立起"马克思主义文化理论的经济基础与上层建筑"框架（1980a，初版于1973），即将文本解读视为一种生产性劳动，并同时允许不同解读策略的存在；不过，这一思路在他对亚文化的浓厚兴趣中已可窥见一二："主动的接收与活跃的反馈来自他们行之有效的社区生活经验。"（1990，p. 316）威廉斯辩称：工人阶级文化是一种精致而非残缺的文化，这意味着"社区"这个概念对于考察该阶级的释码过程非常重要。在他看来，工人阶级文化从不缺少理想，只不过他们的理想与中产阶级不同：前者追求团结，后者则强调个人主义与奉献社会；同理，工人亦从不缺少创造力或智慧，只不过他们表达创造力与智慧的方式与中产阶级不同。

威廉斯努力证明有多种途径可以获取知识,文学和教育绝不是什么必由之路。园艺、木工与组织活动也是人类精神劳动的方式。威廉斯以及《识字的用途》的作者理查德·霍加特对工人阶级文化(他们坚信存在工人阶级文化这个概念)的捍卫缘于他们的工人阶级家庭背景。对他们而言,赞美工人阶级就相当于赞美自己的家族;至于抽象议题的枯燥讨论,他们毫无兴趣参与。自威廉斯以降,对亚文化的捍卫、对集体性阐释的考察,以及在反馈或实践而不仅仅是文艺创作中把握人类的精神活动,成了一系列学者从事文化研究的基本原则,而霍尔、海布迪奇(Dick Hebdige)、布伦斯顿(Charlotte Brunsdon)、莫利(David Morley)、麦克罗比(Angela McRobbie)、洪美恩(Ien Ang)以及费斯克(John Fiske)等人无疑是这一阵营中的佼佼者。

事实上,诚如詹姆斯·库兰(James Curran)(1990)所言,文化研究将受众视为积极主动的行动者的观点,其实很大程度上是在不经意间对哥伦比亚学派的核心观点进行重新发掘。长期以来,这两大学派一直自豪于自己对大众能力的认可与推崇,这与法兰克福学派的悲观论调完全相悖。对后者而言,至少在最坏的情况下,文化工业可以完全操纵每一个人的大脑。霍克海默(Max Horkheimer)与阿多诺自可将沉迷于流行电影的小资产阶级蠢货描绘成低级的法西斯主义者或幼稚的虐待狂;威廉斯却成功地创立了一套清晰的批评法则,既对大众传媒的威力予以足够重视,又避免将人视为容易上当的白痴——他将自己和身边的人当作受众的一分子,而非居高临下地俯视他人。他有一句名言,仿照萨特(Jean-Paul Sartre)的那句"他人即是地狱",改成了"他人即是大众"(1990, p. 300)。他用这句话来抨击那些将自己与大众区隔开来的精英价值观,主张文化研究者平视他人、扮演参与者而非观察者的角色。哥伦比亚学派甚少直接关注"文化工业"等概念,但拉扎斯菲尔德等人的确通过自己的研究捍卫了受众的尊严。例如,该学派的学者声称,尽管广播与电视接踵而来,人们却始终未曾放弃交谈与阅读。传播效果研究揭示了在媒介讯息与受众态度之间存在诸多屏障,受众远非"一击即中"的弱者。威廉斯的立场则介于法兰克福学派与哥伦比亚学派之间,他的批判理论尖锐而不失人性。在他看来,文化工业并不等于意识工业(consciousness industry)。

哥伦比亚学派甚少就当代文化问题提出规范性解决方案。在哈贝马斯之前,整个法兰克福学派也公开申明一切所谓"准则"都是徒劳无益的(哈贝马斯究其一生始终致力于修正这一缺陷)。然而,威廉斯却就传播渠道问题提出了积极的建议。在他看来,当下亟须的乃是"一种迥异的传递观,即确保信息来源是多元化的,同时务必使一切信息都能在正常渠道里传播"(1990, p. 316)。由是,在左派理论原则的指导下,健康的媒介传播系统应当同时满足三个条件:渠道的多样化、信源的多元化以及大众的传媒接近权。如米尔斯一般(1956, p. 301),威廉斯哀叹大众传播模式的权力失衡,即大多数人只能老老实实"听"媒体说话,而他们发出的声音却无法通过媒体被他人"听到"。当然,威廉斯对大众文化是持批判态度的,但相比当时大多数只知一味抱怨美学品位衰退的人,威廉斯的观点更具深度——他将考察的范围从文本拓展到"大众"这个概念本身。对于评论界居高临下的态度,威廉斯也是不以为意;他一方面一针见血地指出一切既有的文化批评论调背后都隐藏着政治企图,另一方面一反阿多诺的幻灭感,以乐观的精神喷涂出希望的曙光。在威廉斯看来,文化工业绝非好莱坞般垂直垄断的封闭体系,其内部结构中包孕着不可限量的改革潜力。显然,在分析媒介工业时,他过分轻视了有组织的文化以及结构上的限制;在他看来,只要采纳新的管理方法并给予大众以控制权,旧文化工业就会自然瓦解(赶走"唯利是图"的文化商人)。后来,他在《作为生产资料的传播工具》("Means of Communication as Means of Production")一文中对自己的上述观点作出了总结(1980b)。

　　对于劣质文化,威廉斯坚持从伦理与政治角度进行抨击,一边为文化接受者的主动性辩护,一边严厉批判文化机制的精英观和排他性。他对媒介的谴责绝不仅仅囿于美学范畴。面对良莠不齐的文化现状,威廉斯毫不吝惜批评的笔墨;但他的批评并不限于文化的"质量",而更多集中于有组织的排斥现象与操纵行为,即大众被排除在文化欣赏与文化诠释的小圈子之外(1990, p. 310)——这与布尔迪厄(Pierre Bourdieu)提出的"文化资本"倒是有异曲同工之妙。其实,威廉斯既是道德批评家,又是政治批评家,尽管其大多数追随者只继承了他的政治思想。例如,斯图亚特·霍尔就只关心政治问题而对道德问题不感兴趣。在某种意义上,威廉斯并不仅仅是我们这个时代里的一位伟大的人物,他更代表着一股日臻成熟的文化批评与文化分析的潮流——威廉斯如同地心引力一般,吸引无数后来者加入文化研究的队伍。在这一过程中,威廉斯亦向自己批评的人物学习,包括伯克、柯勒律治、密尔、阿诺德、劳伦斯、奥威尔……当然,还有利维斯。

● **国家的复杂性**

"国家"这个概念,如"经典"一样,往往要求我们对各类不同资料进行整合与提炼;而两者的意图亦大体一致,均旨在于"生者"和"死者"之间建立关联。当我们与死者的关系发生了改变,生者之间的相互关系也会随之变化。我之所以对威廉斯感兴趣,很大程度上缘于当美国学界对传播问题的讨论在50年代末期陷入僵局时,他却能中和左右两派的观点,建立起自成一派的理论体系。所谓"经典",必定拥有海纳百川的容量,可以让读者免于掉入由历史传承而来的非黑即白的二分法窠臼。在战后的美国,人们惊喜地发现一位左派思想家竟可于思想混乱中精确观察大众传媒的社会效应,而绝大多数知识分子除哀叹自己业已丧失对大众文化的领导权外,毫无理论建树(对此,拉扎斯菲尔德和默顿[1948]也有论述)。哈贝马斯的《公共领域的结构转型》一书英文版于1989年问世,宛若一阵清风吹进了英语学界媒介研究的浑浊氛围中。自此,美国人方了解到,早在1962年欧洲的批判理论家即已登上大众传播历史与经验研究的巅峰。因此,若我们将威廉斯的理论视为某种来自大洋彼岸的关于大众传播意义的新思路,便不难发现其真知灼见与我们当下的讨论密切相关。与50年代末期那些对现代性充满恐惧的同辈学者相比,威廉斯的思想显然更加高明。他的历史研究方法与阿伦特、米尔斯和哈贝马斯一脉相承;他的媒介受众观强调社会关系,拒斥强效果论与精英主义倾向,又与卡茨和拉扎斯菲尔德不谋而合;至于他对社会经济、阶级基础以及媒介权力集中问题的分析,则隐现着米尔斯与阿多诺的影子。伟人之间的对话并不必然在其在世的时候进行。"经典"在某种程度上如同精神世界的交响音乐会。《文化与社会》为芝加哥、哥伦比亚、法兰克福、多伦多以及英国文化研究诸学派提供了对话的场所。

"国家"与"经典"均能提供阐释框架。作为结论,我想指出:时至今日,威廉斯著作的丰富意涵在美国或许比在"自家"英国发挥得更加淋漓尽致。诚如柯纳(J. Corner)(1995)所言,这与媒介在两国知识界所占据的不同地位密切相关——很奇怪,英美学界对很多问题的重视程度都不大相同,媒介只是其中之一(1995, pp.159—160)。50年代晚期,随着电视智力竞猜节目丑闻的发生,大多数知识分子开始对新兴的电视媒介嗤之以鼻。另外,电视起初只是以纽约为大本营的区域性媒介,专门播放精英受众青睐的"高质量"戏剧作品;谁知,随着时间的推移,电视业居然将基地转移到洛杉矶,摇身一变,成了取悦大多数人的全国性媒介。联邦通讯委员会(FCC)主席牛顿·迈诺(Newton Minow)在1961年为电视扣上了"无垠荒原"的帽子,这一称谓显然源自现代文学史那个著名的悲观隐喻——T. S. 艾略特的名作《荒原》(*The Waste Land*)。电视成了知识界的弃儿,只有以马歇尔·麦克卢汉为代表的"流行思想家"才对其偏爱有加。在英国,情况截然不同:许多知识分子以评论家、顾问和剧作家的身份亲自参与到传媒业的运作中,威廉斯更是身兼上述三种职业;公营电视如英国广播公司(BBC),尽管常因其家长式运营风格并坚持播放所谓的"高质量"节目而遭訾议,却始终肩负着相应的社会职责。在英国大众文化评论界,从利维斯到霍加特,均隶属于印刷文化而非电视文化;在《文化与社会》以及《识字的用途》中,我们丝毫看不见电视媒介的踪影。在美国,炮轰电视为害世人、赞美印刷媒体治愈社会病态的畅销书比比皆是,抨击电视俨然成了全社会的共识,更是一种有利可图的行径。与之相对,英国学界却展开了对电视媒介的理性研究,极具前沿性,代表作包括奥康诺(A. O'Connor)编撰的《雷蒙德·威廉斯论电视》(*Raymond Williams on Television*)(1989),其中收录了多篇威廉斯于60年代发表的论文,以及斯图亚特·霍尔和派迪·维诺(Paddy Whannel)合著的《大众艺术》(*The Popular Arts*)(1964)。这些著作既细致考察了电视带来真实美学体验的可能性,又同时对麻痹与剥削现象保持足够的警惕。

如果说,《文化与社会》对迄今为止的一切传统进行了整合,重构了整个媒介研究领域的历史遗产,从而使自身在美国语境下拥有了时代意义的话,那么该文本在当代英国显然存在一个明显的缺陷,那就是威廉斯关于国家的单一文化观。作为举世公认的英国文化研究学科的理论基石,《文化与社会》全然罔顾性别、种族以及性取向的差异,威廉斯笔下只有阶级、国家以及点到为止的"帝国主义"。至于亚文化,他倒是隐晦地作出过评价,但也只是建立在阶级分析而非其他关系的基础之上。威廉斯将经验比作受众面对媒介文本时提请"上诉"的第一"法庭",暗含着对"抵抗"的重视。总体上,关于大众媒介的相关问题,《文化与社会》并未体现出显著的"参与感",这没什么可大惊小怪的,因为其标题"文化与社会"揭示了此书并不是一部媒介理论著作。而且,威廉斯作为电视与戏剧批评家的职责,在其他地方得到了充分发挥(O'Connor, 1989)。对现在的某些批评家,如保罗·吉尔罗伊(Paul Gilroy)(1991, pp.49—51)而言,威廉斯的软肋在于种族及国家观念的偏颇：他将自己称为"威尔士欧洲人"，决定了在他眼中，知识界的一切政治异见者都只能是来自英国的白人、男性、工人阶级英雄。另外，尽管《文化与社会》被视为一部19世纪英国思想史，书中却对彼时文化观念赖以生存的殖民主义及帝国主义社会背景甚少涉猎；鉴于当时的"日不落帝国"雄踞全球五分之一的土地，以当下标准看，这一现象似乎有些反常。其实，1780至1950年间的文化问题并非英国特有，而是一个全球性的普遍问题。公平地说，威廉斯后来公开就《文化与社会》的缺陷作出反思，其冷峻、客观的态度和一切严肃对待自己旧作的学者别无二致。如今，一方面，英国正努力将自己重新定位成一个多元文化、多元种族的国家，而另一方面，其旧殖民地则在饮食、语言、时尚、人口以及音乐等领域时刻对原来的宗主国进行着"帝国反击"*。鉴于此，在阐释《文化与社会》这部贴着岛国心态与白人男性标签的著作时，我们似乎也应该保持宽容的心态。当过去与现在狭路相逢，彼此的潜力与缺陷往往变得同样醒目、清晰。

总而言之，《文化与社会》在最大限度上调和了批判理论与经验研究关于媒介效果问题的争端，高瞻远瞩地对英国文化研究、批判理论以及传播效果研究三大理论体系作出了整合，尤其揭示了非此即彼的二分法的虚假与无益，使我们成功回避了批判理论与经验学派的徒劳争端。威廉斯教会了我们在从事媒介、文化与社会研究时，应当如何重顾历史，从而准确把握现在与未来。

参考文献

Arendt, H. (1958) *The Human Condition*. Chicago: University of Chicago Press.

Berelson, B., Lazarsfeld, P. F. and McPhee, W. (1954) *Voting*. Chicago: University of Chicago Press.

Corner, J. (1995) *Television Form and Public Address*. New York: Edward Arnold.

Curran, J. (1990) The New Revisionism in Mass Communication Research: A Reappraisal. *European Journal of Communications*, 5 (2—3), 135—64.

Eagleton, T. (1976) *Critical and Ideology*. London: New Left Books.

Gilroy, P. (1991) *There Ain't No Black in the Union Jack*. Chicago: University of Chicago Press. (Originally published in 1987.)

---

* 原文为 *Empire Strikes Back*，系美国电影《星球大战》（*Star Wars*）系列的第五集。——译者注

Gitlin, T. (1978) Media Sociology: The Dominant Paradigm. Theory and Society, 6 (2), 205—53.

Gitlin, T. (1995) The Twilight of Common Dreams. New York: Metropolitan.

Habermas, J. (1989) Structural Transformation of the Public Sphere. Cambridge, MA: MIT Press; Cambridge: Polity. (Originally published in 1962.)

Hall, S. and Whannel, P. (1964) The Popular Arts. New York: Pantheon.

Hoggart, R. (1992) The Uses of Literacy. New Brunswick, NJ: Transaction. (Originally published in 1957.)

Huxley, A. (1958) Brave New Word Revisited. New York: Harper.

Katz, E. (1959) Mass Communication Research and the Study of Popular Culture. Studies in Public Communication, 2, 1—6.

Katz, E. and Lazarsfeld, P. F. (1955) Personal Influence. Glencoe, IL: Free Press.

Lazarsfeld, P. F. (1948) Communication Research and the Social Psychologist. In W. Dennis (ed.), Current Trends in Social Psychology, Pittsburgh: University of Pittsburgh Press, 218—73.

Lazarsfeld, P. F. and Merton, R. K. (1948) Mass Communication, Popular Taste and Organized Social Action. In L. Bryson (ed.), The Communication of Ideas, New York: Cooper Square, 95—118.

Lippmann, W. (1925) The Phantom Public. New York: Macmillan.

Mills, C. W. (1956) The Power Elite. New York: Oxford University Press.

Mills, C. W. (1959) The Sociological Imagination. New York: Oxford University Press.

Morrison, D. E. (1978) Kultur and Culture: The Case of Theodor Adorno and Paul F. Lazarsfeld. Social Research, 45, 331—55.

Mulhern, F. (2000) Culture/Metaculture. London: Routledge.

O'Connor, A. (1989) Raymond Williams on Television. New York: Routledge.

Simonson, P. D. (1996) Dreams of Democratic Togetherness: Communication Hope from Cooley to Katz. Critical Studies in Mass Communication, 13, 324—42.

Thompson, E. P. (1963) The Making of the English Working Class. New York: Pantheon.

Williams, R. (1961) The Long Revolution. New York: Columbia University Press.

Williams, R. (1974) Television: Technology and Cultural Form. New York: Schocken.

Williams, R. (1979) Politics and Letters: Interviews with New Left Review. London: New Left Books.

Williams, R. (1980a) Base and Superstructure in Marxist Culture Theory. In

Problems of Materialism and Culture, London: Verso, 31—49. (Originally published in 1973.)

Williams, R. (1980b) Means of Communication as Means of Production. In *Problems of Materialism and Culture*, London: Verso, 50—63.

Williams, R. (1985) *Keywords: A Vocabulary of Culture and Society*. New York: Oxford University Press.

Williams, R. (1990) *Culture and Society*. London: Chatto & Windus. (Originally published in 1958.)

Williams, R. (1993) *The Country and the City*. London: Hogarth Press. (Originally published in 1973.)

第12章

赢得经典？
斯图亚特·霍尔的《编码/释码》

迈克尔·古列维奇(Michael Gurevitch)、
派迪·斯坎内尔(Paddy Scannell)

斯图亚特·霍尔(Stuart Hall)的论文《编码/释码》("Encoding/Decoding")在文化研究领域内的重要地位是毋庸置疑的。本文无意对霍尔的理论作出任何另类解读。事实上，分析《编码/释码》一文的文献已汗牛充栋，没有必要再凑这个热闹。不过，我们倒是想扼要讨论一下学术文本经典化的问题，兼为霍尔这篇文章做一"传记"，并通过细致思考来对该文的"经典地位"作出总结。

无论将哪篇文章尊奉为大众传播经典文献，都会遇上很多问题。首先要做的，是界定大众传播这一学科的"势力范围"，这意味着我们必须明确划分出一个自给自足、边界清晰的领域，然后再于该领域的狭小空间内选择"经典"文本。这样一来，符合条件的论著便凤毛麟角了。被选中的文本事先要接受严格检阅，必须无愧于"经典"的名号，自始至终贯彻"精益求精"的原则。不过，若将大众传播研究置于更宽泛的社会科学语境中考察，或将其视为广义的知识社会学与文化社会学的分支，那么原有的筛选空间就会扩大，原有的"经典"文本也会被更"经典"的文本比下去。由此看来，所谓"经典"，根本就是个相对的概念。

其次，要弄清评判"经典性"的标准是什么，是文本自身包蕴的爆发力、启示性与洞察力，还是其激发、促进后续研究的能力？换言之，所谓"经典地位"是文本自身争取来的，还是子孙后代根据其后续影响力赋予的？若答案是后者，那么也许我们该换个说法，用"泽被后世的文本"来代替"经典文本"。由是,一切著作的影响力都体现在其追随者的研究成果中。文本蕴含的思想传承得越绵长、后人所受启发越大,则经典性也越强烈。这就如同对学术著作进行 DNA 检测,据此来判断其母体的特征、寿命、缺陷,以及长期影响力。

不过,更重要的是,在日常生活中,经典往往与死亡密切相关,仿佛只有生命终结,神圣性方可浮现。这一道理或许同样适用于文本:经典同时意味着神圣与禁欲(mortification)。当某个文本被尊为经典,它便不再为众人关注,更挣脱了种种约束;没人再去思考它、研究它、讨论它、质疑它,甚至挑战它,它最终变成了一种仪式,供人心甘情愿地参考与引用,如圣灵般重返世间向芸芸众生施以援手。今天,为我们所熟知的"编码/释码"模型就不可避免地走上了通往"经典"神坛的不归路。以该文为起始点,斯图亚特·霍尔于 20 世纪 70 年代领导伯明翰大学当代文化研究中心(CCCS)在文化研究框架内展开了如火如荼的媒介研究。

● 为一篇文章立传

《编码/释码》发表于 1980 年出版的《文化·媒介·语言》(Culture, Media, Language)一书中。在书中,该文被纳入第三章,章题为"媒介研究"。文章开头,霍尔就在脚注中声明:本文只是凝缩版,原文篇幅要长得多,题为《电视话语中的编码与释码》("Encoding and Decoding in the Television Discourse"),刊载于 1973 年内部发行的 CCCS 论文集第 7 卷。该文最早乃是斯图亚特·霍尔在莱斯特大学大众传播研究中心的一场研讨会上所做的主题发言,时间也是 1973 年。为方便 CCCS 学生阅读,霍尔后来将研讨会上收集来的听众意见以及对此课题的未来展望补充在文章的末尾;一年后,他再度将题目改为《编码与释码》("Encoding and Decoding"),拿到在威尼斯举办的广播从业者与听众研讨会上宣读,而该研讨会正是大名鼎鼎的"意大利奖"(Prix Italia)[*]的一项议程。在整个 20 世纪 70 年代,CCCS 连续不断地印刷刊行了一系列论文集,总题目为《文化研究论文精粹》(Working Papers in Cultural Studies,WPCS)。70 年代末,哈钦森出版公司(Hutchinson)购得版权,将业已成形的论文正式结集出版,并提前预订了尚未完成的著作以及中心未来的出版计划。于是,

---

[*] 创立于 1948 年的著名媒体奖,评选内容如今涵盖广播、电视与网站。——译者注

《文化·媒介·语言》一书正式问世,其副标题即是"文化研究论文精粹,1972—1979"。这样一来,《编码/释码》一文正式在公开出版物中亮相,该事件既标志着一个时代的结束,又同时开启了一个新的时代:从此,这篇重要论文结束了在非公开渠道流通的历史,昂首迈进主流学术文献行列。

乍看上去,公开出版的《编码/释码》似乎很单薄,从头到尾只有10页,且脚注与参考文献数量均很寥寥,看上去很像一部残缺不全、尚未完成的作品,仿佛贴着"创作中"的标签,期待作者在未来将其进一步完善。题目也很简明扼要,除了两个单词和一个分隔符外,再无任何深入阐释。如今,只要提到"编码"与"释码"这两个词,每个从事文化研究的"内部人"都了然于胸。与此同时,在CCCS之外,一部题为《S/Z》(Barthes,1975)的著作问世,详尽考察了分析(文学)文本的各种代码的形式。综上所述,《编码/释码》一文本身并无跻身经典之列的野心,对于身后荣耀亦毫无热望。

将《编码/释码》视为对德里达(Jacques Derrida)那句"文本之外别无一物"(Il n'y a pas de hors texte)的反驳,更有助于我们理解霍尔这篇文章的意义。该文之所以重要,并不仅仅体现于内涵,更在于它与外部世界的联系:一系列焦点问题与社会责任伴随而来,促使霍尔不断对文章作出修正与增补。这些问题并非静止不动,而是在七八年间伴随着文本由地下流通到公开出版的过程不断变化着。当然,澄清这一点并非为了勾勒出文本的历史背景("语境"),而旨在以"不完整性"为切入点阐明公开出版的《编码/释码》的文本特征。若业已出版的文本并不完全符合创作者当年构想时的初衷,那么我们尽可以去他处寻觅文本"存在的理由"(raison d'être)。这样一来,思路就打开了:若要完全把握这篇文章,必须"轻装上阵",暂时忘记所谓的"重大理论贡献"。这意味着我们要重返CCCS在70年代的研究生活,全面审视当代文化研究方兴未艾之时学术文章的撰写与内部流通机制。

如今,就连那些亲身参与过70年代CCCS研究工作的"局内人"也很难回忆起中心当时热火朝天的景象是如何发生的了。那个时候,似乎每个人都殷切地盼望着新一期WPCS的刊行。当《论意识形态》("On Ideology")一文出现在1977年发行的WPCS第10期上,大家如同获知天启般激动,仿佛文化研究阵营终于追上了时代潮流,总算可以睁开眼好好看看这世界究竟是怎么回事了。之所以取得这样的成果,源于CCCS的成员们孜孜不倦地钻研活文化,且始终将目光集中于人的行为。如今,媒介研究、大众传播与文化研究均已忝列高等教育的门墙,并以姊妹学科的面貌示人;而相关领域的本科及研究生项目亦已成了稀松平常之事。此外,每个领域都探索出自己的研究方法,发表了相当数量的成果,并不断充实着理论文献的数量。不过在 30 年前,一切都还是白纸。所以,不妨说,CCCS 在 70 年代的"白手起家"几乎创造出一个新的学术领域来;只是在当时,人们并不清楚自己的努力会带来什么结果。简而言之,CCCS 在斯图亚特·霍尔极富魅力的英明领导下,不但出产了大量令人敬佩的理论成果,更鼓舞和激励了整整一代学人。很多学生都成了霍尔的信徒,他们的足迹遍布世界各地,不断撒播着那一套尚未被命名为"文化研究"的新思想。

从《编码/释码》一文首次面世(1973)到正式出版(1980)的 7 年间,也恰是霍尔本人最富创造力的时期。大卫·莫利(David Morley)和陈光兴(1996)在一本书的结尾处整理了一份霍尔的"论著清单",来向这位学术大师致敬。这份清单事无巨细地记载了多年以来霍尔撰写出版的全部作品,以及他所关注并讨论的一系列问题(pp.504—514)。霍尔于 70 年代企及创作与教学的巅峰,在一定程度上乃是整个中心的高产状态所致,而"编码/释码"理论无疑是当之无愧的巅峰之作。柯林·斯巴克斯(Colin Sparks)(1996)称这一模型为"霍尔在该时期最主要的学术成就之一"(p.86)。

《文化·媒介·语言》一书于 1980 年出版时,霍尔已经离开伯明翰大学,转任开放大学(Open University)社会学系系主任一职。他 1964 年加入 CCCS,1968 年开始担任中心主任。15 年后离职时,他已心力交瘁:

> 我感觉,每一年文化研究阵营内部都会出现危机,从未间断过……我面临着女性主义者的指控,那滋味真难挨……如果我从一开始就反对女性主义,那另当别论,关键是我从始至终一直赞同她们的主张。她们视我为"敌人",把我当作父权制的高级代表,置我于万劫不复的境地……中心刚刚成立那几年,就像一座"另类大学"。那时,教职员工和学生之间几乎没有任何分歧。后来,我亲眼看见代沟渐渐出现,师生间有了裂痕,不再亲密如初,我不希望看到这样的景象……所以,出于上述原因,我想离开。(Morley and Chen, 1996: p.500)

如今看来,中心在70年代的种种"残酷现实"都未妨碍其创造出壮观的学术成果。无论对于一个人还是一个机构来说,生活与工作都没必要完全混为一谈。不过,学术研究与肥皂剧不同,一切帮派的对立、激烈的争执、愤怒的沉寂以及受伤的自我都和人际交往与家庭关系的摩擦无关,而纯粹出于学者对不同政治立场与理论倾向的拥护(Brunsdon,1996)。只有细心聆听中心出版的文本中回荡着的"理论杂音",亦即那些极富争议、各执一词的论辩,才能真正理解文化研究在那一特定时期建构的理论究竟具有多么深邃的意涵、多么巨大的价值。尽管70年代距今不过二三十年,如今看来却似遥不可及。不过,问题来了,现在我们回过头去讨论历史问题有何用意?不妨这样说,如果你认为文本是"自然而然"从被研究对象身上总结出来的,与其所处的历史条件毫无关联,且后人可以随心所欲对其篡改,那么你尽可忽视本文讨论的内容。不过,这可不是《编码/释码》一文所要表达的立场。

● 一个关于"立场"的模型

我们可以将"编码/释码"理论视作对盛行于彼时媒介研究领域的美国传播效果范式的反拨。及至60年代晚期,美国主流传播理论仍一如既往地强调用实证主义、量化研究和经验方法考察大众传媒在社会中扮演的角色以及媒介效果对受众的影响。不过,有趣的是,霍尔的本意并非批判美国人,而是自家门口的英国学者。在他看来,英国的媒介研究传统与实证主义、经验主义的美国传统根本就是"一丘之貉"。在90年代的一次访谈中,有人问起霍尔撰写这篇论文的初衷,他如是回答:

> 这篇文章的诞生,是若干不同语境作用的结果……首先,在某种意义上,是方法论/理论的语境,因为论文最初是投给莱斯特大学大众传播研究中心主办的研讨会的,而这个中心本身非常传统,遵循的也是旧式的经验主义/实证主义逻辑,强调内容分析与受众效果调查等等。所以,这篇论文……多少带有挑战的意味。它的立场与传统的立场针锋相对。具体来说,就是反对将媒介内容视为带有表演色彩的一成不变的意义或讯息。(Cruz and Lewis, 1994, p.253)

后来,霍尔又补充道:"编码/释码模型并非什么宏大理论。我所要反驳和抨击的对象只有一个,那就是莱斯特大学大众传播研究中心。"(p.225)

又过了一段时间,霍尔应欧洲某理事会之邀参加题为"电视语言批判性阅读培训"的座谈会,主持者是詹姆斯·哈洛兰(James Halloran),正是彼时莱斯特大学大众传播研究中心主任。在座谈中,霍尔承认,哈洛兰使"大众传播的整体过程"成为学术研究的话题,并从"两端"——信息生产和受众对信息的接收与使用——完善了传播研究的结构,对这一领域作出了很大贡献。但霍尔与哈洛兰(在更广泛的意义上,伯明翰大学与莱斯特大学)最关键的分歧在于前者出身于文学研究(关注文本、语言与意义),而后者则受社会学训练,尤其是美国的大众传播社会学。尤其是,霍尔与 CCCS 的理论视角已经开始嵌入马克思主义的框架,而莱斯特学派并未呈现出明晰的理论与政治诉求。

对霍尔来说,最重要的原则在于:传播,包括其各个阶段,均非不偏不倚的中立过程。大众传播社会学主张将信息传递失败归结于系统的偏差,亦即"传递过程中的技术错误"(1973, p.19),并呼吁在社会学与教育学专家的干预下,文化政治应朝向"帮助受众更好地、更有效地接受电视传播"的方向发展(p.1)。如霍尔所示,上述视角根本未曾摸到传播过程的门道,几乎对最重要的症结视而不见,那就是:"在我们生活的社会里,作为精英的广播者与受众之间的传播过程完全是一种'系统性扭曲'。"(p.19)那些认定传播过程与学界干预不偏不倚的人其实正是此种系统性扭曲的帮凶,其立场实际上是种政治选择,尽管连他们本人都未曾意识到,也从未这样看待过:

> 将政治选择"误读"为技术问题意味着社会科学研究者倾向于在无意识状态下与主流权力结构共谋。尽管造成这种困惑的原因既有社会意义上的,也有结构意义上的,但整个传播过程实际上深受不同代码的影响。科学研究者"无意识地"参与文化霸权的再生产早已不是新鲜事,这种参与不仅体现为学者对权力结构的屈从,更可通过为权力结构的运行提供学术注脚的方式完成。(p.19)

这就是 1973 年霍尔在文章中的结束语。他的意图很明显,就是要向同一领域的另一研究中心开战。在 1980 年正式出版的版本中,霍尔的思路已被广泛运用,无奈时过境迁,此类论战已不再是学术争论的焦点。

● 转变中的文本

那么,就让我们来考察一下早期草稿中的哪些内容最终被印刷出版的版本删除。莱斯特研讨会的题目"作为话语的电视",在一定程度上决定了霍尔这篇论文的落脚点;而这篇论文也反过来在一定程度上决定了上述题目的内涵。亦即,霍尔在反对一些观点的同时,也表达了对另一些观点的支持,两者是难分伯仲的。霍尔所竭力强调的,是大众文化中的符号代码问题。对此,不同学派的人提出了不同的看法,有人将其视为文本,有人称其为讯息,还有人认为代码本身就是一种指意实践。在霍尔看来,文本释码并非简单的讯息"阅读"行为,因为整个过程毫无透明化可言。因此,毋宁说释码行为需要的是一种"怀疑的阐释学"(hermeneutics of suspicion),主张受众将大众文化形式(尤其是电影与电视)当作"传播的系统扭曲形式"加以把握。

这段表述以直接引语的形式出现在霍尔文章的第一段中,不过直到很晚才引起人们的注意(Hall, 1973, p. 16, n. 23)。其来源是于尔根·哈贝马斯(Jürgen Habermas)的一篇论文(1970),在文中哈贝马斯将弗洛伊德的精神分析学说视为揭示人类无意识中系统扭曲状况的"科学"方法,而扭曲的种种症结就呈现在接受心理治疗的患者的话语中。若将大众文化文本比作梦境,认定其"以'伪装'的方式表达被压抑的文化内容"(Hall, 1973, p. 11),则批判性分析的目标就是仿效弗洛伊德,"坚信象征机制中包孕着潜在内涵与意义编码,从而对这一过程中发生的凝缩与移情机制进行释码"(p. 10)。假如"深度分析"可以碰触到为大众文化"表面形式"所掩盖的潜在意义,则释码就是为了让代码中隐藏的东西暴露于光天化日之下。翁贝托·艾柯(Umberto Eco)和罗兰·巴尔特(Roland Barthes)的研究标志着符号学的崛起,而整个符号学的要义就是刺破流行文本的表面结构,潜入到更深层的神话结构中去。霍尔曾在论文中应用符号学原理对电影中的西部片类型以及电视展开深入讨论(pp. 5—11),不过这些内容在正式出版的版本中被删去了。

大卫·莫利与夏洛特·布伦斯顿(Charlotte Brunsdon)(1999)曾以亲身经历为据追忆当年的研究生涯,称:"在20世纪70年代,中心里堆放了很多贴有'西部片'标签的箱子,这是CCCS当年关注的另一课题,可惜未能完成。"(p. 3)这无疑证明了霍尔早年曾对电影研究产生兴趣。1961

年,他开始在伦敦大学切尔西学院(Chelsea College, University of London)教授"媒介、电影与大众文化"课程;1962至1964年间,他曾与派迪·维诺(Paddy Whannel)合作从事电影电视研究并出版了相关理论成果,即《大众艺术》(The Popular Arts)(1967)一书。1973年时,霍尔对电影(一种重要的大众艺术形式)与电视剧的关注几乎构成了《编码/释码》的内核;而7年之后,当论文正式出版之际,他的研究兴趣已转向别处。

由是观之,《编码/释码》是一个时刻处于转变中的文本。通过比较最初的版本与正式出版的版本,不难窥见霍尔对大众文化文本分析的情结由深至浅的淡化过程;这一过程体现了霍尔逐渐将自己的思路融入马克思主义理论体系的努力。最终,马克思主义的特质成了我们理解霍尔70年代研究成果的关键,而"意识形态"这个概念渐渐在他的论著中占据核心位置。在最后成形的《编码/释码》中,我们清晰地看到了阿尔都塞(Louis Althusser)与葛兰西(Antonio Gramsci)的影子:前者的文章《意识形态国家机器》("Ideological State Apparatuses")与后者在《狱中札记》(The Prison Notebooks)中对"霸权"这一概念的历史性考察几乎从头到尾统摄着霍尔论文的思路。在《编码/释码》发表一年前后,这两位学者的著作相继有了英文版,但并无一人将他们的思想完全融入马克思主义文化分析的路径中;而霍尔对文化研究作出的无人可及的最大贡献,就是吸纳了阿尔都塞与葛兰西的观点,为这一学科奠定了新马克思主义的理论基调。

● 1980 年版

霍尔在学术会议上宣讲的版本与正式出版的版本最显著的不同即在于后者删除了对西部片的符号学分析部分,将原文篇幅缩减了三分之一。此外,霍尔还在文前文后增补了若干内容,完善了文章的结构。同时删除的还有对当时研讨会主题的介绍,而霍尔关于大众传播社会学与行为心理学强硬的批判论调也被适当淡化。总而言之,早期版本读来仿佛是以符号学为武器对文本进行的大肆解构,而正式版则是以"宰制性意识形态"为核心概念、在马克思主义/阶级分析的问题域内对受众的文本解读行为作出的考察。"编码/释码"模型的理论基础与重心发生了变化。

对于那些深受美国传统影响的人而言,乍读此文多半会产生似曾相识的感觉。早在1949年,"编码"与"释码"二词便已出现在克劳德·香农(Claude Shannon)的论文《传播的数学理论》("The Mathematical Theory of Communication")中。香农是一位电子工程师,其诉求在于保护讯息免受"噪声"干扰、防止内容混淆与扭曲,从而强化传播过程的整体性。他所建立的信息传播模型如下所示:

信源→编码→信道→释码→信宿

后来,威尔伯·施拉姆(Wilbur Schramm)(1964)继承并发展了这一模型,将两个人之间的传播过程整合如下:

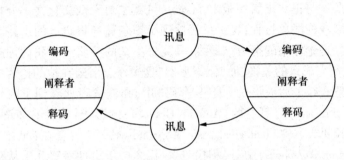

资料来源:ⓒ Mary Schramm Coberly, Boulder, Colorado。

如此一来,施拉姆将反馈的概念引入传播模型之中,并进一步在社会关系与社会文化环境的框架内对人类传播过程加以考察。

霍尔对"编码"与"释码"这两个术语的运用表面上看只是拾香农与施拉姆的牙慧,但这一印象显然是错误的。文章一开始,霍尔即提到了"传统"的"信源—信道—信宿"模型,并对其过分强调信息交换的线性程式提出批评。同时,他主张在马克思的商品生产模式基础上理解传播问题,将传播视为一个包括生产、流通、分配/消费与再生产等阶段的过程。这样一来,霍尔就将"生产"的概念与编码/释码的理论框架结合起来——对于将大众媒介视为内容生产机构的媒介分析观来说,把握"生产"的意涵是至关重要的。

接下来,霍尔突出强调了媒介讯息生产的制度结构。他借鉴马克思的"劳动过程"理论,用"编码"与"释码"这两个标签来区别传播方程式两侧的两种"意义结构":"意义结构1"指编码一边,而"意义结构2"指释码一边。两种意义结构并不必然对称。事实上,霍尔认为就连两者重叠的情况都甚少出现。不过,与香农不同,霍尔并不觉得缺乏对称性有何不妥。恰恰相反,在他看来,正因这种失衡状态的存在,我们才能发现释码过程相对于编码意义的独立性。也就是说,释码行为拥有其专属的生命与力量。这样,霍尔的理论框架既吸收了结构主义与符号学的精华,又摒弃了符号学对编码文本力量的强调以及认为意义牢不可破地附着在文本之上的观点。在他看来,讯息的接收者并非"被迫"遵循编码者的意愿来接收讯息,而是通过对文本进行歧义性或反抗性解读来抵制意识形态权力及文本的影响力。

我们至少可通过两种方式来应用"编码/释码"模型,这取决于将强调的重点置于编码过程还是释码过程。其实,"编码/释码"这个题目略显含混,并未揭示出整个过程的关键问题:究竟先是什么被编码,然后又有什么被释码? 在此,我们不妨以"电视话语"为例,做一清晰解释:第一步,是"编码→作为话语的节目(文本)";第二步,是"作为话语的节目(文本)→释码"。比较来看,霍尔论文的原始版本更强调编码过程,而正式出版的版本则将注意力聚焦于释码过程。

上述讨论将我们引领至本文的另一重大贡献,即受众释码的不同类型。关于这一问题,霍尔的灵感来源于帕尔金(Frank Parkin)在《阶级不平等与政治秩序》(*Class Inequality and Political Order*)(1971)中提出的价值系统类型学。帕尔金认为存在三种价值类型:第一种为宰制性价值系统,往往导致某一阶级全体成员的顺从,或激发其追求成功的热望;第二种是屈从性价值系统,通常会引发相对温和的反馈;最后是激进性价值系统,其功效是激发人们对阶级不平等状态作出反抗性解读。基本上,霍尔全盘接受了上述观念。他也将受众对媒介讯息的解读立场区分为三种:首先是"宰制—霸权式立场",意指受众对讯息的释码"完全遵照编码者的意图进行"。这一立场使用的代码是"专业代码","专业广播者在编码的同时向讯息内注入了霸权意识形态"。第二种代码被霍尔命名为"协商代码",其中"同时混合着适应性因素与反抗性因素"。最后,是"反抗代码",意指受众在释码时持有与编码者"截然相反"的立场(Hall, 1980, pp.136—138)。

尽管霍尔的"释码立场类型学"与帕尔金的理论极为相似,但我们仍须注意到两者之间存在一个根本性的差别。帕尔金对价值系统的类型划分主要是**社会学**意义上的,是将不同的价值系统与阶级差异联系起来;而霍尔对释码立场的类型划分则是**符号学**意义上的,主要意图在于描述受众释码与意义生成的不同方式。从社会学到符号学的转变成了莫利《〈举国上下〉的观众》(*The Nationwide Audience*)一书的理论基础;而莫利的这部著作,恰是在"编码/释码"模型的引领下问世的第一个重要成果。

●《〈举国上下〉的观众》：对理论的经验性应用

霍尔的论文于 1973 年问世后，在文化研究阵营内部引发了强烈反响。对于 CCCS 的学生，尤其是媒介研究方向的人来说，"编码/释码"简直成了一种诊断模型，是推进各自研究工作向前发展的有力工具。这一状况在很大程度上引发了众人对该文的热议，尤其集中在"不完整性"的问题上。若要完善霍尔提出的理论，使之有效地指导学术研究活动，就必须应用"编码/释码"的框架去分析具体案例。对于霍尔的论文来说，"自洽性"是相对的，亦即只有与其激发并支持的后续研究联系在一起，"编码/释码"理论才算完整。霍尔在莱斯特大学的研讨会上宣读完论文后，曾增补了一个附录，标明"仅供中心成员参考"（注意语气中流露的排外情绪），其中这样写道（1973）："该文在听众中引发广泛共鸣，许多提问者关注的问题是：本中心是否已着手就这一理论制定'经验性及操作性'规划（如考察电视传播的讯息是如何被观众释码的）！"（p. 21）霍尔之所以以惊叹号作结，是因为中心成员早已知道问题的答案。所谓"规划"，无外乎就是用理论来指导实践，即用"编码/释码"模型去分析电视节目，通过经验性研究来检验"真实的"观众是否按照霍尔预测的那样对电视文本进行释码。

CCCS 两位学术造诣较深的学生，夏洛特·布伦斯顿与大卫·莫利，以相当成熟的研究成果对霍尔的理论模型进行了检验。他们选择一个特定电视节目——《举国上下》作为考察对象，探究电视媒介的代码机制，尤其揭示了真实世界里的观众如何在分析电视节目时从其包孕的"意识形态问题域"的代码中生成意义。对于电视上播放的内容，观众会不加质疑地"照单全收"吗？抑或他们采取了一种更微妙的（协商式）诠释策略？还是他们干脆拒斥电视节目的（意识形态）世界观，并通过反抗性释码行为去"戳穿"电视节目的意识形态话语（关于"国家地位"这一概念的极为特殊的框架）？

莫利与布伦斯顿本打算对霍尔的理论模型进行全方位检测，同时考察编码的过程、完成编码的电视节目，以及被某些受众释码后的电视节目。最终，他们只完成了后两步。他们意欲研究制片过程、制片实践的内部运作、广播的专业文化以及对广播节目进行"编码的瞬间"（David Morley，私人通信），不过，这几乎是不可能的，原因是在 70 年代除少数特例外，大多数学者很难进入全国广播公司（BBC）从事调研。霍尔的模型乃是个三段式结构，分别代表着传播的三个"瞬间"，相互联结为有机整体。所以若想证明其有效性，必须同时对三方面作出考察，一个都不能遗漏。不过，后来的事实表明，人们几乎只关注释码过程，至于其他两个"瞬间"则逐渐被遗忘。

从 80 年代到 90 年代，随着受众研究的复兴，《编码/释码》几乎被奉为这一领域的经典文本，这与莫利的"《举国上下》研究"开了个好头关系密切。遗憾的是，在电视文化研究领域内，该模型的启发性价值并未得到充分发挥。为还原 CCCS 对"编码/释码"模型的运用方式，我们必须在马克思主义文化观（本身就是个饱受争议的问题）的既定框架内对该模型尝试解决的一系列理论问题详加考察，同时关注 CCCS 的媒介研究小组在 70 年代的发展轨迹。为此，须首先阐明中心成员将霍尔的模型同时植入编码过程与释码过程所作出的种种努力。这两个过程与专业文化和广播实践都是休戚相关的。

有一件事，如今亦被淡忘，但在当时极为重要，那就是媒介小组对一期电视纪录节目《全景》（*Panorama*）所做的个案研究（Hall et al.，1976）。该案例是英国大选期间 BBC 制作的三期专题片的最后一期，首播于 1974 年 10 月 7 日星期一。此时距投票日还有 3 天，节目的标题是"何种联合？"（"What Kind of Unity？"）——此题旨在提出质疑：面临威尔士、苏格兰与北爱尔兰地区民族主义情绪的复苏，英国究竟还是不是"联合王国"？同时，也竭力敦促政府下放权力。在论文中，研究者小心翼翼地分析了意识形态的运作机制，考察了各利益派系在一个为人们广泛接受且不加质疑的共识框架（代议制的合法性）内争夺意义的斗争。研究精彩纷呈地揭示了意义如何在电视话语中发生变形的机制。在作者们看来，这一机制是由 BBC 和各政党的代理人联手操纵的。这样一来，霍尔在《编码/释码》中创立的理论模型就被用来解释一个具体案例中的编码过程："应该指出，电视传播的讯息绝不止包含一种意义；毋宁说，它是多种意义的聚集地，却只有一种'适宜'的意义得到传播者的青睐，'有幸'到达受众处。至于其他，则被统统忽视。"（Hall et al.，1976，p.53）

> 广播者的编码实践……旨在于电视节目的话题间营造透明度，同时想方设法控制受众的观念。为使释码行为遵循编码逻辑，广播者不惜动用一切可能的技术及传播手段；其实质，在于建构一种封闭

的意识形态，进而诱使受众按照传播者的意图去解读电视。不过，受众的解读立场却绝不止一种，这并非媒介领域特有，而天然适用于一切使用代码的语言系统……在我们看来，不同受众……遵循不同的解读策略，并不必然屈从于编码者的意图。（Hall et al., 1976, p.67）

布伦斯顿和莫利的文章篇幅远长于正式出版的《编码/释码》，结构也更完整。将两文结合起来阅读，可令我们明白无误地把握霍尔理论的实证及诊断功效。后来，对于每一个从事电视受众释码研究的人而言，《编码/释码》几乎成了必读文献。不过，后人往往疏忽对电视话语进行细致的具体分析，《全景》及《举国上下》两例个案研究就是代表。对释码的重视与对编码的忽视割裂了受众从电视节目中生成意义的过程和电视节目的意识形态生产过程；由是，一个完整的理论模型变得支离破碎。"编码/释码"模型的整体性在其于1980年正式出版时已不复存在，这是因为CCCS本身也早已辉煌不再。

● 经典化的开端

不妨说，正因《〈举国上下〉的观众》一文于不经意间将批判研究的注意力转移到受众身上，霍尔的《编码/释码》才正式开始了经典化历程。在一篇追忆CCCS媒介小组当年研究氛围的文章中，莫利指出媒介研究有两种截然不同的历史，分别是外部的历史与内部的历史。外部历史主要指70年代早期英国社会的政治经济剧变，尤其是声势浩大的矿工大罢工以及撒切尔夫人（Margaret Thatcher）最终入主唐宁街。至于内部历史，

> 则与舶来的"大陆马克思主义"（continental Marxism）（阿尔都塞、本雅明[Walter Benjamin]与葛兰西）以及符号学（巴尔特、艾柯与高蒂耶[Guy Gauthier]）密切相关。上述两大思想体系为英国的媒介研究者提供了崭新有力的理论工具，帮助他们更为深刻地看待意识形态在维系社会秩序并对社会秩序进行再生产的过程中扮演的角色，以及，更重要的是，媒介在意识形态的传播中发挥了何种功能。（Morley and Brunsdon, 1999, p.5）

在更宽泛的框架内，人们开始努力寻求一种比效果研究与"使用与满足"理论更好的媒介受众研究模式，一条更加具体化的路径相应而生，尽

管声势仍很微弱。莫利既反对媒介效果研究的早期范式(很快即被驳倒)——"皮下注射论",也质疑"强调媒介消费者主体性、认定其完全有能力抵抗媒介影响力的自由主义模型"(p.6)。后者似乎将两种截然不同的视角,即"有限效果论"与"使用与满足"理论,强行捏在一起,全然罔顾两派学者对作为媒介消费者的受众持迥异的观点。当然,有人可能认为将媒介效果研究全盘否定的做法似乎过于简单粗暴,不过公正地说,效果研究范式在考察媒介内容时的确忽略了对"意义"这个概念的理论化讨论;同样,关于受众如何以释码者身份从媒介讯息中生成意义,"效果派"学者也漠不关心。霍尔的"编码/释码"模型只不过是在媒介研究领域内重新恢复了受众的释码者身份。

"编码/释码"理论不但使文化研究回归受众,更促使越来越多的人将传媒组织视为意识形态机构,亦即编码者。以前,受众往往被视为媒介讯息的被动接收者,完全受信息中承载的意识形态摆布。诚如莫利(Morley and Brunsdon, 1999)所言:"如今,消费的重要性以及受众的主动性已成为文化研究领域内不言自明的真理,但在《〈举国上下〉的观众》问世的1980年,情况远非如此。""编码/释码"模型认定受众完全有能力抵抗媒介讯息,这一方面深受葛兰西的霸权理论影响,另一方面也从普通观众的电视消费行为中找到佐证。显然,若要逃脱文化霸权的控制,就必须一刻不停地进行意识形态实践,而受众主动释码的能力则使这一切成为可能。另外,如果媒介消费要求受众积极主动地对媒介内容释码,则反抗的可能性就蕴藏于释码的过程中。

● **经典化如何实现?**

《编码/释码》为媒介研究的发展作出巨大贡献,这决定了它必然跻身经典文本之列。不过,似乎有必要思考一下**任何一部**学术著作想要获得"经典"头衔需要满足的条件。首先,是时间因素的重要性。尽管多数经典理论在刚刚诞生时大都带有"超前"色彩,但以"事后诸葛亮"的精神来分析,不难发现一部论著的重要性往往取决于其是否诞生于合适、成熟的时机。《编码/释码》对实证主义社会科学的挑战适逢其时,因彼时美国的传播效果研究已陷入发展的瓶颈,正饱受争议与抨击。霍尔一文问世时,社会科学框架内的受众研究成果已相当贫瘠,就连强调受众行为的"使用与满足"理论也无法有效反击来自批判学者的诘难(参见 Elliott,

1974)。与此同时,早期文化研究正全神贯注于文本分析,其对受众的忽视固然与美国学者性质不同,但于整个学科产生的危害性却丝毫不逊色。就在这时,霍尔的《编码/释码》横空出世,对上述两种视角作出了可贵的修正。

第二,霍尔为媒介研究这个"酒瓶"装灌了口感浓烈、风味独特的"新酒"。前文曾提到,"编码"与"释码"这两个术语几乎从一诞生起就被引入传播研究,尤其是大众传播研究领域,并始终沿用至今。尽管《编码/释码》为这两个词汇赋予了新的意义,霍尔却并未就此掀起抨击非马克思主义媒介学者的"革命"。由是,我们可以认定,霍尔有意延续"编码"与"释码"的意义,尽管这种延续几乎颠覆了原有的概念框架。

不过,判断一个文本有否经典资格的最重要标准,还要看其激发新思想、提出新问题的能力。"接受分析"(reception analysis)作为受众研究新路径的崛起证明了"编码/释码"模式的影响力。在此框架内,人们对受众释码行为的兴趣与其对媒介全球化可能产生的后果的警惕性密切相关。"编码/释码"理论为人们探求不同社会与不同文化中的受众如何对不同环境中生产的舶来文本作出解读带来了新的启发(参见 Ang, 1985; Liebes and Katz, 1990),并相应地强调了"比较受众研究"(comparative audience studies)的重要性。如今,在考察电视新闻的全球传播问题时,我们不但要关注传媒机构,更须兼顾不同国家的受众如何对电视新闻进行释码。

● 质疑与结语

俗话说,树大招风。自霍尔论文问世以来,"编码/释码"模型始终饱受方方面面的质疑,尤其是来自批判/马克思主义学派内部的攻击。最严厉的指控由政治经济学领域的学者提出,他们怀疑受众与媒介讯息协商的可能性,更不相信人有能力反抗文本意识形态;同时,他们还指出,尽管认定文本承载着编码者意识形态的观念用起来很方便,却很难通过经验方法对其加以验证。同理,霍尔对信息生产者主观意图的揣测亦站不住脚。最重要的是,在这个多义的世界里,编码和释码过程是极其复杂的,任何"简洁明快"的类型划分都很难令人信服。

批评并不仅止于此。依斯巴克斯所言(1996):"进入 80 年代后,霍尔似乎放弃了对(编码/释码)模型的改进。"其时,他的注意力已转向其他领域。在一次关于《编码/释码》的访谈中,霍尔对理论模型存在的问题作出了反思。他说:"'编码/释码'并不是一个宏大模型……我没指望它的学术功效能够持续 25 年。从理论上看,这一模型也并不十分严谨,其内部逻辑与概念内核亦存在漏洞。"随后,在被问及如何检验"编码/释码"模型的有效性时,霍尔称:

> 莫利的研究并未完全采纳"编码/释码"模型……我创立该模型的目的,也不是用它来指导长期的经验主义研究。只不过,写完那篇论文后,我突然意识到如果我们想通过检验某个受众研究的旧模型来发明新的模型,就必须有人勇于尝试、付诸实践。关于大卫·莫利,我倒是有个疑问:你小子到底是怎样在真实存在的人身上检验理论的?

不过无所谓了。正如我在本文一开篇所说,无论文本面临哪些问题、困难、质问与自我怀疑,其经典地位都不会受到危损,因为所谓"经典性"并非附着于文本自身之上,而取决于文本产生了何种影响。某些文本生来就是经典,某些通过后天努力获得经典地位,还有一些则甘愿自担风险,最终在他人的抨击与责难中赢得经典这一称谓。

参考文献

Ang, I. (1985) *Watching Dallas: Soap Opera and the Melodramatic Imagination*. London: Methuen.

Barthes, R. (1975) *S/Z*. London: Jonathan Cape.

Brunsdon, C. (1996) A Thief in the Night: Stories of Feminism in the 1970s at CCCS. In D. Morley and K-H Chen (eds), *Stuart Hall: Critical Dialogues*. London: Routledge, 276—86.

Cruz, J. and Lewis, J. (1994) *Viewing, Reading, Listening: Audiences and Cultural Reception*. Boulder, CO: Westview Press.

Elliott, P. (1974) Uses and Gratifications Research: A Critique and a Sociological Alternative. In J. Blumler and E. Katz (eds), *The Uses of Mass Communication*, London: Sage, 249—68.

Harbermas, J. (1970) Systematically Distorted Communication. In H. P. Dretzel (ed.), *Recent Sociology*, vol. 2, London: Collier-Macmillan, 57—74.

Hall, S. (1973) Encoding an Decoding in the Television Discourse. Stencilled Paper 7. University of Birmingham: CCCS.

Hall, S. (1977) On Ideology. Working Papers in Cultural Studies, Center for Contemporary Cultural Studies, University of Birmingham. (Stencil.)

Hall, S. (1980) Encoding/Decoding. In *Culture, Media, Language: Working Papers in Cultural Studies, 1972—1979*, London: Hutchinson, 128—38.

Hall, S. and Whannel, P. (1967) *The Popular Arts*. Boston: Beacon Press.

Hall, S., Connell, I. and Curti, L. (1976) The "Unity" of Current Affairs Television. In *Working Papers in Cultural Studies*, vol. 9, Birmingham University: CCCS, 51—94.

Liebes, T. and Katz, E. (1990) *The Export of Meaning: Cross-cultural Readings of Dallas*. New York: Oxford University Press.

Morley, D. (1980) *The Nationwide Audience*. London: British Film Institute.

Morley, D. and Brunsdon, C. (1999) Introduction: The Nationwide Project: Long Ago and Far Away... In *The Nationwide Television Studies*, London: Routledge, 1—17.

Morley, D. and Chen, K-H. (eds) (1996) *Stuart Hall: Critical Dialogues*. London: Routledge.

Parkin, F. (1971) *Class Inequality and Political Order*. New York: Praeger.

Schramm, W. (1964) *The Pross and Effects of Mass Communication*. Urbana, IL: University of Illinois Press.

Shannon, C. (1949) *The Mathematical Theory of Communication*. Urbana, IL: University of Illinois Press.

Sparks, C. (1996) Stuart Hall, Cultural Studies and Marxism. In D. Morley and H-K. Chen (eds), *Stuart Hall: Critical Dialogues*, London: Routledge, 71—101.

第13章

在文化研究时代回顾墨维的"视觉快感"

尤瑟法·洛西茨基（Yosefa Loshitzky）

劳拉·墨维（Laura Mulvey）的经典论文《视觉快感与叙事电影》（"Visual Pleasure and Narrative Cinema"）发表于1975年的《银幕》（Screen）期刊①，如今已成为在精神分析的指引下建构女性主义电影理论的奠基之作。墨维运用弗洛伊德（Sigmund Freud）的性别分析方法与无意识的概念阐发出一系列女性主义批评，试图将女性从男性中心的社会秩序中解放出来。她提出如是疑问：父权制社会的无意识是如何天衣无缝地融进叙事电影的？借考察主流电影中凝视的结构化问题，墨维指出：观看的权力是属于男性的，而女性只是男性凝视渠道中偶像崇拜或窥淫癖的对象而非主体。

墨维的观点遭到许多女性主义电影理论家的批判。她们声称，对于女性观众自己的立场，墨维全然置若罔闻，甚至有意将其"男性化"。对此，墨维于1981年发表文章作出还击，题为《在金·维多尔*〈阳光下的决斗〉的启发下回顾〈视觉快感与叙事电影〉》（"Afterthoughts on 'Visual Pleasure and Narrative Cinema' Inspired by King Vidor's Duel in the Sun"）。在文中，墨维重新展示了原有理论的某些前提假设，并以重读弗洛伊德

---

① 在20世纪70年代的英国，《银幕》是文化研究理论争鸣的重镇，几乎一切关于文化与意义之间关系的重要文章都发表在这份刊物上。期刊本身，则是60年代晚期欧洲激进政治运动的成果。刊物的主导理论是精神分析，及至70年代晚期已然成为英国文化版图中一切政治与制度异议斗争的场所。关于斗争的具体情况，请参见 MacCabe (1985)。

* 美国著名电影导演。——译者注

(1979)的演讲《女性气质》("Femininity")为基础对女性观众的相关理论作出详述并修正。① 她试图回答一个问题,即女性观众的立场是否与男性不同。弗洛伊德曾指出,女性早期性经验无非是男孩主动性与"更适宜的"被动女性气质之间的徘徊振荡,故墨维声称,女性的观影立场对上述性经验进行着持续的再生产,从而将女性观众暂时转变为"男性化"观众。为证明自己的观点,墨维以金·维多尔执导的西部片《阳光下的决斗》(1946)为案例,展开了详尽的阐述。在她看来,珍珠(影片的女主角)的性经验就始终在"退化的男性自恋"与"被动的女性气质"之间游移徘徊,而她便于此种"往复"状态中完成了从前青春期的男性气质到被动成熟的女性气质的转换(据弗洛伊德说,这是女性气质发展的必由之路)。墨维还进一步指出,上述过程正是在将女性观众立场转变为"男性化"观影者的经验中得到再生产的。

在20世纪80年代,女性主义电影理论界发生过一场活跃且不乏激烈的大争论,而墨维的修正主义论调无疑为其平添了一味佐料(参见Kuhn, 1982; Silverman, 1983; de Lauretis, 1985; Doane, 1987; Studlar, 1988; Penley, 1989)。争论的话题主要是观影立场、快感与性别主体如何在电影文本的内外被建构出来。自从墨维发表第一篇论文始,电影理论,尤其是女性主义电影理论,便始终以拉康(Jacques Lacan)(1979)的精神分析为主导范式。克莉丝汀·格莱德希尔(Christine Gledhill)曾指出:"用精神分析来指导电影理论研究存在一个重大问题,那就是整个精神分析学说在很大程度上是拥护男性及其建构的立场的。"(1992, p.193)从70年代开始,将女性视为由电影机制生产出的"客体与观者"的论点始终饱含争议,更背负着沉重的政治负担。这是由于墨维(1975)那篇极富精神分析色彩的奠基之作呼吁社会"将摧毁快感视为激进政治的武器"(p.7)。相应地,"幻想"在人们心目中既是观众的心理过程,又是电影自身的心理过程,从而也就成了考察女性在电影中呈现出何种形象的分析焦点。

穆里尔·戴门(Muriel Dimen)声称:"用精神分析来归纳与接合父权制的统治观是非常方便的;这套理论既被父权制的支持者用来攻击女性,又为女性主义提供了摧毁性别意识形态的工具。鉴于此,女性主义向精神分析思想施加了压力。"(1998, p.211)在电影研究领域,其他力量已开

---

① 关于他人对弗洛伊德该文的观点提出的女性主义批评,请参见 Irigaray([1974] 1985)。

始挑战精神分析范式的主导地位,并最终导致一度坚如磐石的"联合阵线"在80年代中期瓦解。这些力量包括认知范式的崛起,以及以电影学者大卫·鲍德威尔(David Bordwell)为代表的传统形式主义理论(1985,1989)。

此外,还有一个现象更引人注目,那就是文化研究的崛起及其对电影理论的不断渗入。文化研究学者强调对一切社会、政治与文化的实践和话语中包孕的权力统治结构展开意识形态分析,并始终保持对历史独特性、基于社区的文本协商、地方叙事以及政治议程的持续关注。上述优势极大地动摇了精神分析范式对电影理论的解释力,亦对精神分析学者自称的"普适性"构成了挑战。新观念与新方法,加上文化研究带来的批判性思路,共同对墨维的两篇经典论文提出质疑;它们或隐或现地指出精神分析范式的局限性,兼揭示出精神分析如何因过于强调观影者的主体性并过于轻视电影文本在时间、地点、历史与文化中的定位,而未能公正对待研究对象本身的复杂特征。

不过,必须强调,一些文化研究取向的电影研究,尤其是对如贝纳多·贝托鲁奇(Bernardo Bertolucci)这般深受精神分析影响的电影导演的作品(Kolker, 1985; Kline, 1987; Loshitzky, 1995),或风靡一时的科幻类型片(Sobchack, 1987; Kuhn, 1990; Penley et al., 1991; Bukatman, 1993)的考察,均旨在于文化研究和精神分析之间建立对话,[①] 其灵感源自法兰克福学派、赫伯特·马尔库塞(Herbert Marcuse)(1966)和路易·阿尔都塞(Louis Althusser)(1967, 1971)等人尝试将弗洛伊德和马克思的理论融为一体的努力。诚如戴门所言,女性主义理论本身就是社会理论与精神分析的混合物,这便开启了一个新的历史过程、一个永不间断的议题,即"肇始于20世纪二三十年代并随后中断的马克思—弗洛伊德大融合"(1998, p. 213)。在戴门看来,女性主义者用精神分析的观点来理解内心世界,以此抗拒社会规范的重压对心灵的侵占。

在很大程度上,我们可断言墨维的开创性论著掀开了当代学术史的新篇章,尤其体现在女性主义者所强调的文化政治议题上。自其问世以降,关于女性主义电影理论须承担何种责任,学界有了更清晰的认知。她的理论框架促使电影研究者去关注诸如影片如何呈现女性、电影对女性

---

① 当代一位重要理论家毕其一生都在努力将拉康的精神分析思想与批判理论融为一体,他就是斯拉沃热·齐泽克(Slavoj Žižek)。可参见其出版的一系列影响广泛的电影研究著作。

气质的建构、观影行为的属性以及自我幻想与认同过程等问题;不过,与此同时,墨维也有意无意对某些具文化导向的问题视而不见,例如与电影类型密切相关的消费与价值,以及电影生产者如何根据女性电影观众的阶级、种族、族裔、国籍、宗教信仰以及性取向来"有的放矢"地制定市场营销策略。

墨维理论体系的缺点在其第二篇论文中体现得更明显。比如,莫妮卡·哈尔斯巴斯(Monica Hulsbus)(1996)便指出墨维从不关心种族问题。在《阳光下的决斗》里,珍珠的命运是由其家庭背景决定的,她的种族身份与性别身份是互相冲突的,墨维的文章对此竟视而不见。珍珠被描绘成一只"野猫"。她是个混血儿。她的父亲是镇上的法官,却杀死了奸情败露的印第安人妻子,也就是珍珠的母亲。由是,珍珠这个形象就成了"种族和欲望彼此耦合却毫无尊严可言的冲突场域"(1996, p.84)。电影叙事使性别与种族的融合陷入"进退维谷"的两难境地。珍珠不能拥有婚姻,也不会为社区所接受,因为"种族的驳杂导致了她的不贞"(p.84)。在哈尔斯巴斯看来,墨维之所以未能对电影作出更准确的解读,缘于其分析脱离了当时的历史语境,亦即黑人士兵在第二次世界大战之后再度融入国内社会的艰难过程。墨维的分析方法罔顾种族与性别的相互关联,更对两者彼此"勾结"以维护白人男性统治地位、扼杀社会异质性的功能视而不见。哈尔斯巴斯认为,忽视种族问题"会使因政策和制度原因深陷战后艰难处境中的女性与黑人美国士兵的日子更不好过"(p.85)。[①]

哈尔斯巴斯以近乎历史编纂的方式考察《阳光下的决斗》,这是文化研究所青睐的研究方法;它将电影文本置于流行话语的交叉口,有助于我们更好地理解(与重构)意识形态、阶级、种族和性别在文化生产过程中的融合。至于墨维,由于仅依赖精神分析一种理论体系,只能将《阳光下的决斗》视为一般女性气质的戏剧性法则,全然忽略了包孕在种族与族裔等维度内的历史特殊性。若要如哈尔斯巴斯那样对电影作出更精准的分析,就必须将影片视为种族主义、殖民主义、文化混杂、种族通婚以及禁忌之爱的寓言。

很多女性主义理论家都认为"权力"才是问题关键所在。《阳光下的

[①] 伊莱休·卡茨(Elihu Katz)注意到,很多记录传媒事件的文献都对辛普森杀妻案和"安妮塔·希尔诉克莱伦丝·托马斯案"(Anita Hill versus Clarence Thomas)审理过程中的"两难处境"进行了个案研究,最终发现比起性别来,黑人妇女在私下交流中更重视种族身份。

决斗》讲的就是如何将"野性的珍珠"转变成"文化的珍珠"的故事,同时也象征性地预示着白人男性殖民主义的"文明使命"的失败。归根结底,这部影片讲述的就是"土著"与殖民者、主人与奴隶、白人男性与混血女性之间发生的事。女性主义理论家伊丽莎白·考伊(Elizabeth Cowie)(1997)声称,影院作为供人玩赏、令人精疲力竭、为人营造幻想的公共空间,是一个重要的政治场域。毕竟,诚如何塞·布伦纳(Jose Brunner)所言:"任何一种社会关系理论,并非涉及公共领域、政党或政府我们才能认定其为'政治的'……而毋宁说关注了权力与权威的结构与动力才是衡量的标准……家庭的权力亦包括在内。"(1998, p.85)在布伦纳看来,弗洛伊德对家庭内部社会关系的理解就基本上是政治的,"因其并未仅仅将家庭视为导致情感矛盾的社会机构,更把它当作权力斗争的竞技场来考察"(p.85)。欲望的社会建构也是政治的,而戴门指出,精神分析始终坚决否认这一点,只因这一观点"对精神分析自身的制度权力构成了威胁"(1998, p.216)。

不过,法兰克福学派,尤其是赫伯特·马尔库塞却将情色与政治维度间的关系置于批判性思维的核心位置。在《爱欲与文明》(*Eros and Civilization*)(1966)中,马尔库塞强调本能需求的释放是将人从富足生活的压抑中解脱出来的前提条件,①从而反驳了弗洛伊德关于性欲与本能压抑为社会文明与历史进步所必需的观点。为取代弗洛伊德的观点(或毋宁说是从弗洛伊德的本能理论中推断出非压抑文明的假设),马尔库塞指出:基于力比多解放的情欲升华和人与人、人与自然关系的再度情欲化(re-eroticization)也许会成为一个建立在快感原则之上的全新的"非压抑"文明的基础。

后来,法国马克思主义哲学家路易·阿尔都塞(1969, 1971)"优化"了精神分析与政治的联盟,他对意识形态的定义深受雅克·拉康的"想象界"(imaginary)与"象征界"(symbolic)理论影响,强调意识形态可以将人类个体建构为主体。在阿尔都塞看来,"总体上的意识形态"就是"深邃

---

① 对马尔库塞而言,"从富足生活的压抑中解脱出来"意味着所谓"单向度的人"挣脱异化的晚期后工业资本主义强加于身的"剩余压抑"来实现自身的解放。马尔库塞的乌托邦思想建立在将马克思的经济学概念(剩余价值)与精神分析的概念,尤其是与弗洛伊德性压抑理论相关的概念相结合的基础上。在马尔库塞的批判理论中,消费主义是富裕的后工业社会中最强大的压抑和压迫力量;他指出(1966),在资本主义消费社会中,"工业需求的科学管理历来是对系统自身进行再生产的关键因素,生活必需的商品往往被制作成性欲的对象"(p.xii)。

的无意识"(1969, p. 233),通过影像、表征与结构发挥作用,与意识无关。因此,意识形态的运作机制很难为人所察觉,因为人就"活在"意识形态中。意识形态是"人与外部世界之间活的关系",这种关系表面看似乎属于"意识"范畴,但实际上,用拉康的话来说,始终存在于"想象界"中。后来,阿尔都塞发表了影响深远的《意识形态与意识形态国家机器》("Ideology and Ideological State Apparatus")一文,详细阐述了自己的意识形态理论,并对其进行了修正。他将意识形态比作弗洛伊德的"无意识":"我要借用弗洛伊德的说法,将意识形态视为亘古不变的无意识;我发现两者间的类似之处可以从理论上找到依据,那就是无意识的亘古不变与一般意义上的意识形态并非毫无关联。"(1971, p. 161)吸收了拉康的理论后,阿尔都塞正式为意识形态下了定义:"意识形态是个体与其所处的真实生存环境之间想象性关系的'表征'。"(p. 162)

弗洛伊德的"俄狄浦斯"范式,一方面为社会关系提供了批判视角,另一方面也构成了"一种理论建构的还原论……将男性气质的发展视作一般规范,带有强烈的男性中心与威权主义色彩,甚至陷入神话般的普适主义窠臼"(Brunner, 1998, p. 92)。弗洛伊德关于女性气质的演讲尤其体现出上述缺陷,而墨维却以之为基础创作了第二篇经典论文。不过,一些女性主义批评家眼中的精神分析的缺陷,在另一些文化批评家看来,反而是精神分析的长处,其中尤以文化史学家彼得·盖伊(Peter Gay)的观点最具代表性。盖伊毕业于西英格兰精神分析学院,他所撰写的传记《弗洛伊德:我们时代的生命》(*Freud: A Life for Our Times*)(1989)在国际学界赢得广泛赞誉。盖伊声称:"弗洛伊德抱负远大,他的思想在本质上可以解释一切问题。对于那些不断提问和不断作答的固执的历史学家而言,无论问题还是答案都与精神分析密切相关。"(1998, p. 119)

安·卡普兰(Ann Kaplan)与盖伊不同,她站在后现代主义的反普适性立场上提醒我们:关于电影影响力与弗洛伊德精神分析的讨论

> 先天认定无论男性观众还是女性观众都是白人……在20世纪七八十年代,成形的女性主义分析主要考察"白人"女性如何处于被统治地位,如何在无意识中满足(白人)男性的欲望、恐惧和幻想。即使现在,尽管关于好莱坞电影中少数族裔形象的研究已有长足进展,仍很少有人认真探讨精神分析、电影与种族的关系问题。(1998, pp. 158—159)

通过将我们的注意力吸引至上述现象,卡普兰提醒女性主义理论家:精神分析理论错误地将白人男性视为全人类的普适标准,对其不加批判地借用是非常危险的。

弗洛伊德将"女性气质"描述为神秘未知的"黑暗大陆",这一观点长期以来始终左右着对女性在电影表征实践中占据何种象征空间的研究。因此,有必要指出,就连弗洛伊德本人也承认自己对女性的性欲所知甚少;用心理学的"黑暗大陆"做比,就等于"将女性性欲的概念变成了一种不适宜的、现行的殖民主义"(Hulsbus, 1996, p.86)。

弗洛伊德勇气可嘉,但其勾画的解剖式地图"将女性问题简化为一个隐喻,从而将精神分析理论中包孕的种族主义思想掩藏在'女性气质'的概念里"(Dimen, 1998, p.207)。在卡普兰看来,这种种族主义深深根植于精神分析的学科基础之中,"和电影一样发端于欧洲帝国主义时代"。不过,卡普兰亦强调,"一味期冀19世纪的精神分析学说完全回避种族主义话语"就过于苛刻了,因为这种话语"不但盛行于世,更在我们的语言中生根发芽,如'野蛮/文明'这对反义词,就被用来界定'黑人/白人'的二元对立"(pp.159—160)。诚如安·佩里格利尼(Ann Pellegrini)所言:"毕竟,在精神分析诞生的年代里,医学和自然科学仍深切地关注着'种族'的生物学理论,甚至在一定程度上为后者所支配。"(1997, p.110)具有讽刺意味的是,弗洛伊德本人就是犹太人,他和他所开创的新"犹太"学说始终饱受种族主义者的攻击。桑德·吉尔曼(Sander Gilman)指出:"弗洛伊德不能指望同僚和他所在的文化对自己视而不见——他提出的一切理论都建立在犹太人的心灵与(他本人的)身体之上,尽管他使出浑身解数努力想让自己的理论具有普适性。"(1991, p.243)正因如此,佩里格利尼才声称:"在精神分析学说诞生的历史时期,'种族'往往与'犹太'画等号,人们认为'黑'非洲才是犹太人的老家,并通过这种方式来界定犹太人与欧洲人在种族上的差异。"(1997, pp.110, 111)此外,还有一种支持精神分析的观点,认为弗洛伊德理论非但不是种族主义,反而一直在**努力逃脱种族主义的控制**。持这一观点的代表人物是茱莉亚·克里斯蒂娃(Julia Kristeva)。在她看来,我们可将精神分析当作"通向自我与他人之奇异性(strangeness)的旅程;弗洛伊德旨在建立一种道德规范,促使人们在矛盾不可调和时尊重差异"(1991, p.182)。

甚少有人在女性主义电影理论的框架内探讨种族与无意识如何"交锋"的问题。例如,卡普兰(1998)便指出,几乎没人去研究白人观众如何通过观看好莱坞电影中那些生活在社会底层、时常被人取笑、生活极度堕落的少数族裔形象来平息自己无意识中的恐惧与幻想。所谓少数族裔指的就是白人之外的人种，如黑人、印第安人、拉美人，以及《阳光下的决斗》中的华人。此外，上述形象对黑人以及其他少数族裔观众产生了哪些精神分析意义上的影响，亦甚少有人关注。如此一来，问题出现了：精神分析应当如何与文化研究"合作"以求更加准确地解释种族与无意识的关系？

面对上述问题，首先要做的是破除精神分析自以为是的普适神话，让这套学说更富灵活性与敏感度，从而可以分析不同的文化。事实上，诚如卡普兰所言："精神分析学说有必要兼顾种族与性别两个问题，无论有意识还是无意识。"（1998，p.160）她举弗朗茨·费侬（Frantz Fanon）(1967)的研究为例来证明精神分析可以被用来解释不同的文化情境。在她看来，费侬"将种族和性别并置为个体神经官能症的'病源'，同时在社会的维度上考察黑人的神经官能症"，具有开创性意义（Kaplan，1998，p.161）。相比之下，卡普兰声称："关于女性和黑人的问题，好莱坞与大众文化在总体上扮演了将精神错乱的病因从社会秩序中涤除掉的角色。许多好莱坞电影（如《阳光下的决斗》）试图把精神官能症简单归咎于个体自身的缺陷，与广义的社会情境无涉。"（p.161）

影片的意义是在某种情境中生产出来的，任何一部电影都兼具历史与政治意涵，因其总是将观众置于自身与生产—接受情境的关系之中。尽管精神分析与女性主义的"结合"在观众的无意识机制与观影者的性别结构等问题上为电影理论增添了养料，但这一思路却全然忽略观影的意识形态效果，更对文化生产与接受过程中的阶级、种族与国籍维度视而不见。一如许多批评家（如Stam et al., 1992）所言，在精神分析的视域内，电影受众只是一种极为独特的"观看者"，这一观点与深受文化研究影响的媒介研究传统大相径庭。后者将受众视为活跃在"真实世界"里的"真实的人"；依研究者的意识形态判断，这些人因阶级、性别、种族和文化背景的差异而分化成无数小群体；他们的观影行为不但积极主动，更带有批判性，完全有能力控制自己从银幕文本中生成的意义。总而言之，受众绝非一盘散沙，更不是随便什么人都能填补的孤子空间，而是为历史、政治和文化所构成的，存在于特定公共领域中的主体。相应地，影院机制也不仅是一台旨在对无意识状态下的无助观众（以精神分析为导向的电影研究非常青睐这个概念）施加刺激以追求致幻效果的催眠器，更是一架由大工业和跨国企业操纵的金钱机器。

一个有趣的现象是,随着精神分析—女性主义理论在电影研究领域内崛起并占据相对的统治地位,该领域内经典文本的内容也发生了变化,渐次由经典影片与电影作者研究转向一系列新的课题。在早年的激进时期,以墨维为代表的女性主义电影理论家对传递激进政治理念的先锋电影青睐有加,尤其推崇让-吕克·戈达尔(Jean-Luc Godard)*。这些影片深受贝尔托特·布莱希特(Bertolt Brecht)的影响,坚持辩证与史诗(epic)的原则,试图创立新的政治表征体系以推翻好莱坞的景观意识形态。不过,矛盾的是,尽管激进先锋电影的风格建立在反对好莱坞的基础之上,女性主义电影理论先驱却以"古典好莱坞"影片——情节剧以及所谓的"女人片"——为主要分析对象。① 后来,学者们将这些影片与传统意义上的"低级"好莱坞产品剥离开来,认定其彰显了女性的主体地位,属于高级文本范畴。范式的转换影响到电影研究的议程,从此"民族电影"及其伟大**作者**的相关课题逐渐为学界所冷落。

还有一个自相矛盾的现象:从世界电影到美国电影的转向,恰好与广义上的全球化过程相吻合;而在很多后现代批评家眼中,所谓全球化只不过是美国产品——包括好莱坞电影——进一步向世界市场渗透的委婉说法。随着世界电影,尤其是欧洲电影工业(好莱坞的主要竞争对手)在好莱坞霸权的阴影下日渐倾颓,"影迷文化"(cinephile culture)这个世界电影的最后堡垒也逐渐坍塌了。这一衰落过程与电影研究从围绕着国家与民族等概念展开的经典影片及作者(包括美国及非美国的影片和作者)研究转向被精神分析方法主导(乃至霸占)的研究的过程大致重叠。随着文化研究对电影研究领域的大举入侵,学者们的兴趣也逐渐转移到种族、性别、阶级、族裔和国家等维度上,而电影作为研究对象则拥有了新的地位——人们开始将其视为社会文化及历史记录,可从中了解政治生活与社会实践。上述理论及方法论转向揭示出,只有在精神分析范式与文化研究视角间建立创造性的对话机制,研究对象的复杂性才不会为理论教条主义所简化。若要分析一部电影,必须将整个社会秩序纳入考虑的

---

* 法国著名电影导演,"新浪潮"运动的领军人物之一。——译者注

① 20世纪八九十年代的女性主义电影理论倾向于以科幻片和恐怖片为分析对象,因其与美国大众文化与流行时尚关系密切。研究者对这两种类型片展开批判分析,认定其承载、生产,或在某些时候逾越了父权制意识形态,以此来确立(或指控)男性气质宰制性地位的神话。相关研究,请参见 Sobchack, 1987; Kuhn 1990; Penley et al., 1991; Bukatman, 1993。

范畴,而这一使命是精神分析仅凭一己之力无法完成的。

参考文献

Althusser, L. (1969) *For Marx*, tr. B. Brewester. New York: Pantheon Books.

Althusser, L. (1971) *Lenin and Philosophy and Other Essays*. New York and London: Monthly Review Press.

Bordwell, D. (1985) *Narrative in the Fiction Film*. Madison: University of Wisconsin Press.

Bordwell, D. (1989) *Making Meaning: Inference and Rhetoric in the Interpretation of Cinema*. Cambridge, MA: Harvard University Press.

Brunner, J. (1998) Oedipus Politicus: Freud's Paradigm of Social Relations. In M. S. Roth (ed.), *Freud: Conflict and Culture*, New York: Alfred A. Knopf, 80—93.

Bukatman, S. (1993) *Terminal Identity: The Virtual Subject in Post-Modern Science Fiction*. Durham, NC, and London: Duke University Press.

Cowie, E. (1997) *Representing the Woman: Cinema and Psychoanalysis*. Minneapolis: University of Minneapolis Press.

de Lauretis, T. (1985) *Alice Doesn't: Feminism, Semiotics, Cinema*. Bloomington: Indiana University Press.

Dimen, M. (1998) Strange Hearts: On the Paradoxical Liaison between Psychoanalysis and Feminism. In M. S. Roth (ed.), *Freud: Conflict and Culture*, New York: Alfred A. Knopf, 207—20.

Doane, M. A. (1987) *The Desire to Desire*. Bloomington: Indiana University Press.

Fanon, F. (1967) *Black Skin, White Masks*. New York: Grove Press.

Freud, S. (1979) Femininity. In J. Strachey (ed. and tr.), *New Introductory Lectures on Psychoanalysis*, The Pelican Freud Library, vol. 2, London: Penguin Books, 145—69.

Gay, P. (1989) *Freud: A Life for Our Time*. New York: Anchor Books, Doubleday.

Gay, P. (1998) Psychoanalysis and Historian. In M. S. Roth (ed.), *Freud: Conflict and Culture*, New York: Alfred A. Knopf, 117—26.

Gilman, S. (1991) *The Jew's Body*. New York and London: Routledge.

Gledhill, C. (1992) Pleasurable Negotiations. In F. Bonner et al. (eds) *Imagining Women: Cultural Representations and Women*, Cambridge: Polity, 193—209.

Hulsbus, M. (1996) The Double/Double Bind of Postwar Race and Gender in *Duel in the Sun*. Spectator, 17 (1), 81—7.

Irigaray, L. ([1974] 1985) The Blind Spot of an Old Dream of Symmetry. In *Speculum of the Other Woman*, tr. G. C. Gill, Ithaca, NY: Cornell University Press,

193—209.

Kaplan, E. A. (1998) Freud, Film and Culture. In M. S. Roth (ed.), *Freud: Conflict and Culture*, New York: Alfred A. Knopf, 152—64.

Kline, T. J. (1987) *Bertolucci's Dream Loom: A Psychoanalytic Study of Cinema.* Amherst: University of Massachusetts Press.

Kolker, R. P. (1985) *Bernardo Bertolucci*. New York: Oxford University Press.

Kristeva, J. (1991) *Strangers to Ourselves*. New York: Columbia University Press.

Kuhn, A. (1982) *Women's Pictures: Feminism and Cinema*. London: Routledge.

Kuhn, A. (ed.) (1990) *Alien Zone: Cultural Theory and Contemporary Science Fiction Cinema*. London: Verso.

Lacan, J. (1979) *The Four Fundamentals of Psycho-Analysis*. New York: W. W. Norton.

Loshitzky, Y. (1995) *The Radical Faces of Godard and Bertolucci*. Detroit: Wayne State University Press.

MacCabe, C. (1985) The *Screen* Dream: The Rise and Fall of Britain's Leading Theoretical Film Journal, as Told by a Co-Conspirator. *American Film*, 11 (1), 10—14.

Marcuse, H. (1966) *Eros and Civilization: A Philosophical Inquiry into Freud*. Boston: Beacon Press.

Mulvey, L. (1975) Visual Pleasure and Narrative Cinema. *Screen*, 16 (3), 6—18.

Mulvey, L. (1981) Afterthoughts on "Visual Pleasure and Narrative Cinema" Inspired by King Vidor's *Duel in the Sun* (46). *Framework*, 15—17, 12—15.

Pellegrini, A. (1997) Whiteface Performances: "Race," Gender, and Jewish Bodies. In J. Boyarin and D. Boyarin (eds), *Jews and Other Differences: The New Jewish Cultural Studies*, Minneapolis and London: University of Minnesota Press, 108—49.

Penley, C. (1989) *The Future of an Illusion: Film, Feminism and Psychoanalysis*. Minneapolis: University of Minnesota Press.

Penley, C. et al. (1991) *Close Encounter: Film, Feminism, and Science Fiction*. Minneapolis: University of Minnesota Press.

Silverman, K. (1983) *The Subject of Semiotics*. New York: Oxford University Press.

Sobchack, V. (1987) *Screening Space: The American Science Fiction Film*. New Brunswick, NJ: Rutgers University Press.

Stam, R., Burgoyne, R. and Flitterman-Lewis, S. (1992) *New Vocabularies in Film Semiotics: Structuralism, Post-Structuralism and Beyond*. London and New York: Routledge.

Studlar, G. (1988) *In The Realm of Pleasure*. Urbana: University of Illinois Press.

Žižek, S. (1992) *Everything You Always Wanted to Know about Lacan but were Afraid to Ask Hitchcock*. London: Verso.

Žižek, S. (1993) *Enjoy Your Symptoms! Jacques Lacan in Hollywood and Out*. New York: Routledge.

Žižek, S. (2001) *The Fright of Real Tears: Krzystof Kieslowski between Theory and Post-Theory*. London: British Film Institute.

译名对照表

Adorno, Theodor W.　西奥多·阿多诺
Althusser, Louis　路易·阿尔都塞
Ang, Ien　洪美恩
Arendt, Hannah　汉娜·阿伦特
aura　灵韵
authenticity　本真性
audiences　受众
Baudrillard, Jean　让·鲍德里亚
Benjamin, Walter　瓦尔特·本雅明
Bloom, Harold　哈罗德·布鲁姆
Blumer, Herbert　赫伯特·布鲁莫
Bourdieu Pierre　皮埃尔·布尔迪厄
Brecht, Bertold　贝尔托特·布莱希特
British Cultural Studies　英国文化研究
Bureau of Applied Social Research　应用社会学研究所
canon/canonic/canonization　经典/经典的/经典化
capitalism　资本主义
Carey, James　詹姆斯·凯瑞
Centre for Contemporary Cultural Studies (CCCS)　当代文化研究中心
Chicago School　芝加哥学派
class　阶级
class struggle　阶级斗争
collective behavior　集体行为
Columbia School　哥伦比亚学派
communication　传播/交流
community　社区/共同体
consumers/consumption　消费者/消费
Cooley, Charles Horton　查尔斯·霍顿·库利
Coronation Street　《加冕街》
critical theory　批判理论
crowd　人群
cultural pluralism　文化多元主义
cultural studies　文化研究
culture　文化
decoding　释码
democracy　民主
Derrida, Jacques　雅克·德里达
Dewey, John　约翰·杜威
dialectic　辩证/辩证法
effects of media　媒介效果
electronic culture/media　电子文化/媒介
encoding　编码
entertainment　娱乐
Fascism　法西斯主义
feminism　女性主义
fetish/fetishization　拜物/拜物教
Fiske, John　约翰·费斯克
Foucault, Michel　米歇尔·福柯
Frankfurt School　法兰克福学派
Freud, Sigmund　西格蒙特·弗洛伊德
gaze　凝视
gender　性别
Gitlin, Todd　托德·吉特林
globalization　全球化
Goffman, Erving　欧文·戈夫曼
Gramsci, Antonio　安东尼奥·葛兰西

Habermas, Jürgen	于尔根·哈贝马斯
Hall, Stuart	斯图亚特·霍尔
Halloran, James	詹姆斯·哈洛兰
Herzog, Herta	荷尔塔·赫佐格
Hoggart, Richard	理查德·霍加特
Horkheimer, Max	马克斯·霍克海默
Horton, Donald	唐纳德·霍顿
Innis, Harold Adams	哈罗德·亚当斯·英尼斯
interdisciplinarity	跨学科
internet	互联网
Lacan, Jacques	雅克·拉康
Lang, Kurt and Gladys	朗格夫妇
Lazarsfeld, Paul	保罗·拉扎斯菲尔德
Levinas, Emmanuel	艾曼纽尔·列维纳斯
Lippmann, Walter	沃尔特·李普曼
Lowenthal, Leo	利奥·洛文塔尔
Lukács, Georg	乔治·卢卡奇
Marcuse, Herbert	赫伯特·马尔库塞
Marx/Marxism	马克思/马克思主义
mass	大众/群氓
mass communication	大众传播
mass culture	大众文化
mass media	大众传媒
mass society	大众社会
McLuhan, Marshall	马歇尔·麦克卢汉
Mead, George Herbert	乔治·赫伯特·米德
media	媒介/传媒/媒体
media event	媒介事件
media studies	媒介研究
Merton, Robert K.	罗伯特·默顿
method/methodology	方法/方法论
Mills, C. Wright	查尔斯·赖特·米尔斯
monopolization	垄断
Morley, David	大卫·莫利
Mulvey, Laura	劳拉·墨维
nations/nationalism	民族/民族主义
news	新闻
Noelle-Newmann, Elisabeth	伊丽莎白·诺尔—纽曼
para-social interaction	类社交互动
Park, Robert E.	罗伯特·帕克
positivism	实证主义
power	权力
pragmatism	实用主义
psychoanalysis	精神分析
public	公众/公共
public opinion	舆论
public sphere	公共领域
race/racism	种族/种族主义
Radway, Janice	詹妮丝·莱德威
reality	现实
reception studies	接受研究
reproduction	再生产
resistance	抵抗
Scharamm, Wilbur	威尔伯·施拉姆
semiotics	符号学
soap opera	肥皂剧
Spiral of Silence	沉默的螺旋
status quo	现状
symbol(s)	象征/符号
symbolic interactionism	象征互动论
Tarde, Gabriel	加布里埃尔·塔尔德
Thompson, John	约翰·汤普森
Toronto School	多伦多学派
use and gratification	使用与满足
Weber, Max	马克斯·韦伯
Williams, Raymond	雷蒙德·威廉斯
Wirth, Louis	路易斯·沃斯
Wohl, Richard	理查德·沃尔